Pierre Etienne

La France vue de dessous

Tome 1

De l'an <- 000000000,1 (?) à Charles V

Pour tous les âges, tous les sexes, sous réserve de savoir lire, y compris entre les lignes.

LA FRANCE VUE DE DESSOUS. TOME 1
par PIERRE ETIENNE

ÉDITIONS DÉDICACES INC.
675, rue Frédéric Chopin
Montréal (Québec) H1L 6S9
Canada

www.dedicaces.ca | www.dedicaces.info
Courriel : info@dedicaces.ca

© Copyright — tous droits réservés – Éditions Dédicaces LLC
Toute reproduction, distribution et vente interdites
sans autorisation de l'auteur et de l'éditeur.

Pierre Etienne

La France vue de dessous

Tome 1

De l'an <- 000000000,1 (?) à Charles V

Préambule

Qui était véritablement Jésus Christ ? A-t-il seulement existé ?

Historiquement parlant, cela semble indéniable, bien qu'environ deux mille ans après sa brève odyssée, la question reste posée pour un grand nombre de Terriens. Et que nous ne puissions trouver que bien peu d'éléments chronologiques consacrés à sa carrière de prédicateur, qui ne dura guère, il est vrai, que deux, voire trois années au maximum. Pas même le temps d'un mandat quinquennal.

Ce n'est donc pas prendre un risque inconsidéré, qu'acquiescer dans le sens de la tradition établie, si l'on accepte d'occulter le côté mystique de la biographie du personnage, tel qu'il nous est présenté depuis des lustres et des lustres.

Mais pourquoi donc aborder l'Histoire de France, en citant Jésus de Nazareth, comme tête de série des personnages concernés ?

Une brève explication semble s'imposer. Depuis la loi du 9 décembre 1905, relative à la séparation des Eglises et de l'Etat, publiée au Journal officiel du 11 décembre de la même année et entrée en application à la date du 1° janvier de l'année suivante, nous savons que la République doit assurer la liberté de conscience et garantir le libre exercice des cultes, dans l'intérêt de l'ordre public, sous les seules restrictions édictées par l'ensemble des articles de ladite loi. Il n'est aucunement question que l'Etat, ou autre collectivité territoriale, se voie par exemple obligé de participer financièrement à l'édification de temples, synagogues, mosquées, totems, bouddhas, églises ou cathédrales.

Une vérification n'apparaît toutefois pas superflue, étant donné que, si l'on s'en tient à la seule rumeur publique, il semblerait que certains élus fassent fi de la loi et participent, par le biais des collectivités territoriales dont ils assurent la gestion, avec plus ou moins d'aptitude, au financement de la construction d'édifices cultuels. Bien entendu, dans la seule intention de séduire de nouveaux électeurs, puis de comptabiliser des bulletins supplémentaires dans les urnes, lors d'élections locales. Procédé qui se trouve en parfaite contradiction avec le caractère laïc de la République et, cela va de soi, en totale illégalité. Le premier avantage d'être un élu du peuple, est de pouvoir interpréter la loi à son seul profit. Mais hélas, le plus souvent au détriment des citoyens.

Remarquons cependant que, si le texte précise qu'il s'agit officiellement de la séparation DES Eglises et de l'Etat, il convient, de toute évidence, de considérer qu'elle se rapportait à l'origine, essentiellement à la religion catholique. Et pour cause.

Le législateur avait toutefois prévu, à l'époque, la possibilité de voir apparaître de nouvelles associations d'extraterrestres, ou le possible développement excessif de confréries existantes. Etant entendu qu'une religion officiellement agréée peut simplement être considérée comme une secte influente qui est parvenue à se faire reconnaître par les pouvoirs politiques. Y compris, pour les plus éminentes, sur la scène internationale. Et qui donc, possède l'avantage de comptabiliser un grand nombre de fans. Ce qui lui permet, quelle aubaine, de pouvoir bénéficier d'une trésorerie florissante, nette d'impôts et autres prélèvements obligatoires.

Il n'empêche qu'il n'existe, actuellement, aucun parti politique qui soit en mesure et de loin, de recenser autant d'encartés dans ses rangs, que la religion la moins influente ne compte de fidèles abonnés. La situation est d'autant plus invraisemblable qu'avec les tarifs prohibitifs qu'ils nous imposent, les politiciens ne sont même plus capables simplement de nous faire rêver, au contraire des ministres des cultes. Encore qu'il arrive, de plus en plus fréquemment, que les rêves se muent en cauchemars.

Si l'on se réfère à cette seule loi de 1905, dans les pages d'un volume prenant l'Histoire de France pour assise, il ne faudrait rationnellement, que s'intéresser fort modérément au fonctionnement, aux problèmes divers et variés de l'Eglise, sans pour autant les ignorer totalement.

Oui mais ; car il existe un mais. Et il ne s'agit pas d'une mince affaire.

Avant la promulgation de cette législation, c'est-à-dire durant les dix neuf premiers siècles de notre ère dite moderne, les questions ayant trait aux affaires de l'Etat et de l'Eglise se sont le plus souvent amalgamées. Pour des motifs d'ordre politique, géopolitique, financier, voire également d'intérêts privés. Le côté spirituel de l'affaire n'entrant pas nécessairement en ligne de compte.

Que cela plaise ou non, nous nous trouvons devant un fait accompli et n'avons d'autre choix que devoir constater que la religion catholique fait partie intégrante de l'Histoire de France. Et qu'il est quasiment impossible d'éluder ces activités religieuses, lorsque l'on aborde les affaires de l'Etat.

Le Code Napoléon n'a-t-il pas été rédigé sur le fondement des Dix Commandements ?

Il en est ainsi et l'Histoire eût été totalement différente sans le baptême de Clovis I°, l'installation temporaire des papes en Avignon, les Croisades, les massacres de la Saint Barthélemy, l'Edit de Nantes signé par Henri IV et révoqué par Louis XIV ; éventuellement le sacre de Napoléon I° par le pape. Pour ne citer que quelques événements particulièrement représentatifs de la fusion authentique, qui fait que l'Histoire de France s'est confondue durant des siècles avec celle de l'Eglise catholique. A titre d'exemple : le titre officiel des rois de France durant les XVII° et XVIII° siècles était – *Le Roi Très Chrétien*.

Après tout, pourquoi pas. Nous connaissons bien de nos jours, des *Présidents Très Musulmans*. Pas encore en France, certes, mais prenons garde ; le Sirocco souffle de plus en plus violemment !

7

Avant de rejoindre Allah, Kadhafi n'a-t-il pas déclaré que les musulmans allaient conquérir l'Europe avec les ventres des femmes ?

Revenons à Jésus, élément fondateur basique du christianisme, même s'il ne pouvait se douter de la pléthore de problèmes qu'il allait engendrer pour les générations futures, de par ses actions insolites. Il semblerait qu'il soit né en huit ou sept avant notre ère. Donc en huit ou sept avant lui-même. Conséquence de quoi, il aurait été au moment de sa mort et de sa résurrection mythique, de huit ou sept années plus âgé que son âge officialisé par le Nouveau Testament. Exécution par crucifixion selon la version officielle, par lapidation selon quelques théologiens avertis, car c'était alors le sort réservé aux Juifs condamnés à mort.

Pour autant, cela n'a pas empêché le grand peintre Delacroix de réaliser une œuvre appelée *Le Calvaire*.

Ainsi, en consultant les *Antiquités judaïques* de Flavius Josèphe, romain d'origine juive, né vers l'an 40, nous apprenons que Jacques dit le Mineur, frère de Jésus selon certains généalogistes, cousin germain d'après les fervents supporters de la Vierge Marie, périt lapidé vers l'an 60.

A ne pas confondre avec Jacques le Majeur qui, pour le plus grand bonheur du syndicat d'initiative local, se trouve à l'origine des pèlerinages organisés à partir du X° siècle, à Saint-Jacques-de-Compostelle. Ses reliques étant venues se poser miraculeusement en ce lieu, selon une trajectoire et un mode de transport qui nous échappent encore totalement, à l'époque où les engins spatiaux commencent à créer des embouteillages au-dessus de nos têtes.

Puisqu'il est question de reliques, il paraît que si l'on parvenait à regrouper toutes celles recensées officiellement comme ayant appartenu à la vraie Croix, on parviendrait à reconstruire l'arche de Noé. Sous réserve, bien évidemment, de retrouver les plans originaux.

Quant au plus grand encensoir du monde, encore en activité sous les voûtes de la cathédrale de Saint-Jacques-de-Compostelle, il était utilisé prioritairement à désodoriser les lieux des effluves nauséabonds qui se dégageaient des pèlerins, après un si long voyage. D'où l'énorme intérêt d'avoir inventé les motels, avec eau chaude et eau froide à tous les étages, le long des grands itinéraires.

Ces informations complémentaires, bien que de première importance, étant soulignées, revenons aux frères Jacques. Le Majeur avait un frère : Jean l'Evangéliste, disciple que Jésus aimait tant. Jésus aimait également Marie de Magdala, plus connue sous le nom de Marie-Madeleine. Certains historiographes n'ont pas hésité à concevoir, bien avant la parution des derniers romans en vogue, que Jean et Marie-Madeleine ne puissent faire qu'un seul et même personnage. Ce n'est ici qu'hypothèse.

Nous retiendrons simplement que Jésus aimait beaucoup de monde. L'amour, l'amour, toujours l'amour.

Cela ne nous empêche pas de constater que, dans de nombreuses représentations de la Cène, nous découvrons à la droite de Jésus, un personnage aux traits et à la coiffure fort efféminés. Ce qui n'est pas sans nous interpeller.

Ce qui semble acquis est que Jésus fut marié à Marie-Madeleine, qui lui donna plusieurs enfants. Uniquement des filles, certes, mais fatalement issues d'une relation hétéro. Car à l'époque, la conception industrielle et commerciale, qui désormais différencie négativement la race humaine des autres espèces animales, n'avait pas encore été inventée.

N'oublions pas que Jésus était appelé *rabbi Iesus* ; donc il était rabbin. Que la loi juive, dans l'antiquité, considérait la non-procréation comme un crime. Et que pour enseigner dans une synagogue, il était obligatoire d'être marié.

Bon ! Crucifié ou lapidé ; de toute façon ça devait faire mal. Puis, il est mort. Depuis le temps, cela ne fait aucun doute. Et, semble-t-il, en martyr, en héros, suite à la trahison de son ami Judas l'Iscariote.

On n'est jamais aussi bien repassé que par ses proches. Ce qui semble logique, puisque l'on ne se méfie jamais suffisamment de ceux-ci. Il est vrai que Jésus aurait dû se tenir sur ses gardes. Car Judas, c'est attesté, était le trésorier du groupe. Preuve qu'il ne faut jamais accorder la moindre parcelle de crédit aux financiers. Quelle que soit l'époque. Ils sont aussi nocifs pour la survie de l'humanité que les politiciens, les militaires et les idéologues. Ce qui n'est pas peu dire.

Encore que Judas, pris de remords, se soit suicidé par pendaison. Comportement suffisamment rare chez les voleurs, pour mériter d'être rapporté.

Un second apôtre était, lui également, spécialisé dans les affaires de détournements de fonds. Il s'agit de Matthieu-Lévi qui, avant de rejoindre la troupe, puis de devenir évangéliste, était percepteur des impôts à Capharnaüm. A l'occasion, nous remarquerons simplement que Jésus ne fréquentait pas que des gens recommandables.

Maintenant, force est de constater que nous trouvons ici, pour le moins, matière à réflexion.

Déjà, constatons que, dès sa naissance, ce pauvre garçon était placé sous le signe d'une mauvaise étoile. Venir au monde le jour de Noël, c'est être systématiquement privé d'un cadeau d'anniversaire chaque année. Puis, se rendre à Jérusalem pour y fêter la Pâque juive et y finir assassiné, c'est être véritablement poursuivi par la poisse. Il est vrai que la veille de son assassinat, il avait invité à dîner ses meilleurs amis. Les douze apôtres. Treize à table, tout le monde sait que cela porte malheur. Même que l'on en fait des scenarii de pièces de théâtre. Peut-être avait-il omis de se compter lui-même ? Côté positif, c'est en mémoire de sa résurrection mythique que fut institué, plus tard, le repos hebdomadaire du dimanche.

Merci petit Jésus.

Cela prouve, sans nulle contestation possible, que les dirigeants syndicaux, gauchistes pur sucre pur fric dans leur immense majorité, élaborent leurs cahiers de contestations à partir de rites issus du christianisme. Surprenant !

Il existe une autre version des faits, concernant la vie publique de Jésus. Nettement moins divulguée, moins complexe, mais tout aussi plausible et qui, si elle avait été retenue officiellement, aurait indéniablement changé la face du monde. Une fois de plus.

Jésus était de lignée royale. Il descendait directement, par sa mère Marie et son père Joseph, du roi David. Et à ce titre, revendiquait le trône de Palestine. Il utilisait sa position de rabbin pour prêcher, mais surtout faire des discours politiques engagés. C'est la raison pour laquelle il aurait été exécuté. Faudrait tenter de faire des tests ADN, mais ça ne sera pas facile.

Il ne s'agirait donc que d'un vulgaire assassinat politique, donc crapuleux, comme il en a tant et tant existé dans l'histoire de l'humanité. Et comme il continue de s'en perpétrer de nos jours, dans tous les pays de la planète. Sans exception aucune.

Les polices politiques ne sont pas payées à ne rien foutre. Nous pouvons même assurer qu'au sein de cette corporation peu recommandable, le chômage ne risque pas de venir gonfler les statistiques.

Adopter cette théorie, pas plus absurde qu'une autre, dès l'origine de la chronique, aurait permis de simplifier bien des problèmes. Notamment ceux concernant les relations houleuses qui perdurent depuis des siècles, entre cousins juifs et palestiniens.

C'est bien connu ; les histoires de familles sont les plus complexes à régler.

Reste la réalité culturelle, artistique, architecturale. Que seraient nos communes sans leurs monuments religieux ? Pouvons-nous sérieusement imaginer Amiens, Bourges, Chartres, Paris, Reims, Rouen ou Strasbourg sans leur prestigieuse cathédrale ? Le Mont-Saint-Michel sans sa fascinante abbaye et donc, conséquemment, sans la fameuse omelette de la Mère Poulard ?

Puis, encore Marseille sans la Bonne Mère, où même les brigands d'origine locale viennent se recueillir dans l'espoir de se faire pardonner leurs mauvaises actions, à titre préventif. Fécamp sans la Bénédictine. Lourdes sans son eau miraculeuse, dont la principale vertu est d'avoir transformé cette paisible bourgade des Pyrénées en la seconde ville hôtelière du pays. Les fromages sans le Chaussée aux Moines. Nos villages sans leurs églises, avec leurs horloges, leurs cloches, pour nous donner l'heure et nous réveiller lorsque l'on fait la sieste ou la grasse matinée ? D'autant que le plus souvent, les cités se sont organisées autour d'édifices cultuels et non pas le contraire. Pour preuve, autour des monastères, se sont bâties des cités qui portent encore le nom des saints auxquels les églises étaient dédiées.

Il paraissait indispensable que ces lignes aient été écrites, de façon à ce que lecteur ne puisse s'imaginer un seul instant que cet ouvrage puisse être dédié à la gloire d'une religion, si catholique fut-elle. Mais que tout simplement, il se contente de prendre en compte des réalités historiques.

Premier point.

Second point :

S'il semble pour le moins cohérent de s'intéresser aux bases fondamentales de notre Histoire, il n'en reste pas moins vrai que le but recherché ne doit pas être de pouvoir ensuite réciter par cœur les dates des batailles célèbres, ou de débattre autour de la liste des maladies sexuellement transmissibles contractées par les familles à sang paraît-il bleu. La liste des ouvrages concernés est suffisamment conséquente pour nous rapporter ces péripéties. D'autant que, le plus souvent, cela ne sert strictement à rien. Surtout lorsqu'elles se soldèrent par une défaite pour la France. Et puis, a-t-on déjà vu, lors d'un examen, demander aux candidats de citer la date de la bataille de Marignan ? Bien sûr que non, puisque tout le monde la connaît par cœur.

Enfin l'année, car pour ce qui est du mois et du jour, il semble nécessaire pour un grand nombre d'entre nous, de devoir réviser[1].

A ce propos, depuis un peu plus de deux cents ans, nous sommes peinards avec les dates anniversaires des victoires, puisque le dernier triomphe de l'armée française, seule face à l'ennemi, remonte au 20 Septembre 1792, lorsque les généraux Kellermann et Dumouriez mirent une raclée aux Prussiens.

Depuis, la tendance s'est inversée.

Revenons à l'essentiel. Ce qui est captivant, c'est d'analyser et comprendre le pourquoi, le comment des événements. La motivation de ceux qui les ont provoqués. Comment est née notre Nation. Comment se modela son évolution au cours des siècles. Et ainsi comprendre notre époque. Nous comprendre nous-mêmes. Etant donné que, c'est une évidence, le présent s'inscrit dans le passé. Ce n'est pas un scoop, certes, mais tellement réaliste.

Puis, également d'établir des comparaisons entre les hommes et le fonctionnement des sociétés, durant ces siècles passés et le temps présent. Et ici, malheur ; mis à part l'invention du fil à couper le Roquefort et de la pince à linge, on s'aperçoit bien vite que l'évolution positive n'est, pour le moins, pas manifeste. Parfois même bien au contraire.

Il n'est point, d'autre part, interdit d'admettre, qu'en certaines circonstances, chacun puisse laisser libre cours à son imagination.

C'est même souhaitable ! Surtout quand c'est drôle. Et puis c'est, partiellement, l'objectif des pages qui vont suivre.

---

[1] C'était les 13 et 14 Septembre. Le dossier est maintenant déclassé et ne peut plus être considéré comme secret d'Etat. D'où cette divulgation.

Que pensez-vous que fassent les écrivains ? Les historiens qui, avant tout, ne sont que des archivistes ? Ces remarques peuvent également s'appliquer aux instituteurs, aux professeurs. Compris ceux des écoles. C'est-à-dire aux instituteurs. Selon qu'un auteur ou un enseignant éprouvera de la sympathie ou de l'aversion pour un personnage, historique ou non, il le dépeindra inévitablement en fonction de ses propres sentiments ou réflexions. Voire son engagement ou ses idéaux politiques. Sous condition, pour les plus courageux, d'en posséder encore un soupçon. Il pourra le présenter, soit sous l'étoffe d'un héros, soit, dans le pire des cas, dans la peau d'un scélérat. Comme un individu terne, ou un être conséquent. Sans d'ailleurs que sa bonne foi ne puisse systématiquement être mise en cause.

Qui connaîtrait Robert d'Artois sans l'œuvre de Maurice Druon et, selon ses écrits, l'influence semble-t-il déterminante que le personnage exerça près les souverains de France et d'Angleterre, dans le processus du déclenchement de la guerre de Cent ans, qui dura cent seize ans ?

Pourquoi tant d'auteurs se sont-ils penchés sur l'énigme de l'homme au masque de fer, alors que sa vie ne représente de fait, qu'un non-événement au sens purement historique ?

Si seulement le masque avait été en or, nous comprendrions que l'on puisse en faire tout un roman. Voire plusieurs. Mais du fer !

Pourquoi célébrer l'appel du 18 juin, alors qu'il ne s'agit que d'un non-événement, qu'il ne fut entendu que par quelques centaines de personnes – quelques milliers au pis aller – dont la plupart ignoraient même qui était le général de Gaulle.

Quelle était la couleur du cheval blanc d'Henri IV ?

Exceptionnellement, voici la réponse : blanche. Etant entendu qu'il s'agit ici de répondre à une question relative à la couleur et non point au cheval.

Si cela prête à sourire, que les étudiants prennent donc le risque, insensé, de poser la question – sérieusement – à leurs enseignants. Les surprises ne manqueront pas. Sous condition, bien entendu, que ces derniers acceptent de répondre. Et qu'ils n'aient pas lu cet ouvrage incontournable auparavant.

Ce qui serait fort regrettable.

Pour conclure cette introduction, n'oublions jamais que, sans exception aucune, nous sommes tous issus de l'Histoire de la France. Et que, pour les nouveaux arrivés sur le territoire, ils en dépendent inévitablement eux aussi. Ils se doivent donc de la prendre en considération, de l'accepter avec ses vérités et ses légendes, mais surtout de ne pas la renier. Elle est passionnante, elle nous appartient à tous, bien que nous n'en soyons que les dépositaires transitoires et il est fort agréable de savoir l'apprécier, l'aimer. Pour ce qui me concerne, je me suis permis de prendre la liberté de pouvoir l'agrémenter, en fonction de quelques inclinations personnelles. Ainsi, ces pages seront, je l'espère, plus divertissantes à lire que les manuels coutumiers que, de toutes les façons, nous connaissons tous en large et en travers. Enfin, plus ou moins…

D'ailleurs, sur le fond, c'est le but de la manœuvre. Faute de quoi la lecture de ce livre serait totalement fastidieuse et inutile. Restons enjoués en toutes circonstances. Même si ce ne sont pas les occasions d'être désenchantés qui manquent à présent. Enfin n'oublions surtout pas que, pour certaines périodes, surtout récentes, un minimum de bon sens nous demande de ne pas prendre pour argent comptant, les versions officielles déclamées sur les toits par les personnels politiques en mal de reconnaissance et de gloriole, parce que cela les arrange. Pour conclure, à travers ces pages, il sera possible de découvrir, dans la joie et la bonne humeur, que l'on nous a beaucoup plus abreuvés de mensonges qu'enseigné de vérités. C'est la bien triste loi de la politique. C'est pourquoi l'information que l'on va chercher soi-même sera toujours plus assurée que celle que l'on nous déverse sans relâche.

La série est en cours.

Souvenons-nous ; Napoléon, lors de l'expédition vers l'Egypte l'a dit à ses maréchaux ; notamment à Bourrienne qu'il surprit en train de lire *Paul et Virginie* et à Berthier qui s'était endormi sur les *Souffrances du jeune Werther* : « *Les hommes ne doivent pas lire autre chose que les livres d'Histoire.* »

Et tans pis pour les éditeurs de romans.

Encore que..........

Au début était le commencement

En vertu de l'Ancien Testament, il est vrai quelque peu revu et corrigé, ce qui permettra de parcourir ces lignes de façon moins fastidieuse que de coutume, Dieu prit conscience, quelque temps après le début, c'est-à-dire au cours des millénaires qui suivirent le commencement, qu'il s'ennuyait prodigieusement. Certes, il avait bien créé l'univers avec ses galaxies, ses étoiles, ses planètes et leurs satellites mais, en dépit de son mouvement perpétuel, l'ensemble s'avérait manquer singulièrement d'animation. Après mûre réflexion, l'Eternel se résolut à élaborer la vie sur un astre. Puisque sa tournée d'inspection coutumière l'amenait sur orbite terrestre et que les couleurs lui plurent, il décida d'effectuer une halte réparatrice, tout en convenant de se mettre à l'ouvrage le lendemain dès l'aube. Ce qu'il fit.

Il y eut un soir. Il y eut un matin. Ce fut le premier jour de l'épopée terrienne.

Dieu contempla les ruisseaux, les rivières, les mers et océans. Il constata que ces gigantesques réserves d'eau inutilisées représentaient un véritable gaspillage. Nous serions tentés de considérer que le Tout-Puissant était écologiste. Déjà. Il conçut alors les poissons, de toutes sortes, de toutes formes, de toutes tailles. Il était bien loin de s'imaginer, tout Dieu qu'il était, qu'à la suite d'une erreur d'appréciation, ils s'en trouveraient de gros pour dévorer les plus petits.

Il y eut un soir. Il y eut un matin. Ce fut le deuxième jour.

Dieu observa les vastes étendues désertiques qui rejoignaient l'horizon. Il songea qu'il serait fort logique d'organiser la vie sur les continents, suite à l'expérience qu'il pensait avoir parfaitement réussie dans les abysses. Il entreprit donc le façonnage des animaux terrestres, en d'infinies variétés. Ignorant totalement qu'un virus vicieux qu'il trimballait involontairement dans une manche de son blanc manteau était fâcheusement déterminé à violer la programmation de la faune. En conséquence de quoi, les êtres les plus puissants se mirent prestement à se repaître des plus faibles.

Sans les faire cuire, puisque les flammes éternelles qui, depuis, émanent de l'enfer, n'avaient pas encore été importées sur notre planète.

Apparemment à cause de problèmes logistiques.

Il y eut un soir. Il y eut un matin. Ce fut le troisième jour.

A son réveil, Dieu remarqua l'anomalie. Mais, comme il était cabochard, sûr de lui et que l'éventualité de modifier le bel ordonnancement du chantier engagé présentait quelques difficultés d'ordre technique, il disposa des herbes, des plantes, des arbres fruitiers dans les espaces désertiques, afin que la communauté du monde animal puisse assurer sa subsistance, d'autre façon que s'entredévorer.

Certaines espèces le suivirent dans cette démarche pacifique. D'autres, plus exigeantes, repoussèrent catégoriquement cette alternative, à leurs risques et périls.

Comme il était d'humeur enjouée, l'Eternel prit également la décision de créer un territoire fertile, tempéré, ornementé de paysages sublimes et variés, bordé par mers et océan. Il y ajouta diverses compositions florales, histoire d'agrémenter encore le paysage. Il ne pouvait se douter alors qu'il venait de concevoir un vaste pays radieux, incomparable, qui beaucoup plus tard et suite à moult péripéties en tous genres, deviendrait la France. Et lui causerait énormément de soucis, occasionnés par les habitants indisciplinés qui peupleraient les lieux.

Il y eut un soir. Il y eut un matin. Ce fut le quatrième jour.

Levant les yeux en direction de la voûte céleste, Dieu constata que l'on n'y découvrait nulle activité divertissante, si ce n'est quelques anges en goguette, dont le treizième, à partir de la gauche, un certain Satan, se préparait déjà à semer la zizanie. De façon à concrétiser dans les airs ses desseins animés, Dieu mit les oiseaux. Malencontreusement, d'aucuns se révélèrent de mauvaise augure. Compte tenu des entours qui lui paraissaient sereins, Dieu concevait raisonnablement que les volatiles ne seraient pas trop importunés. L'avenir devait prouver le contraire. Notamment suite aux trouvailles de Clément Ader qui, comme sans aucun doute chacun le sait, est le précurseur de l'aviation, ainsi qu'aux exhibitions de régiments parachutistes, perturbateurs des vols d'oiseaux migrateurs.

Il y eut un soir. Il y eut un matin. Ce fut le cinquième jour.

Dieu décida que le temps était désormais venu de réaliser un être susceptible de prospérer gaillardement au sein de ce sublime Eden, tout en cultivant et entretenant les différentes parcelles de ses propriétés foncières. Bien qu'intemporel, Dieu possédait, bien avant la lettre, une finesse d'esprit aussi pragmatique que cartésienne. Puis, l'on ne sait jamais : mieux vaut être prévoyant. C'est ainsi que l'Eternel modela un homme, qu'il appela Adam. Nous ne savons trop pourquoi. Nous ignorons également quel âge il lui donna.

Il y eut un soir. Il y eut un matin. Ce fut le sixième jour.

Dieu s'en vint, avec grande sagesse, s'informer des remarques et appréciations opportunes pouvant être formulées par Adam, suite à cette première nuit passée en solitaire. Le premier hominien répondit qu'à priori, il pressentait pouvoir fonctionner convenablement. Et que de sus, l'environnement lui paraissait de bon goût. Voire de très bon goût. Toutefois, il se demandait à quoi pouvait bien lui servir l'ustensile bizarre qu'il possédait entre les cuisses et qui lui avait procuré quelque sensation étrange, à peine sorti des doux bras de Morphée.

Dieu confia que la situation était conforme à sa volonté. Qu'il n'avait rien omis. N'avait commis aucune erreur. D'ailleurs, il était persuadé que sa position sociale le lui interdisait. Simplement, se sentant légèrement flapi la veille au soir, il avait préféré différer l'exécution de son projet suivant, au lendemain.

De façon à ce que les choses soient claires et nettes, il précisa à Adam qu'il n'était pas du genre à commettre des imperfections et qu'en prévision de moments délicats, il avait pourvu l'homme de bras et de mains, suffisamment étudiés pour, afin de lui permettre de parer au plus pressé dans les cas d'urgence et les moments de solitude.

Aussitôt dit ; aussitôt fait. Dieu créa, pour le bien-être de l'homme, le complément qu'il lui souhaitait idéal. Il offrit à Adam une créature de rêve, qu'il nomma Eve. Sans que l'on ne sache non plus, exactement pourquoi.

Alors, il bénit le couple et leur dit : « *Soyez féconds, multipliez, remplissez la Terre et l'assujettissez...* »

Pour tout complément d'information, nous conseillons au lecteur de se reporter à *la Sainte Bible. La Genèse, 20 à 31*.

Ou prendre un abonnement pour la grand-messe du dimanche matin, auprès d'un fournisseur patenté de ces prestations insolites.

Dieu se rendit compte, très rapidement, qu'il avait doté la plus délicieuse de ses inventions d'un caractère fondamentalement épouvantable. Mais, comme il considérait, à juste tire, cette œuvre d'art absolument parfaite sur le plan esthétique, il convint de n'en modifier aucun composant. Le Créateur estimait somme toute que, si Adam désirait jouir à satiété de l'extraordinaire présent qu'il venait de lui octroyer, il pouvait également en supporter les caprices et incohérences.

A l'examen de ce corps sublimement sensuel, Dieu alla jusqu'à subodorer que, dans l'hypothèse où les circonstances le lui permettraient, il sauterait immédiatement sur l'occasion, si l'on peut dire, afin d'effectuer une série de tests expérimentaux.

En toute discrétion, s'entend.

Au sujet des conséquences pouvant découler de cet événement conjoncturel, hautement hypothétique, certaines écritures laissent à supposer qu'Eve aurait enfanté trois fils. Nous laissons à chacun la possibilité de retenir l'alternative qui lui convient le mieux, en fonction de ses idéaux. Nous concernant, nous nous garderons bien d'afficher une position notoire, de toute façon sujette à caution. Car, si tel est le cas, rien ne peut prouver qu'Adam ne fut point le père légendaire de ce troisième bambin.

Puis, nous ne prendrons pas le risque de nous fâcher avec un grand nombre de lecteurs potentiels, dès le premier chapitre.

Il y eut un soir. Il y eut un matin. Ce fut le septième jour.

Repos pour tout le monde.

Le premier jour de la seconde semaine, fier de la noble tâche accomplie, Dieu rendit une visite de courtoisie à Adam et Eve. Il tenait à leur communiquer ses dernières instructions, avant que regagner ses pénates.

« Vous êtes ici chez vous et pouvez faire tout ce que bon vous semble. Je vous recommande simplement de ne pas consommer les fruits de cet arbre, leur dit-il en désignant le pommier. Chaque année à l'automne, précisa-t-il, un convoi exceptionnel viendra enlever les pommes, car je désire les faire presser, puis distiller le jus qui en coulera, de façon à me constituer une réserve de calvados[2]. »

---

[2] Il ne reste qu'un nuage à franchir, pour en déduire qu'Adam et Eve auraient pu voir le jour en Normandie.

Nous devons admettre que c'était bien peu demander. Puis, ce n'est pas la peine d'être Dieu, si l'on n'en retire pas un minimum de privilèges.

Il va de soi que les jeunes tourtereaux opinèrent, sans restriction aucune.

Intimement persuadé que les opérations se dérouleraient convenablement, selon les articles du cahier des charges qu'il avait personnellement rédigé, puis remis à Adam, Dieu s'en repartit tout guilleret. Confiant envers les géniales créations et créatures, qui lui semblaient présenter les garanties souhaitables, à tous les niveaux. Il était fort loin de s'imaginer qu'il aurait bientôt à se préoccuper de lendemains qui déchantent. Sans parler des surlendemains.

Nonobstant ses intimes convictions, lorsque le 11 novembre de l'année suivante, la saison des pommes fut venue sur Terre, Dieu jugea opportun d'effectuer une visite de routine dans ses propriétés, histoire de se dégourdir les jambes. Puis, contrôler que les événements se déroulaient bien selon ses prescriptions. Il espérait ainsi profiter de l'occasion, pour fêter cette grande victoire personnelle.

Quelle ne fut point sa déconvenue de devoir constater, sitôt s'être rendu au sein des pommeraies, qu'il ne se trouvait nul fruit sur les branches, bien qu'il n'eut été constitué la moindre réserve de pommes.

Son ire éclata effroyablement, que l'on perçut au plus profond des ténèbres. Immédiatement, Dieu convoqua Adam et Eve, afin de leur demander de présenter un compte-rendu de la situation, lors d'une Assemblée générale extraordinaire.

Face aux questions incommodantes de son concepteur, Adam se lança inconsidérément dans le récit de commentaires embrouillés. Mais, Dieu insistant, lourdement à son gré, il dut se résoudre à avouer la vérité.

Chaque fois qu'il s'approchait de sa douce compagne, afin de lui prouver que ses sentiments amoureux et ses viriles facultés reproductrices étaient invariablement orientés vers le beau fixe, celle-ci, avant de s'offrir aux appétences sensuelles de son galant, exigeait qu'il allât lui cueillir une pomme car, disait-elle, ce fruit s'avérait être véritablement délicieux. Sans omettre qu'elle avait remarqué que l'influence des reinettes et autres apis sur sa libido, l'amenait progressivement vers le summum de ses propensions amoureuses. Déjà qu'elle était, de par nature, généreusement performante. De sus, par le plus grand des hasards, elle avait également découvert que la consommation régulière de pommes, pouvait offrir une solution d'appoint non négligeable, pour se prémunir des inconvénients causés par l'excès de mauvais cholestérol. A ne pas confondre avec le bon.

De par la grâce divine, comme les premiers amants de l'aventure humaine, ne connaissaient d'autres occupations que manger, boire et s'envoyer en l'air, hors quelques heures passées aux travaux des champs, il s'ensuivit que, bientôt, toutes les pommes furent consommées.

« Je vous avais prévenus ! s'écria Dieu. Puisque vous m'avez désobéi, vous serez désormais privés de paradis terrestre. Pour votre repentir, vous devrez vous plier à tous mes commandements, dont je déterminerai le nombre ultérieurement. Faute de quoi, vous connaîtrez l'enfer éternel ! Afin de vous préparer au calvaire de mon châtiment suprême, en cas de nouvelles insubordinations, vous et votre descendance subirez ici-bas, les tremblements de terre, les incendies destructeurs, les orages violents qui provoqueront des inondations dévastatrices.

« Certaines années, vous souffrirez de la sécheresse, qui provoquera la famine. Puis, apparaîtront les maladies sexuellement transmissibles. Votre race créera insidieusement de nouvelles affections, de façon à se débarrasser d'espèces considérées comme importunes. Vous devrez supporter l'oppression, la jalousie, la haine de vos semblables. Vous endurerez les guerres, la spéculation sur la mort de vos proches. Vous vivrez au milieu de la corruption, ainsi que des injustices perpétrées par des classes paradoxalement dominantes. Puis, en apothéose, je laisserai la race humaine découvrir, puis exploiter à mauvais escient, des sources d'énergie terrifiantes, dont les retombées incontrôlables anéantiront des peuples entiers.

« Pour couronner le tout, je créerai les politiciens, les militaires et policiers, les juges et les spéculateurs financiers. » Jamais l'humanité ne devait se remettre de ces épouvantables calamités.

Le plus gênant dans cette affaire, pour ceux qui, dans leur jeunesse, ont pratiqué les cours du catéchisme, se trouve qu'il y est enseigné : « *Dieu est bonté.* » Que serait-il advenu, s'il avait été de nature agressive ? Ce qui est certain et l'avenir le prouvera, est qu'il n'était pas de bon augure de naître son fils. Même par procuration. Au niveau de la qualité des relations familiales et pour préserver son intégrité physique, mieux aurait valu pour Jésus d'être adopté par une famille de chimpanzés ou de gorilles africains.

La malédiction divine ne tarda pas à s'abattre sur les premiers spécimens de la branche humanoïde, puisque des joutes brûlantes conçues et réalisées par Adam et Eve, ne naquirent donc que des fils.

Le puîné, Abel, pasteur de son état, fort désappointé d'être continuellement privé de l'indispensable auxiliaire technique, qui lui aurait permis d'assumer rationnellement sa sexualité, prit la fâcheuse habitude de sodomiser son aîné. Il considérait, à tort ou à raison, que la pratique de ces exercices corporels, lui permettrait de pallier toute forme d'abstinence, tout en tissant des liens fraternels étroits. Caïn, le laboureur, devait quant à lui se contenter, pour tout plaisir, de jouer à saute-mouton en compagnie des ovins et ongulés, propriété de son cadet. Lassé de ces charges et décharges familiales, il finit par préméditer puis commettre l'assassinat de son propre frère.

Nous sommes en mesure d'affirmer, qu'à partir de cet instant, la destinée de l'espèce humaine, ne se présentait pas forcément sous des auspices favorables. Il en est ainsi ; dès l'origine, l'homme a commencé par tuer son frère, ensuite les tueries se sont organisées entre familles et tribus. Puis, les massacres se sont accomplis entre cités voisines bien qu'ennemies, entre comtés, provinces et nations. Enfin, nous nous trouvons désormais dans la période des guerres mondiales. Mais où donc s'arrêtera le progrès ?

Probablement jamais, en acceptant d'admettre que la prochaine étape sera de détruire, autant que faire se peut, les êtres vivants que nous risquons de découvrir sur d'autres planètes.

Lorsque Adam trépassa, Caïn se retrouva, bien entendu, en la seule compagnie d'Eve. Cruel dilemme. Il se résolut alors à forniquer avec sa mère, dans le dessein d'assurer la continuité de l'espèce. De ces rencontres incestueuses, devait naître une fille qui devint, dès qu'elle eut atteint l'âge de la puberté, l'accessoire charnel de son père et frère utérin. Il semblerait même que ce géniteur méphistophélique ait procédé à différentes séances d'initiations et d'attouchements, avant même que la fillette ne soit nubile.

Ce qui, de nos jours, est fortement réprimé par la loi. Surtout lorsque l'on est issu de souche prolétarienne.

De ces amours consternantes et amorales, apparurent alors garçons et filles qui, inévitablement, se mirent eux aussi, à baiser joyeusement en famille. Ces accouplements permirent de développer la race humaine sur Terre, dans des conditions hélas, le plus souvent confuses.

Puis, les siècles s'écoulèrent, non sans problèmes de répartition des richesses, bien que Dame Nature, en dépit de la détermination du Très Haut, ait été en mesure de pourvoir aux besoins vitaux de chacun. Voire en offrant divers agréables suppléments.

Pourtant, Dieu dut se rendre à l'évidence ; en dépit de toutes les solutions qu'il pouvait imaginer, de toutes les mesures qu'il pouvait prendre, l'être humain ne restait foncièrement qu'un individu bête et méchant, dont les pensées se portaient chaque jour uniquement orientées vers le vice. En vérité, les admonestations proférées à l'encontre d'Adam et d'Eve, dès leurs premières incartades, n'étaient restées que lettre morte, y compris pour leur descendance. Il fut affligé en son cœur et se prit de remords d'avoir créé un lignage d'hommes et de femmes malfaisants, cruels et pervers. Afin de tenter rétablir un semblant d'ordre dans cet immense foutoir, l'Eternel décida de mettre en chantier un projet grandiose, destiné à anéantir toutes les espèces qui étaient parvenues à se développer sur le globe terrestre. A l'exception de Noé, qui était un homme juste et intègre, ainsi que les membres de sa famille.

N'en déplaise aux autorités religieuses, toutes sectes confondues, qui donc, s'essoufflent à prêcher que Dieu est bonté, il n'empêche que, lorsqu'il se décide à entreprendre un épouvantable programme de répression, il est plus que fortement conseillé de ne pas traîner dans les parages.

Dans les faits, l'analyse des événements qui se sont déroulés sur Terre, depuis la création du premier couple d'humains, jusqu'à nos jours, nous permet de constater que Dieu s'est totalement trompé dans l'élaboration de son programme. Ce qui ne fait pas très sérieux, compte tenu de sa position sociale, ainsi que sa réputation.

Avant de provoquer cette hallucinante catastrophe, de facture hollywoodienne, en expiation des errements coupables de l'humanité, Dieu ordonna à Noé, de construire le premier zoo. Flottant de surcroît. Un fier bâtiment de cent cinquante mètres de long, sur vingt cinq de large et quinze de hauteur. Ce n'était certes pas le sister-ship de l'insubmersible Titanic, pas plus que du porte-avions *Charles de Gaulle*. Mais tout de même un joli vaisseau, paré pour naviguer sans incidents cocasses et résister aux intempéries.

Lorsque la construction de (l'Arche) fut accomplie, Dieu demanda à Noé, qui était un jeune vieillard de six cents ans, de sélectionner un couple de chaque espèce animale. Compris les serpents, emblème de la fourberie et depuis Hippocrate, des professions de santé. Le but de la manœuvre était de faire saillir dans les cales, l'ensemble de la faune rescapée de l'hécatombe à venir, afin de remettre en mouvement, dès l'accostage du navire, la belle mécanique originelle. L'ambiance qui régnait à bord, ne devait pas être tristounette. De quoi provoquer des séries d'infarctus du myocarde, au sein des membres des congrégations religieuses intégristes.

Le Déluge dura quarante jours et quarante nuits, sans interruption aucune. Ce qui entraîna une crue générale des eaux, pendant cent cinquante jours. Permettant, par la même occasion, de remplir les nappes phréatiques pour plusieurs décennies. Une période de sécheresse est si vite arrivée. Malheureusement, dans sa précipitation, Noé n'avait embarqué de provisions d'huile pour les lampes, que pour une durée d'environ cent jours. Cette négligence engendra quelques incidents fortuits à bord de l'embarcation. C'est pourquoi, dans la pénombre, certaines espèces s'accouplèrent par erreur. Ainsi, le tigre se trouve être le fruit d'un croisement entre le lion et la panthère noire. Quant au dromadaire, il se cogna le dos sur une poutre au cours d'un rut prolifique. Suite à cet incident cocasse, il hérita d'une seconde bosse. Conséquence de quoi, il verra plus tard sa femelle, donner naissance à des jumeaux, dont le premier chameau.

Dans l'ensemble, le patriarche et sa famille parvinrent à accomplir correctement la mission qui leur avait été confiée. Et le programme se déroula pratiquement, comme prévu. Hormis pour les hollandodactyles, les sarkozynopithèques, les copénosaures, les vallséraudocus, les lepennivaures et autres mélanchondosaures, qui refusèrent obstinément de monter à bord du navire salvateur.

Ces dinosauriens, au comportement primaire d'entre les primaires, étaient persuadés de pouvoir braver la colère et la puissance divines.

Pauvres inconscients !

Alors Dieu dit : « *Que tous les spécimens qui sont grands et forts, puissants et cruels, mais ne possèdent une cervelle à peine plus évoluée qu'un protozoaire, cesse d'exister à jamais de la surface de la Terre.* »

Fin de citation.

Cet entêtement, totalement dépourvu de bon sens, se trouve à l'origine de la disparition de ces imprudents et impudents spécimens, ô combien vaniteux. Nul ne le regrettera. Cela, en dépit des affirmations, non contrôlables, de certains scientifiques de salon.

Il est à remarquer que désormais, il serait totalement impossible de construire une telle Arche, dans les délais impartis, de façon à préserver la faune terrestre. Les administrations sataniques assoiffées de tampons et autres associations aussi fantaisistes que nuisibles à l'évolution pour tous, sur la base de multiples raisons toutes plus absurdes les unes que les autres, empêcheraient le projet de voir le jour. Et tout disparaîtrait. Mais il s'agit en l'occurrence d'une toute autre histoire.

Lorsque les pluies torrentielles cessèrent et que les eaux eurent retrouvé leur niveau d'étiage, l'Arche s'échoua sur le mont Ararat. Sans perdre de temps, Noé libéra les animaux de sa ménagerie ambulante, puis se mit à l'ouvrage. Il cultiva la terre, planta la vigne, fit les vendanges, but le vin et immanquablement s'enivra. Malgré son penchant affirmé pour le jus fermenté de la treille, il vécut encore trois cent cinquante années. Preuve que le vin est bon pour la santé. Sous réserve, s'entend, qu'il soit d'excellente qualité. Enfin, logiquement usé par tellement d'efforts, il trépassa à l'âge de neuf cent cinquante ans.

Suite au décès de Noé, Dieu, lassé de devoir toujours contempler les mêmes trombines, envisagea, sauf exception, de ramener la durée de vie du Terrien, à environ cent ans. Et encore, dans le meilleur, voire le pire des cas. C'est selon.

De toutes les façons, une véritable aubaine pour les actuelles caisses de retraites, ainsi que les statistiques du chômage pourtant falsifiées.

A partir des trois fils de Noé et de leurs épouses, se fit le repeuplement de la Terre.

Les siècles passèrent encore. Mais les dérives en tous genres de la race humaine avaient repris leur cours habituel. Alors que les hommes étaient établis au pays de Shinéar, ils décidèrent, pour braver le Tout-Puissant, de fonder une vile, puis d'y ériger une immense tour, dont le sommet pénètrerait les cieux.

Ce qui, de nouveau, déplut profondément à Yahvé qui, semble-t-il, ne devait pas posséder un caractère trop affable. Il redescendit sur Terre une nouvelle fois et, puisque les hommes parlaient tous le même langage, afin de leur causer multiples problèmes, il en créa de nouveaux, de façon à ce qu'ils ne se comprennent plus les uns les autres. Déjà que ce n'était pas facile avec un vocabulaire identique. Ensuite, il les fit se disperser sur toute la surface de la planète.

Nous connaissons tous, hélas, la suite des événements, ainsi que le bilan globalement négatif découlant de ces opérations scabreuses.

Depuis le déroulement de ces aventures, pour le moins bizarroïdes, les générations se sont succédées sans relâche sur Terre, avec plus ou moins de fortune, reconnaissons-le humblement. Il n'est donc guère surprenant, compte tenu des dispositions liminaires qui ont procédé à l'occupation générale de notre astre préféré, que la postérité issue de nos lointains aïeux, ait regorgé et regorge encore de bougres et bougresses, débordant d'intarissables défectuosités physiques, mentales et surtout morales.

Les chiens ne font pas des chats.

De très nombreux individus n'en ont pas moins, pour autant, marqués profondément leur époque. Le plus souvent, hélas, en faisant subir à leurs contemporains, les conséquences de leur vanité, leur soif de pouvoir sur les autres, ainsi que leur cupidité. Pour majorité, la vie des ces tristes sires, a été maintes et maintes fois développée, rapportée dans les pages de nombreux volumes, documentés plus ou moins sérieusement. Sans omettre qu'il se trouve fréquemment que, pour le même personnage, les versions diffèrent, selon les auteurs.

Enfin, comment passer sous silence, les versions officielles étatisées, sempiternellement débordantes de mensonges, de contre-vérités et d'affabulations en tous genres.

Il est maintenant grand temps de remédier à ces duperies politisées, en tentant de rétablir un semblant de vérité, enjolivé d'anecdotes quelquefois savoureuses, à l'occasion plus ou moins légendaires, en l'attente de nouvelles révélations ou découvertes toujours possibles. L'ensemble étant, bien entendu, axé autour de l'Histoire de la France.

L'histoire finit enfin par commencer

L'on peut considérer, sans grand risque d'erreur, que la véritable l'Histoire de la France prend naissance à l'aube du premier millénaire avant J.-C., avec la conquête du territoire par les Celtes, peuples d'origine indo-européenne, qui venaient alors du sud de l'actuelle Allemagne, de Suisse, d'Autriche et de Hongrie. Ce qui nous permet de constater que, entre autres envahisseurs, cela fait, environ trois mille ans, que les Teutons, Prussiens et Germains confondus, savent apprécier à leur juste valeur, les multiples avantages offerts par les territoires situés à l'ouest du Rhin.

Vu sous cet angle, il est possible de comprendre la raison essentielle qui les a incités, à diverses reprises, à vouloir occuper la Gaule puis la France. Ce qui, pour autant, ne saurait justifier leur comportement.

Encore qu'en certaines occasions, les dirigeants politico-financiers français leur aient grandement facilité la tâche.

De Gaulle, quant à lui, prétendait que l'Histoire de France commençait avec Clovis, car son règne correspondait à l'officialisation du christianisme, amalgamé avec la direction politique du pays. Le général a toujours fait le maximum pour se démarquer des autres, voire surtout se faire remarquer. Mais pas nécessairement de façon toujours heureuse. Si cela avait été dans ses possibilités, il ne fait aucun doute qu'il aurait affirmé que l'Histoire de son pays commençait le 22 novembre de l'année 1890, jour de sa naissance.

Les Celtes ne possédaient aucune unité politique. De toute évidence, ils sont, sans le savoir, les précurseurs des partis politiques made in France. Ils étaient divisés en une multitude de peuplades possédant des lois différentes, dirigées par les grands propriétaires terriens. Ce qui n'est guère surprenant.

Ces divisions sont désormais nommées des courants.

Ici, se pose une première question essentielle : comment peut-on devenir riche propriétaire terrien, alors que tous les candidats se sont retrouvés placés dans des conditions identiques, sur la même ligne de départ. Eh bien, la réponse est simple : il est tout d'abord indispensable de naître moins con que les autres. Ce qui démontre, sans contestation possible, que l'égalité n'existe pas, ne peut exister, ne pourra jamais exister. Que cela plaise ou non, il en est ainsi. Ce qui est valable pour l'espèce humaine, l'est également pour toutes les autres, dans la nature. Si vous avez des oiseaux sur votre balcon ou dans votre jardin, vous leur donnerez des graines à picorer. S'il s'y trouve des souris, elles devront se contenter d'appâts empoisonnés. Celui qui possède un chat à la maison le couvre de caresses. Le lapin, dont la morphologie n'est pas si éloignée, devra se contenter de passer à la casserole[3].

Pour le reste, il suffit ensuite de savoir faire travailler sa matière grise, de façon à baiser profondément ses contemporains. Surtout ses proches relations ; c'est moins compliqué, puisqu'ils accordent plus facilement leur confiance.

Ce qui reviendrait à démontrer qu'il est impossible d'être riche et honnête. Cela n'est finalement guère surprenant. Honoré de Balzac n'a t-il pas écrit : *« A l'origine de toute fortune, il y a un crime. »* Il serait cohérent de compléter cette citation par *au minimum un crime*. [NDLA]. C'est pourquoi notre monde se porte si mal ; ce sont les brigands les plus dangereux qui actionnent les mécaniques.

---

[3] J'ai mis au point une super recette de lapin à la normande. Ecrivez-moi. Réponse assurée.

Les dirigeants celtes étaient associés aux druides qui détenaient, outre leurs pouvoirs surnaturels, les charges judiciaires et pédagogiques. Un peu comme si, de nos jours, une quelconque Madame Irma devenait, en sus de son dur labeur de voyante extralucide qui, le plus souvent, ne voit guère plus loin que l'intérieur de son tiroir-caisse, ministre de la Justice et de l'Enseignement. Encore que, face à la triste réalité du moment, il ne soit pas impossible d'admettre que l'on n'y perdrait pas systématiquement au change.

Pour ces druides, le plus souvent habitants des forêts, la recherche du *gui*, plante parasite qui continue de croître sur certains arbres, en dépit des protestations de mouvements plus ou moins écologiques, représentait une activité disons, plutôt à temps partiel, bien que gratifiante. La cueillette était un privilège réservé aux chefs des druides, personnalités alors considérables. Ils le détachaient des branches au moyen d'une serpette d'or aux cris d'*au gui l'an neuf*. L'on admet volontiers que la cérémonie annonçait la fin de l'année et surtout le commencement de la suivante. Ce qui, à une seconde près, ne change pas grand-chose.

A quelle date exactement ? Une chance sur 365 de ne pas se tromper, pour qui désire prendre le risque d'émettre un pronostic ! L'essentiel restant toutefois que chaque année ait un premier jour. Puis, qu'il soit férié et festif !

A ce jour, aucune serpe d'or n'a été retrouvée ; mais qui donc les a volées ? Cela reste un grand mystère. Ce qui nous conforte dans notre idée, comme quoi l'Histoire de France s'est progressivement construite autour d'exploits conçus et réalisés, le plus souvent, par des voleurs et des criminels en tous genres, plutôt que des gens dignes, ou des bienfaiteurs de l'humanité. Juste histoire de dire, ce n'est pas autour des individus sans histoires, que s'est forgée l'Histoire, puisque justement, ils n'en ont point.

Pour preuve : pour la seule Europe du XXème siècle, les plus importants événements que l'Histoire retiendra sont articulés autour d'individus malheureusement fort connus, bien que tous plus exécrables les uns que les autres, tels Hitler, Mussolini,

Franco, Salazar, Staline ou Ceausescu. Sans omettre la kyrielle de répugnants sous-dictateurs communistes d'Europe de l'Est ou les colonels et généraux grecs, qui ont mis leurs pays à feu et à sang, durant les décennies qui ont suivi la Première Guerre mondiale. Et ce n'est pas tout. Ces mecs, tous pourris jusqu'à la moelle, n'auraient jamais été en mesure de commettre tant de crimes, tant d'horreurs inqualifiables, s'ils n'avaient été aidés et soutenus dans leurs scélératesses, par des centaines de milliers d'assassins protégés par leurs uniformes.

Sans la participation active des militaires et des policiers, quelle que soit l'époque, le pays, aucune dictature ne pourrait survivre bien longtemps. Peut-être même voir le jour. C'est d'une évidence indiscutable.

N'a-t-il jamais existé une seule dictature civile ?

Nous pouvons même nous poser cette question : si un enfoiré de première classe décidait d'accomplir un coup d'Etat dans notre belle France éternelle, quelle serait la réaction de la soldatesque ? Se poser la question est, quelque part, commencer à y répondre.

Où il est prouvé que la race humaine n'est pas à donner en exemple aux habitants d'autres planètes. Car il ne fait aucun doute qu'ils s'en trouvent de nombreuses, colonisées par des individus en mesure de penser, de réfléchir. Il est toutefois possible d'envisager que ces êtres ne soient pas nécessairement spécialisés dans l'accomplissement de saloperies en tous genres, comme les Terriens. Reste l'espoir que l'on ne les découvrira que le plus tard possible, car tout laisse à penser que le monde politico-financier, aidé en cela par des militaires toujours en mal de promotion, se pencherait immédiatement sur des plans d'invasions afin de les exterminer puis voler leurs richesses, dans les plus brefs délais. Encore qu'avec les moyens de transport dont nous disposons actuellement, avant d'envisager puis de mettre au point une expédition destructrice à destination d'autres planètes, cela laisse, fort heureusement, quelques siècles de quiétude aux autochtones.

Selon certains historiens, spécialistes de la civilisation gauloise, quelques druides parmi les plus érudits, auraient mis au point un breuvage susceptible de décupler les forces des guerriers, avant d'aller affronter les légionnaires romains, lors de batailles particulièrement musclées. Peut-être, tout simplement, s'agissait-il de la cervoise, sorte de bière fabriquée avec de l'orge, dans laquelle était incorporé un produit revigorant, genre eau-de-vie élaborée à partir des pommes par exemple, de façon à conditionner les combattants. Il ne s'agit ici, bien évidemment, que d'une hypothèse, étant entendu que la recette de cette mixture complexe n'a, elle non plus, jamais été retrouvée.

Celle de l'eau-de-vie de cidre, oui. Quelle chance !

Ce qui est certain, est que depuis cette époque, les états-majors militaires ont continué et continuent de fournir en breuvages alcoolisés, leurs soldats et mercenaires, avant qu'ils ne partent pour le front. Sans cela, le plus grand nombre refuserait d'aller se faire déglinguer la tronche gratuitement, pour le seul plaisir de roitelets dérangés des boyaux de la tête. Cette remarque s'applique également pour les CRS et gendarmes mobiles, durant les grands mouvements populaires. Avant d'aller matraquer les citoyens, qui ne demandent finalement que de pouvoir vivre décemment de leur travail, en toute quiétude, il est plus que fortement conseillé aux bleus, de se désaltérer, à l'intérieur de fourgons largement approvisionnés en remontants spécialement étudiés pour.

Principalement durant les périodes troubles et troublées, les contrôles d'alcoolémie ne sont pas recommandés, à la sortie des véhicules de police.

Certains lecteurs pourront remarquer, avec pertinence, que les événements relatés dans ces pages, amalgament curieusement le passé avec le présent. Qu'ils sachent bien qu'il ne s'agit, en aucun cas, d'une erreur de rédaction ou d'impression, mais d'une volonté affirmée de démontrer que, mis à part l'invention du fil à couper le Roquefort, du moteur à explosion, du papier hygiénique, de la pince à linge ainsi que des piquouzes destinées à guérir les chaudeslances, sur le fond, rien n'a véritablement évolué depuis l'Egypte pharaonique. Au niveau politique, sociétal, c'est pratiquement du copié collé depuis des millénaires. Seules quelques idéologies pernicieuses, menaçant encore davantage la survie de l'humanité, ont été progressivement rajoutées par des politicards fourbes et corrompus, particulièrement à partir du XIXème siècle.

C'est pour dire dans quelle merde on est !

Avant l'arrivée des Celtes, le pays n'était peuplé que par de modestes communautés villageoises indépendantes et de racines hétérogènes. Tels les Ibères en Aquitaine, ou les Ligures sur le rivage méditerranéen. Au cours des deux derniers siècles avant notre ère, les barbares venus de l'est, mais surtout les Romains, vont détruire la civilisation des Celtes qui, outre la France, était parvenue à s'implanter également en Espagne, au Portugal, en Belgique, en Italie du nord, dans les Balkans, ainsi que dans les îles Britanniques. Seuls subsisteront encore quelque temps les royaumes créés au pays de Galles. Puis, en Irlande, jusqu'à l'évangélisation de l'île par saint Patrick, au V° siècle.

Cela ne veut surtout pas dire, que les traditions celtes disparurent définitivement pour autant. Notamment en Bretagne, où certaines perdurent encore. Par exemples la pluie, les tempêtes, les inondations, la production de crêpes, l'interprétation de chansons traditionnelles du folklore local, ainsi que la culture des oignons, des choux-fleurs et des artichauts. Sans omettre, bien entendu, le port des légendaires coiffes bigoudènes ainsi que la consommation de chouchen. Ceci pouvant expliquer cela.

De fait, l'Histoire de France que nous appellerons moderne, prend manifestement racine avec la conquête de la Gaule par Jules César, puis l'instauration et le développement d'une civilisation gallo-romaine, brillante et prospère. Cette culture va commencer à s'épanouir durant le premier siècle avant J.-C. et se poursuivre jusqu'à la fin du cinquième siècle de notre ère.

Pour autant, les conquistadors romains ne découvrirent pas des territoires inorganisés, où régnaient le désordre et l'anarchie. Bien au contraire. Les tribus gauloises, de l'ordre d'une cinquantaine, parmi lesquelles dominaient les Arvernes, les Belges, les Carnutes, les Eduens et les Helvètes, étaient très bien structurées. L'agriculture et l'élevage étaient particulièrement florissants, ce qui leur permettait d'exporter les surplus jusqu'à Rome. Les Gaulois contrôlaient le sel et en faisaient commerce. Ils exploitaient de nombreuses mines de métaux, y compris les précieux, ce qui leur permettait de posséder un artisanat prospère, notamment au niveau de l'outillage et de l'orfèvrerie. Du véritable made in Gaule.

Pour nous Français, le personnage essentiel de cette période se trouve être Vercingétorix. Et le point culminant de son règne, la bataille de Gergovie en 52 avant J.-C., durant laquelle le jeune seigneur gaulois – proclamé roi par les chefs de tribus – remporta contre Jules César, la première grande victoire de notre Histoire officielle. Gergovie se situait dans le pays des Arvernes (les Auvergnats), territoire correspondant approximativement à l'actuel département du Puy-de-Dôme. Cha ché vré.

Nous pouvons supposer que ce triomphe fut copieusement arrosé. Ainsi naissent nombre de traditions non négligeables. L'envie de boire, c'est bien connu, étant pire que la soif, les Gaulois s'imbibaient continuellement de bière (cervoise). Pour stocker ce breuvage de haute tenue nutritive, ils inventèrent le tonneau. Noble initiative. Le brevet est, depuis, fort heureusement tombé dans le domaine public. Ils étaient connus pour être vifs, audacieux, irascibles et toujours prêts à se battre. Les femmes ne redoutaient pas plus le combat que leurs maris. Ils n'avaient pas intérêt à rentrer trop tard les gaillards. Tout Gaulois naissait soldat. Ni âge, ni condition sociale n'exemptait d'aller à la guerre. Ce sont des véritables descendants de ces fiers guerriers dont la France aurait eu besoin en 1940. Mais où se trouvaient-ils donc alors, ces grands chefs politiques et militaires ? Les mauvaises langues disent : réfugiés hors de nos frontières.

Ce qui pourrait expliquer pourquoi les événements relatés sur la période 1938-1945, sont truffés de mensonges. Y compris dans les manuels scolaires et – surtout – les romans gaullistes.

L'épisode constitué par la victoire de Gergovie – suivi malencontreusement quelques semaines plus tard par la défaite d'Alésia – revêt un intérêt particulier. Car, pour la première fois dans notre pays, un chef va parvenir à se faire reconnaître comme tel par un ensemble de tribus, puis les fédérer et ainsi donner naissance à une certaine idée de Nation. Pour l'époque, c'était plutôt remarquable. Surtout si l'on constate que deux mille ans plus tard, on ne parvient toujours pas à réunir les membres d'un même parti politique, autour d'une table de négociations, sans qu'ils ne se bouffent le foie.

Alésia se solda par la victoire de Jules César et la capture de Vercingétorix. Ce dernier sera conduit à Rome, pour y être enfermé durant six longues années, avant de périr assassiné dans sa geôle. Dès lors, les Romains remonteront vers le Nord, envahiront la Gaule dans sa totalité, allant même jusqu'à s'établir en Angleterre. Il fallait oser !

Une certaine forme de mondialisation, dont ils n'étaient pas les précurseurs, puisque avant eux, Alexandre le Grand avait déjà testé les possibilités de réaliser une certaine forme de fédération de divers pays, entre l'Europe et l'Asie.

Uniquement à titre de comparaison, nous retiendrons qu'à l'époque gallo-romaine, l'Egypte pharaonique avait déjà plus de trois mille ans d'existence.

La pratique de la collaboration avec l'envahisseur, prit naissance avec l'occupation de la Gaule par les Romains. Il est plus alléchant espérer participer au partage du butin, que de périr assassiné sous les armes ennemies, dit le proverbe. Cela peut se comprendre aisément, mais uniquement pour les engagés volontairement par la force. Par exemple, la tribu des Eduens, située dans la région d'Autun, se rallia très tôt à César. Lors de la guerre des Gaules, une section complète de l'armée romaine n'était constituée que de ces seuls cavaliers gaulois, très réputés dans l'art du combat à cheval.

Jules César fut un fin stratège militaire, un remarquable tacticien, ainsi qu'un politicien avisé, mais également un écrivain talentueux. Ce qui ne l'empêcha pas de périr assassiné à cinquante cinq ans, après seulement cinq années de pouvoir. C'est une évidence ; en certaines circonstances, la plume peut-être une arme dangereuse. Nous lui devons *Commentaires de la Guerre des Gaules* ainsi que *De la guerre civile*. Ce que nous savons moins de lui, est qu'il se trouvait être un important négociant en vins. Preuve que la politique n'est pas systématiquement une occupation à temps complet. Et qu'en tant que tel, il recherchait toujours de nouveaux marchés. En prenant quelque liberté avec l'Histoire, nous serions tentés de dire qu'il fut, pour l'occasion, l'inventeur du marketing moderne. En conquérant la Gaule, il espérait faire remplacer la consommation de la cervoise, par celle du jus fermenté de la treille. Et donc s'enrichir toujours davantage. Ce qu'il parvint à réaliser, en faisant planter des vignes en de nombreuses provinces et, reconnaissons-le humblement, en des terres conçues pour elles. Tentons d'imaginer un seul instant, ce que serait aujourd'hui la France, sans cette idée lumineuse. Espérons simplement qu'à la suite de nos actuels politiciens, qui ont amené notre pays à la ruine, sans que cette situation ne les affecte personnellement, les suivants ne feront pas arracher ces vignes lors des prochaines décennies. Cette possibilité n'est, hélas, pas obligatoirement à exclure, compte tenu du contexte démographique actuel.

César fit planter des vignes jusqu'en Angleterre, notamment dans la région de Londres. N'en déplaise aux sectes de toutes les nuances vertes, cela prouve, sans contestation possible, que le climat de sud de cette île était alors favorable à la culture de ces arbrisseaux. Tentez donc de faire pousser ces plantes actuellement, sur les rives de la Tamise ! Cela est la preuve évidente qu'il y a deux mille ans, le climat de l'actuelle Grande-Bretagne était nettement plus chaud que de nos jours. Pour cultiver la vigne et récolter le raisin, tous les vignerons le confirmeront, il est indispensable de bénéficier d'un climat ensoleillé. Ce qui, de notre temps, n'est pas véritablement le cas dans la région londonienne, où la saison d'été se diffère principalement de l'hivernale par un brouillard moins épais.

Mais qui donc provoqua ce dérèglement climatique : la circulation des chars romains ?

La vérité est toute simple ; sur Terre rien n'est figé. Il a toujours existé des périodes froides, des périodes chaudes, des périodes pluvieuses et des périodes sèches. Evidemment, cette affirmation, contrôlable, plombe les discours écolos et ruine leur fonds de commerce. Pourtant, il en est ainsi.

Les plantations de vignes en Gaule, restent et de loin, la meilleure initiative que l'on puisse porter au crédit de Jules César. Pour cela, qu'il soit béni des dieux. Il serait même souhaitable de remplacer Saint-Vincent, actuel patron des vignerons, par Saint-Jules. Cela ne serait que justice.

Cette anecdote viticole nous permettra toutefois de constater que, outre les motifs politiques et idéologiques, les guerres peuvent également avoir pour origine, des raisons commerciales et financières. Et ce, dès l'Antiquité.

En réfléchissant bien, peut-être même est-ce la cause primordiale.

En conclusion, souvenons-nous que Pline l'Ancien (premier siècle de notre ère), dans son œuvre dédiée à l'Histoire naturelle, décrit avec délectation, les principaux cépages que l'on pouvait alors trouver sur les rives du Rhône, ainsi que les méthodes pour les cultiver. Le père de l'incontournable citation *« In vino veritas »* a écrit, entre autres vérités : *« Je vais parler de la vigne avec la gravité qui sied à un Romain lorsqu'il traite des arts et des sciences utiles. J'en parlerai non comme le ferait un médecin, mais comme le ferait un juge chargé de se prononcer sur la santé physique et morale de l'humanité. »* Quelle régression ! De nos jours, les juges ne savent parler que d'éthylomètres. Dans les prétoires, bien entendu, car dans le privé, ils se comportent comme les justiciables qu'ils condamnent.

Quant aux légionnaires, ils étaient payés pour partie en monnaies sonnantes et trébuchantes, le complément en sel. Cette procédure, le *selarium,* serait à l'origine du mot salaire. Ils avaient ensuite la possibilité de négocier à titre individuel, cette denrée très recherchée en ces temps anciens.

Nous aurons l'occasion de reparler du sel, lorsque nous aborderons la période médiévale.

Le légionnaire romain était d'autre part tenu de payer la moitié de son uniforme. C'est pourquoi, selon la tradition chrétienne, saint Martin – soldat avant de devenir évêque de Tours – aurait partagé son manteau avec un pauvre, ayant conservé par-devers lui, la seule partie qui était propriété de Rome. Nous ignorons par contre s'il s'agissait du devant, ou du derrière. Voire le haut ou le bas. Question de réputation, surtout pour un saint, cette précision n'aurait pas été superflue.

Avec l'armée, il est convenu de savoir que perdre des hommes ne pose aucun problème, mais qu'à aucun moment, il ne peut être toléré de déconner avec les équipements ou le matériel.

Jules César, fondateur de la dynastie julio-claudienne, périt assassiné en 44 av. JC. Il fut remplacé par Auguste, qui mourut empoisonné par son épouse Livie. Tibère lui succéda sur le trône de Rome et termina sa carrière, étouffé par Macron, haut fonctionnaire de l'empire, qui agit sur ordre de Caligula. Macron, premier de la série, de son véritable nom Quintus Naevius Cordus Sutorius Macro, fut plus tard, contraint de se suicider sur ordre de ce même Caligula, en compagnie de son épouse Ennia Naevia, qui entretenait une relation adultère avec l'empereur. Attention : Emmanuel, notre actuel simili-empereur, est lui également grand chasseur de trophées. Méfie-toi !

Afin de ne pas déroger aux traditions, Caligula finit assassiné, après seulement quatre années de règne, par l'un des membres de sa garde prétorienne. Vint alors Claude, qui fut empoisonné sur ordre de son épouse Agrippine, puis Néron qui se serait, dit-on, suicidé. Dans la continuité arriva alors Galba qui, très peu de temps plus tard, fut mis à mort par des légionnaires, Othon qui se suicida après seulement trois mois de règne, puis enfin Vitellius, qui termina sa carrière, lapidé par la foule romaine, après n'avoir été empereur que quelques mois.

Cette période est connue sous l'appellation *d'année des quatre empereurs.*

Suite à ces péripéties, somme toute coutumières pour l'époque. Un nouvel empereur, Titus Flavius Vespasianus, dit Vespasien, fonda la dynastie des Flaviens et marqua profondément l'Histoire de son empreinte salubre. En effet, les premiers urinoirs furent érigés à son initiative, durant les années 70. D'où l'appellation poétique de « vespasiennes ». Vespasiennes qui, progressivement, se transformèrent en lieux de rendez-vous particulièrement romantiques, pour maniaques et détraqués sexuels.

L'Histoire connaît invariablement des instants grandioses.

Fait incroyable pour l'époque et pourtant réel : Vespasien trépassa de mort naturelle. Qui plus est, des suites d'une diarrhée persistante qui l'épuisait. Se sentant mourir, il déclara péremptoirement : *« Il faut qu'un empereur meure debout ! »* Alors qu'il tentait un ultime effort pour se lever, il expira dans les bras de ses assistants, sans même avoir eu le temps de se rendre jusqu'à une vespasienne. Un comble !

Remarquons qu'en ce temps, tout laisse à penser que l'utilisation des lieux publics d'aisance était gratuite. Mais nous déduirons surtout de cette anecdote, que l'amalgame existant entre les odeurs nauséabondes de la politique et des chiottes, trouve très certainement ici ses origines.

Payer pour manger, boire, cela se conçoit aisément. Il faut bien récompenser ceux qui travaillent et produisent, entretenir ceux qui regardent ceux qui travaillent et produisent, gaver ceux qui emmerdent ceux qui travaillent et produisent. Mais se retrouver dans l'obligation de mettre la main à la poche, pour restituer les déchets à la nature, c'est pour le moins inconvenant. Dépenser pour aller pisser, cela revient plus cher qu'acheter une baguette de pain ordinaire. Dans ces conditions, il est fort simple de comprendre les chômeurs et autres SDF, qui se laissent aller à uriner sur les panneaux électoraux. Il n'est pas impossible que la célèbre maxime « *l'argent n'a point d'odeur* » soit née à cette époque.

Nous retiendrons que la première grande catastrophe écologique créée par l'homme – puisque le Déluge reste l'œuvre maîtresse du Tout Puissant – remonte également à l'époque où les Romains dominaient le monde. En tant qu'organisateurs de spectacles, ils firent massacrer une quantité impressionnante d'animaux sauvages, lors des carnages tout aussi sauvages qu'ils organisaient à l'intérieur des arènes. Sans omettre que de très nombreux animaux périssaient durant leur transport, alors que les galères, mal adaptées à ce type de cargaison, coulaient régulièrement en pleine mer, avant d'arriver à bon port. Il s'ensuivit que, regrettablement, les lions, entre autres espèces non encore protégées, disparurent totalement de différentes contrées d'Afrique du Nord ainsi que du Proche-Orient. Et cela, toujours sans la moindre émission de CO^2.

La civilisation romaine nous a laissé de nombreux chefs-d'œuvre architecturaux, dont la conception, la réalisation et l'esthétique nous laissent encore pantois d'admiration de nos jours. Tel le théâtre d'Orange, les arènes d'Arles ou de Nîmes, ainsi que le pont du Gard. Fort heureusement, les groupuscules négativement illuminés n'existaient pas à l'époque, car ils auraient été capables de faire le forcing pour interdire la construction de ces véritables merveilles. Encore qu'en ce temps, il se trouve de fortes chances que la question aurait été résolue rapidement. Ces opposants de formation, se seraient retrouvés rapidement transformés en plats du jour pour les fauves dans les arènes et l'affaire aurait été définitivement classée.

Il paraîtrait que l'origine du coq, comme symbole de la France, remonterait aux Romains, si l'on se réfère à leur jeu de mots « gallus » le coq et « gallus » le Gaulois !

Compte tenu des ingrédients alors disponibles, nous pouvons envisager que les Gaulois se régalaient à l'origine, avec le coq cuisiné à la cervoise et que, grâce à César, la recette a évolué vers le coq au vin. Encore une fois merci, Jules.

Deux mille ans plus tard, la civilisation romaine reste source intarissable d'inspiration pour les studios d'Hollywood ou de la Cinecitta à Rome. Pour les vrais amateurs de péplum, série second, voire troisième degré, nous conseillons *La vie de Brian* des *Monthy Python*. De préférence en version originale.

La fin de la période gallo-romaine correspond au début d'une nouvelle ère de grandes invasions barbares, qui mettront définitivement un terme à la domination romaine sur le monde connu. Notamment celles des peuples Vandales puis Wisigoths. Enfin celle des Huns commandés par Attila, qui seront arrêtés par les troupes du général Aetius, qui possédait alors la haute main sur l'empire romain d'Occident, lors de la bataille des champs Catalauniques.

On situe généralement ce lieu en Champagne, non loin de Troyes. Mais cette hypothèse reste toujours à démontrer. Exception faite pour le côté folklorique de l'histoire. Les Huns à Troyes, cela ressemble au score d'un match de football.

Attila mourut lors de sa nuit de noce, avec sa dernière épouse, Ildico. Noble disparition pour un tyran sanguinaire, dont l'esprit romantique ne représentait pas la qualité fondamentale du personnage. Encore que, concernant sa vie privée, nous ne possédions que bien peu d'informations. Voire pas du tout. L'empire des Huns s'effondra suite à son trépas. La légende veut que, là où il se déplaçait, l'herbe ne repoussait jamais. Bon, ça évitait de devoir passer la tondeuse. Pourtant, il semblerait qu'ils n'étaient pas particulièrement préoccupés par les problèmes environnementaux ces Huns qui, de fait, étaient très nombreux.

Suite aux précédentes grandes invasions barbares, ce sont les Francs Saliens, peuple d'origine germanique (encore) installé dans le Brabant, province de l'actuelle Belgique, qui prendront la relève et envahiront progressivement la Gaule romaine.

Nous ne possédons que bien peu de certitudes concernant l'épopée des premiers souverains de ce siècle. Le plus ancien serait Pharamond, élu vers l'an 420, suivi par Clodion dit le *Chevelu*, son fils. Ensuite Mérovée – que l'on pense fils de Clodion – devint monarque durant un règne assez court, mais cela lui sera suffisant pour donner son nom à la première dynastie officielle de rois français : les Mérovingiens. Ce qui n'est tout de même pas une mince affaire. Même si, pour certains, le règne de Mérovée s'apparente plutôt à la légende.

Mais bon, mieux vaut une légende honorable, qu'une réalité consternante.

Il sera suivi de Childéric I°, surtout connu pour avoir été un fieffé coquin ; un débauché de tout premier ordre. A tel point qu'il souleva contre lui l'indignation générale et se fit chasser du trône. C'est pour dire s'il devait faire fort le gaillard ! Dix sept siècles se sont écoulés depuis cette époque chevaleresque, mais la pratique du libertinage reste fermement ancrée dans les mœurs politiciennes. De là à en conclure qu'en dépit des apparences, l'agenda d'un certain nombre d'élus n'est pas particulièrement surchargé et leur laisse tout loisir de se consacrer, pour le moins à mi-temps, à la consommation des plaisirs de la chair, il n'y a qu'une saillie à consommer. Il est vrai que durant le temps où ils s'envoient en l'air, les dirigeants politiques n'emmerdent personne ; c'est toujours ça de pris. Après huit années d'exil en Thuringe, Childéric regagna la Gaule et parvint à se faire reconnaître de nouveau roi. A tout choisir, les sujets de Sa Majesté préférèrent reprendre ce monarque bambochard, plutôt que continuer de subir le joug d'Aegidius qui commandait les reliquats de légions romaines encore présentes en Gaule.

La légende raconte que Basine, épouse du roi de Thuringe qui avait accueilli Childéric durant ses années de bannissement, quitta les siens afin de venir retrouver ce dernier. Comme le monarque franc lui témoignait sa grande surprise devant un tel empressement, elle lui déclara :

« *Prince, l'estime que je fais de votre valeur, de votre mérite et de vos grâces, m'a déterminé à la démarche qui vous étonne ; et si j'eusse cru trouver, même au-delà des mers, un prince plus généreux, plus brave et plus accompli que vous, je l'aurais été chercher.* »

Face à cette déclaration, Childéric, que les scrupules n'étouffaient décidément pas, épousa Basine, alors que son roi de mari vivait encore. L'année suivante, naissait de cette union Clovis, suivi de trois filles. Que le ciel pardonne à Childéric, ses péchés charnels, si ce n'est déjà fait.

En 1654, on découvrit près de Tournay, le tombeau de Childéric. Il renfermait des bijoux, des armes, un globe de cristal ainsi qu'un anneau portant son nom et son effigie. Preuve qu'il a bien existé. A moins qu'il n'ait été remplacé par un autre souverain, également nommé Childéric ?

Clovis I° régna de 481 ou 482 jusqu'en l'an 511. Il n'avait qu'environ seize ans, lorsqu'il monta sur le trône. En ce temps, les adolescents ne restaient que quelques mois dans cette position intermédiaire. Une aubaine pour les parents. Il commença par se débarrasser des Alamans, lors de la bataille de Tolbiac, puis des Wisigoths, ainsi que des Burgondes dont, en fin stratège, il épousa la fille du roi Chilpéric II, Clotilde, qui devint dès lors la première Clodette de l'histoire de la variété française. Suite à ces exploits, Cloclo fut reconnu comme unique souverain de l'ensemble de la Gaule.

Il eut du vase !

Il se débarrassa également de Syagrius, fils d'Aegidius et ultime gouverneur gallo-romain, lors de la bataille de Soissons en l'an 486. Syagrius qui, avant cette rencontre au sommet, ne contrôlait plus qu'une province située approximativement entre Somme et Loire, parvint à s'enfuir pour se réfugier chez les derniers Wisigoths présents dans la région. Ces derniers s'empressèrent aussitôt de le livrer aux Francs, de façon à ne pas s'attirer d'ennuis supplémentaires, puis encaisser une récompense pour services rendus. Comme en France, il est de tradition que chaque événement s'arrose copieusement, (lorsqu'il n'y a pas d'événement, c'est une raison pour en créer un), Clovis décida de faire égorger son prisonnier. Immédiatement, le sang se mit à couler à flots.

Il n'avait qu'à retourner à Rome avant de s'attirer des ennuis, le Syagrius.

Après s'être converti au catholicisme, Clovis protégea sa nouvelle religion, grâce ou à cause de l'influence de son épouse, puis reçut le baptême des mains de l'évêque Remi à Reims, le jour de Noël d'une année située entre 496 et 499. En compagnie de trois mille guerriers, les antrustions, de façon à ne pas passer inaperçu.

Champagne pour tout le monde.

A dater de cet événement, Reims devient, pour quinze siècles, la ville du sacre des rois de France. Sauf empêchement majeur. Cette cérémonie avait une autre gueule que descendre minablement les Champs-Elysées sous la pluie. Autres temps, autres mœurs, certes, mais l'évolution ne semble pas nécessairement positive, côté mise en scène.

Clovis I° fut le premier roi barbare chrétien, preuve que ces deux activités ne soient pas systématiquement incompatibles. Cela lui valut de recevoir le titre de *patrice*, de la part de l'empereur d'Orient. Sans que l'on ne sache exactement à quoi cela pouvait bien lui servir. Ni quels avantages il pouvait en retirer. De toutes les façons, cela ne revêtait pour lui aucune importance, car il s'en foutait comme de sa première francisque. Les titres et décorations futiles, affichés avec suffisance, masquent le plus souvent la médiocrité de ceux qui les portent. Comme disait Napoléon I°, qui s'y connaissait en breloques et colifichets, lorsqu'il institua la Légion d'honneur : « *J'ai créé un hochet pour adultes. C'est avec des hochets que l'on dirige les hommes.* » Clovis organisa ensuite un concile à Orléans en 511, puis mourut à Paris au cours de la même année. A priori, n'y voyons aucune relation de cause à effet. Reconnaissons toutefois qu'il ne fut guère remercié pour sa conversion, par les instances supérieures. Il fut enterré en la basilique des Saints-Apôtres de Paris, située sur la montagne Sainte-Geneviève.

C'est grâce à Clovis – ou par sa faute – que Paris est devenu capitale, puisque c'est en cette ville qu'il fixa son lieu privilégié de résidence. Ancienne Lutèce, il lui donna le nom de ses habitants : les Parisii. Sans cette décision, l'eau de la Seine serait d'une qualité relativement acceptable, les embouteillages, la pollution et tous les ennuis majeurs qui s'abattent continuellement sur les habitants de l'agglomération parisienne, les rendant aussi folichons que des grilles de cimetières, frapperaient désormais une grande cité du nord ou du nord-est de la France, puisque les Mérovingiens étaient originaires de l'actuelle Belgique.

Avant de passer de vie à trépas et bien qu'étant devenu catholique, Clovis 1° prit soin d'achever les nobles tâches entreprises. Ainsi, il fit assassiner Sigebert roi de Cologne, par l'un de ses fils, puis envoya des tueurs pour se débarrasser, par la même occasion, du fils de ce dernier. Ce qui lui permit de s'emparer des trésors et du royaume de son ennemi. Il fit ensuite liquider Cararic qui régnait sur la Belgique – dont Arras était la capitale – en compagnie de son fils, afin de ne pas laisser de témoins gênants derrière lui.

Puis, ce fut au tour de Rignobert qui portait le titre de roi de la ville du Mans. Quant aux deux frères de celui-ci, Ragnacaire et Reignier, il se contenta de leur fendre la tête lui-même, avec une hache de fabrication franque, de façon à promouvoir l'industrie artisanale locale et sa fiabilité. Nul n'est jamais aussi bien servi que par lui-même.

Admettons que commencer par se débarrasser des chefs, évite de faire s'entremassacrer gratuitement les gens du peuple. Cette procédure ne revêt que des avantages. C'est même à se demander pour quelle raison, les soldats – de fort loin les plus nombreux – enrôlés par la force dans les armées merdiques, n'envoient pas purement et simplement leurs supérieurs se livrer bataille et ne rentrent pas peinardement chez eux, afin de s'occuper de leurs affaires privées.

Après Clovis, le royaume fut partagé entre ses quatre fils. Thierry 1° dont la mère nous est inconnue, bien que certainement très connue de son époque. Puis, Clodomir, Childebert et Clotaire, nés de son épouse Clotilde.

Childebert reçut les comtés de Paris, Melun, Chartres, le Perche et la Neustrie. Il siégeait à Paris et, depuis, l'usage a prévalu que celui qui possédait Paris portât le titre de roi de France. Quoique certains, dont nous ne souhaitons pas révéler l'identité, se trouvèrent à mille lieues d'être dignes d'arborer cette Appellation d'Origine Cabalistique.

S'ensuivit une lignée de potentats cruels, fort inintéressants, principalement préoccupés par les querelles intestines dans la conquête du pouvoir. Puis, perpétrer des assassinats entre pères, fils, oncles et neveux. Voire tantes et nièces. Ce qui, sur le fond, ne représentait pas véritablement de grosses pertes, pas plus que qu'elles ne faisaient couler beaucoup de larmes. Mais sur la forme, permit fortement de promouvoir le procédé, qui reste toujours d'actualité. L'ambiance devrait être sympathique lors des repas de famille. Et le meilleur – ou le pire – restait à venir.

Bien évidemment, durant cette période, aucune évolution notoire à l'intérieur du royaume, ne se produisit.

Alors qu'en Chine, un réseau de canaux est construit, qui relie le Fleuve Bleu au fleuve Jaune. Sans pour autant créer de fleuve vert. Et que la poudre noire est inventée.

Fut-ce une idée géniale ?

Il faudra attendre Dagobert 1°, bien secondé par son ministre Eloi, futur saint, pour voir le royaume se réorganiser. Il régna seul sur un Etat réunifié, de 629 à 634. Il décida de la construction et accorda de nombreux privilèges à l'abbaye de Saint-Denis, qui abritera plus tard les sépultures des rois de France.

Il paraît qu'aucun roi ne cumula autant d'épouses légitimes et concubines que ce souverain véritablement francophile. Autant dire que, compte tenu du palmarès affiché par ses prédécesseurs, il devait faire très, très fort. A l'époque, sa cour était renommée pour sa luxure et sa magnificence. Elle était fréquentée par de nombreux savants et artistes. Notamment des poètes et musiciens.

La légende raconte que l'un de ceux-ci, un certain Arliric, était attaché à la seule personne du roi. Par une douce nuit de pleine Lune rousse, alors qu'il déambulait dans les couloirs du palais, à la recherche d'accortes soubrettes (une soubrette est toujours accorte) son attention fut attirée par des cris d'excitation en provenance des appartements royaux. Tendant l'oreille, discrètement bien qu'indiscrètement, derrière la porte pourtant de chêne massif, il perçut un échange verbal de très haute tenue romantique :

Le roi : *et comme ça hein et comme ça ?*
La reine : *oh oui, oh oui, oh oui vas-y.*
Le roi : *et ça et ça et ça ?*
La reine : *oh oui j'aime, oh oui j'aime, oh oui j'adore ça.*
Le roi : *et ça tu aimes ?*
La reine : *oui, oui, oui, oui, encore, encore, encore.*
Le roi : *et maintenant comme ça ?*
La reine : *oh non pas comme ça, pas comme ça.*
Le roi : *c'est bon, je vais te remettre à l'endroit.*

Le lendemain matin, après une folle nuit de réjouissances, passée finalement en compagnie de nobles dames délaissées par leurs époux partis guerroyer, Arliric élucubra une ballade, dont les paroles se caractérisaient par une sombre histoire de culotte mise à l'envers. Bien entendu, autant par déférence envers son souverain, que par peur de représailles. Nous ignorons, bien entendu, si l'origine de cette chanson, telle qu'elle est ici décrite, est véritablement exacte. Ce qui est certain, est que cette comptine a traversé les siècles et est parvenue jusqu'à nous, pour la plus grande joie des jeunes enfants.

Dagobert I° mourut à trente-cinq ans. Avec lui la gloire des Mérovingiens disparut. L'anarchie s'instaura, les mœurs se corrompirent, ce qui ne devait pas être si facile. Alors vinrent les règnes des Rois fainéants, qui n'étaient que des bons à rien et mauvais en tout. Des politiciens quoi ! De ce nom, furent appelés les dix princes successeurs de Dagobert. Ceux-ci abandonnèrent quasiment le pouvoir aux maires du palais, à partir du règne de Thierry III vers 675. Pas de quoi pavoiser.

Mais bon, après tout ce n'est pas la peine d'être roi, prince ou duc, si en plus il faut se lever chaque matin pour se rendre au boulot. Rançonner les populations et vivre dans l'opulence leur suffit amplement.

La politique est un art fort complexe, dont les gens du peuple ne peuvent assimiler toutes les subtilités. Encore moins les méandres.

Les Pépin de la Couronne

Après que Pépin II de Herstal, dit Pépin le Gros ou encore Pépin le Jeune, selon les circonstances, en tant que maire du palais, se soit emparé de la Neustrie, suite à la bataille de Tertry en 687, où il battit le roi fainéant bien que mérovingien Thierry III, car il cumulait les deux fonctions, il parvint à la réunir à l'Austrasie. Le pays franc retrouvait ainsi un certain semblant d'unité, plus conforme à sa destinée.

L'Austrasie correspondait aux régions du nord-est de la France actuelle, une partie de la Belgique ainsi que de l'Ouest de l'Allemagne.

Quant à la Neustrie, elle englobait un territoire situé entre Bretagne, Loire, Manche et Meuse.

A l'attention des visiteurs potentiels, Tertry est une commune d'environ cent quatre vingt habitants, située dans le département de la Somme, arrondissement de Péronne. (Il n'y a pas d'office de tourisme).

De cette époque, date l'utilisation du parchemin en Gaule, pour la rédaction des actes royaux. Jusque là, les Mérovingiens et leurs prédécesseurs avaient recours au papyrus. On convient que le premier document, rédigé sur ce support, date de l'an 677. Ce nouveau procédé de fabrication, élaboré sur place, permit de faire des économies substantielles quant aux frais de transport. On ne peut pour autant, parler véritablement d'avancée écologique, étant donné que les techniques alors utilisées pour propulser les navires se résumaient à la voile et à la rame et que les engins de transport routier étaient tractés par des bœufs ou des chevaux pas encore vapeur. Ces moyens de locomotion terrestres n'étaient pas réputés pour leurs performances, ce qui correspondait parfaitement aux exigences des rois fainéants, qui n'appréciaient pas que leurs attelages se déplacent, au maximum, à plus de deux lieues à l'heure, soit un peu moins de neuf kilomètres. Question de confort, sur un réseau routier fort mal entretenu et très peu sécurisé. Cela peut sembler raisonnable.

Fils de Pépin II, Charles Martel, commença également sa carrière comme maire du palais et continua de gouverner le royaume franc dans la configuration laissée par son père. Certes, il y eut encore quelques rois mérovingiens pour exercer leurs activités à temps plus que partiel, mais ils ne possédèrent assurément aucun pouvoir, aucune autorité. Pas plus que d'influence ou de prestige. Vivre dans la débauche leur suffisait amplement. A chacun sa spécialité ; on ne peut être bon dans toutes les disciplines.

Charles Martel était appelé ainsi, parce qu'il avait continuellement le fer à la main pour battre ses ennemis, tel le marteau bat le fer sur l'enclume. Vu sous cet angle, mieux valait assurément ne pas se placer entre les trajectoires de ces accessoires.

Il vainquit les Arabes, commandés par le général Abd El Rhaman, dans les plaines près de Poitiers, en l'an 732. Les combats furent terrifiants, sanglants. Abd El Rhaman fut lui-même tué durant la rencontre. Mais quels événements se trouvent donc à l'origine de cette bataille ?

Ici, un commentaire s'impose.

Les musulmans sont entrés en France, pour la première fois, en 714. Soit environ quatre-vingts ans après la mort supposée de Mahomet. Ils ont commencé par s'emparer de Narbonne, qui deviendra dès lors et pour les quarante années à venir, leur base stratégique, avant d'aller commettre leurs impitoyables razzias. Tout d'abord dans le Languedoc, jusqu'en 725, détruisant totalement Nîmes au passage. Puis, ils continuèrent leurs destructions méthodiques, en ravageant la rive droite du Rhône. On les retrouva même jusque dans la région de Sens, où la cité fut totalement mise à sac.

En 721, une impressionnante armée musulmane mit le siège devant Toulouse, défendue par le duc Eudes d'Aquitaine. Charles Martel envoya des troupes, afin d'apporter son aide à Eudes. Il s'ensuivit qu'après six mois de siège, les Arabes furent écrasés lors d'une sortie des assiégés. Les survivants se replièrent momentanément en Espagne, après avoir perdu plus de quatre-vingt mille hommes dans l'opération.

Ils en conclurent qu'attaquer la France, en contournant les Pyrénées par l'est n'était pas la solution idéale. Ils décidèrent alors de mener de nouvelles offensives en passant par l'ouest, bien que le climat y fût plus tourmenté. A la suite de quoi quinze mille cavaliers prirent et détruisirent Bordeaux, après avoir totalement pillé la région. Ils remontèrent ensuite vers les Pays de la Loire et mirent le siège devant Poitiers, avant donc d'être arrêtés par Charles Martel, à une vingtaine de kilomètres au nord de la cité. Cela les arrangeait probablement, car les conditions météorologiques régnant dans les provinces situées au nord de ce fleuve n'étaient guère propices à leurs us et coutumes.

Pour autant, les hostilités ne s'arrêtèrent pas ici. Les musulmans parvenus à s'échapper du champ de bataille, se dispersèrent en petites bandes et s'en retournèrent vers le sud, afin de piller de nouveau l'Aquitaine. Où ce qu'il en restait. Des nouveaux soudards venus d'Afrique du Nord les rejoignirent et participèrent aux carnages, qui continuèrent jusqu'en 737. Une nouvelle fois, Charles Martel prit les affaires en mains et repartit sur le sentier de la guerre, à la tête d'une puissante armée. Il reprit Avignon, Nîmes, Maguelone, Agde et Béziers, avant de devoir cesser les opérations, afin de s'opposer à une attaque des Saxons, dans le nord de la France.

On ne peut jamais être véritablement tranquille.

En 759, Pépin III le Bref, qui avait succédé à son père Charles Martel, parvint à reprendre Narbonne, après avoir écrasé l'armée musulmane. Une fois encore, les survivants reconstituèrent de nouvelles petites bandes de pillards. Ils reprirent leurs activités coutumières et continuèrent de ravager les provinces du sud, notamment en castrant les hommes prisonniers, avant de les déporter comme esclaves. Puis, en capturant les femmes, afin de les envoyer dans les harems d'Afrique du Nord, où elles étaient utilisées pour engendrer des musulmans. Donc, bien avant que la prophétie de Kadhafi ne prenne corps : *« Nous allons conquérir l'Europe avec les ventres des femmes. »* La principale place forte de ces bandits se situait à Fraxinetum, l'actuelle Garde-Freinet. Conséquence de quoi, une zone d'environ dix mille kilomètres carrés, située dans le massif des Maures, se retrouva quasiment saccagée puis dépeuplée.

Depuis quelques décennies, la tendance s'est inversée. Notamment durant la saison estivale.

Ce n'est finalement qu'en 808, que Charlemagne parvint à se débarrasser de ces envahisseurs, assassins et pilleurs. Mais pas pour l'éternité, puisque avant de se retirer de nouveau vers l'Espagne, les rares survivants se jurèrent de revenir, afin de venger leurs frères d'armes. Ainsi, dès l'année 972, les pillages reprirent. Ce n'est à partir de 983, que le comte de Provence, Guillaume II, commença à progressivement réduire à néant les bandes musulmanes, petites et grandes. En 990, les dernières hordes arabes furent totalement exterminées, après toutefois être parvenues à ravager la France, durant pratiquement trois siècles.

Fin du premier épisode franco-musulman, car il y en aura d'autres.

Après la bataille de Poitiers, Charles Martel parvint à rétablir, provisoirement, l'ordre en Aquitaine, en Provence et en Bourgogne. Il réunifia le royaume franc, ce qui permit qu'il soit de nouveau divisé entre ses deux fils, aussitôt après sa mort. Carloman reçut l'Austrasie et Pépin le Bref la Neustrie.

Mais, avec l'abdication de Carloman en 747, fort probablement dans la prudente intention de préserver sa santé, Pépin parvint à réunir de nouveau l'Austrasie à la Neustrie. Puis, il y ajouta la Bourgogne, la Provence, ainsi que la Septimanie en 759, qui se situait approximativement entre Rhône et Pyrénées. En 751 il avait été proclamé roi des Francs avec l'accord du pape Zacharie, puis avait reçu l'onction de saint Boniface à Soissons. Ce saint archevêque ne se contenta pas d'effectuer cette noble tâche, puisqu'il évangélisa la Germanie et réorganisa le clergé franc.

Comme nous pouvons le constater, grâce ou à cause du baptême de Clovis, la religion catholique prenait, progressivement, une place de plus en plus prépondérante dans le fonctionnement des affaires de l'Etat.

Pépin III dit le Bref, parce qu'il était fort et vigoureux, était également appelé le Nain, à cause de sa très petite taille. Il faut toujours se méfier des petits. Ils sont souvent vindicatifs, sournois et hargneux. Une façon comme une autre de se venger contre la nature.

Pour parvenir à réunifier le royaume, Pépin avait, comme de coutume, combattu contre les habituels ennemis : les Alamans, les Aquitains, les Bavarois et les Saxons.

Afin de tenter se faire le moins d'ennemis possibles, il est indispensable de toujours frapper sur les mêmes. Cette méthode est également utilisée pour les calculs de répartition des impôts. Encore qu'en l'occurrence, les pauvres sont prioritairement défavorisés car ils sont et de loin, les plus nombreux.

Pépin épousa Bertrade de Laon, dite Berthe au Grand Pied, qui lui donna trois fils. Compte tenu de l'orthographe, nous en déduisons que la reine des Francs possédait tout de même un pied de taille relativement normale. Ce qui ne représentait pas un travail évident pour son bottier.

Pépin le Bref décéda d'un œdème généralisé en 768. Comment le sait-on ? Il fut le fondateur de la dynastie carolingienne. En vieux Français *Carlovingienne*. Son fils Charles I° le Grand, plus connu sous le nom de Charlemagne, lui succéda et devint roi des Francs, mais se trouva dans l'obligation de partager – provisoirement – le pouvoir avec son cadet Carloman. Un troisième fils de Pépin, nommé Gilles, avait été, auparavant, envoyé dans un monastère où il devint religieux. Il consacra le reste de sa vie à prier pour la gloire de ses frères aînés, dont un particulièrement. Sage précaution qui lui évita, de toute évidence, de rendre son âme à Dieu prématurément.

Comme prévisible, la désunion s'installa bien vite entre les deux frères mais, le destin fit qu'en l'an 771, Carloman disparut bien vite de la circulation. Peut-être de maladie, car tout est envisageable. Mais cela serait fort surprenant. En ces temps reculés, les armes et les poisons faisaient autant de ravages au sein des familles de la noblesse, que les virus et autres bactéries. Ce qui est certain, est que ce trépas soudain, permit aussitôt à l'aîné de la fratrie, de régner seul et sans partage. Dès 774, il agrandit son royaume avec les provinces d'Italie du nord, après avoir vaincu les Lombards du roi Didier. Durant le siège de Vérone, il captura Gerberge, veuve de son frère Carloman, ainsi que ses deux fils, qui s'étaient réfugiés en cette ville après le décès de leur époux et père. Nous ignorons quel sort il réserva à sa belle-sœur et ses neveux, puisque dès cet instant, ils disparurent définitivement des rubriques de l'Histoire.

Encore un problème de succession efficacement réglé, en dehors de tout acte notarié. Méthode plus efficace, plus rapide et moins onéreuse que tout autre.

Il faudra ensuite trente années de batailles acharnées contre les Aquitains, les Frisons, les Bavarois, les Avars mais surtout les Saxons qui étaient ses ennemis préférés, pour que Charlemagne parvienne à créer en quelque sorte la première Europe en tant que Nation.

Que de temps perdu et de guerres inutiles durant les siècles qui suivront. Les plus optimistes prévoient une harmonisation possible, dès le XXII° ou XXIII° siècle. Mais, compte tenu du paysage politique européen actuel, cela semble fort loin d'être une évidence car, pratiquement dans chaque nation, il se trouve de sombres individus qui ne rêvent que d'une seule chose : être roitelet. Pour faire quoi ? Ils l'ignorent eux-mêmes ! Mais ils sont chefs, c'est bien là l'essentiel. Et tant pis pour les populations.

Charlemagne gouverna le pays à partir du palais qu'il avait fait construire à Aix-la-Chapelle, situé en Rhénanie du Nord. Seuls, les musulmans implantés en péninsule ibérique lui résistèrent. Raison pour laquelle il implanta la Marche d'Espagne, zone de sécurité située au sud des Pyrénées. Vers l'an 790, il en fit de même à l'ouest du pays, afin de se protéger des Bretons. Il faudra attendre l'édit d'Union en 1532, pour voir la Bretagne définitivement et réellement liée à la France.

Ils sont décidément problématiques ces Bretons. Heureusement qu'ils fournissent des marins à l'ensemble du pays. Et conséquemment des poissons et crustacés. Accessoirement des produits pétroliers.

C'est au retour de l'expédition en Espagne, la seule qui se solda par un échec, que l'arrière-garde de son armée, commandée par le comte Roland, fut décimée par les Vascons – aujourd'hui Gascons –, montagnards basques alliés aux Sarrasins et renseignés par un traître nommé Ganelon. La bataille se déroula en 778, dans une vallée des Pyrénées, non loin du col de Roncevaux. Les exploits de ce chevalier (neveu de l'empereur dit la légende) et l'un de ses douze pairs, ont inspiré l'auteur italien Matteo Boiardo qui, au XV° siècle écrivit un poème épique inachevé *Roland amoureux* poursuivi par son compatriote Ludovico Ariosto avec *Roland furieux*.

On ne meurt pas forcément idiot, si l'on n'a pas lu l'intégrale.

Question fiabilité des poèmes épiques, c'est un peu comme avec les Évangiles ou le Coran ; il convient de prendre les plus expresses réserves, étant donné que les personnages décrits dans ces ouvrages, étaient déjà passés de vie à trépas, depuis belle lurette, au moment de la rédaction des textes. Et donc, le plus souvent, les auteurs n'ont jamais connu les héros de leurs récits.

Mais bon, comme l'on disait dans l'Ouest américain, à la belle époque des cow-boys et des Indiens, lorsque la légende devient plus forte que la réalité, c'est la légende que l'on retient.

Roland, son épée Durandal, ainsi que les paladins qui l'accompagnaient, étaient paraît-il de taille impressionnante. L'on dit encore, dans la région de Roncevaux, qu'il est un lieu où il est possible de découvrir des tombes de dimensions inaccoutumées, sous lesquelles gisent ces héros.

Quelques précisions seraient bienvenues, quant à la localisation exacte du site. Ne serait-ce que dans le but d'ouvrir un hôtel-restaurant à proximité.

Le jour de Noël de l'an 800, Charlemagne fut couronné à Rome empereur d'Occident par le pape Léon III.

A croire que c'est une manie chez les célébrités, d'organiser des événements d'importance le jour de Noël. Cela nous prive de dates anniversaires à commémorer. C'est un peu comme si le 8 mai tombait le 1°mai et le 11 novembre le 1°du même mois.

A par cette remarque, rien à signaler de particulier.

A cette époque, apparaissait en Chine le billet à ordre, comme moyen de paiement. Les Chinois révélaient également aux Arabes, la technique de fabrication du papier. La mondialisation continuait inexorablement son avancée, sans pour autant que les rois et princes du monde occidental, ne fassent alors porter le poids de leurs inepties et leurs incompétences, aux souverains des autres nations.

Charlemagne ne s'est pas contenté de guerroyer et conquérir des territoires. Il fut un souverain progressiste et avisé. Il est le fondateur de l'Empire d'Occident, qu'il a organisé, contrôlé, avec intelligence et efficacité. Ses ordres étaient transmis aux comtes et évêques qui géraient l'administration, au moyen de documents officiels appelés *capitulaires*.

Ces comtes et évêques étaient eux-mêmes inspectés par les *missi dominici*, agents nommés par l'empereur en personne. Ces fonctionnaires exerçaient leurs activités deux par deux. Un clair et un laïc. On n'est jamais trop prudent avec ces gens-là. Un troisième pour surveiller les deux intellectuels n'eût peut-être pas été superflu ?

Il a réhabilité et surtout favorisé la création artistique et culturelle, créé l'école palatine et pour cela sut s'entourer des savants les plus renommés de l'époque, tel Alcuin qu'il fit venir d'Angleterre. Cet Alcuin était un prodige de sciences en son temps. Il maîtrisait parfaitement la grammaire, la géométrie, l'arithmétique et traduisait les Ecritures saintes.

Charlemagne lui-même était un grand érudit. Une bibliothèque constituée par ses soins occupait une partie importante de son palais. Au cours de ses repas, il aimait à se faire lire des ouvrages scientifiques et discourir avec des savants. La nuit, il étudiait régulièrement le cours des astres. Il parlait plusieurs langues et écrivait des vers en latin.

Il aimait aussi à présider personnellement, lors des examens.

Fort mécontent du peu de progrès enregistrés par les étudiants qu'il rassemblait dans l'école de son palais, il leur dit un jour :

« Parce que vous êtes riches, que vous êtes fils des premiers de mon royaume, vous croyez que votre naissance et vos richesses vous suffisent. Que vous n'avez pas besoin de ces études qui vous feraient tant d'honneur. Vous vous complaisez dans une vie délicate et efféminée, vous ne songez qu'à la parure, au jeu et au plaisir. Mais, je le jure, je ne fais aucun cas de cette noblesse, de ces richesses qui vous attirent de la considération ; et si vous ne réparez pas au plus tôt, par des études assidues, le temps que vous perdez en frivolités, jamais, non jamais vous n'obtiendrez rien de Charles. »

Niveau notation, il ne semble pas inutile de préciser qu'à l'époque, l'on avait recours rationnellement aux chiffres, parce que les enseignants et fonctionnaires administratifs savaient compter. Ils avaient compris que les couleurs de l'arc-en-ciel étaient réservées aux domaines de la peinture et de la décoration. Voire de la contemplation.

L'Education sous l'empire de Charlemagne, c'était autrement sérieux qu'à l'époque actuelle, où les idéologies malsaines et les grandes idées prétentieuses et ineptes, anéantissent progressivement les bases élémentaires éducatives, issues du bon sens et de la logique.

Question toute bête : et si on nommait ministre de l'Education nationale, un recteur d'académie, élu par ses pairs plutôt qu'un (ou une) politicien(ne) qui ne comprend rien à rien ?

Charlemagne instaura également une école de médecine, ainsi qu'une apothicairerie en son palais. La médecine consistait alors en ordonnances de médicaments d'essences naturelles. Encore fallait-il y penser.

Il tenta de faire percer un canal reliant le Rhin au Danube mais, le projet fut abandonné en chemin, uniquement à cause des éboulements qui se produisaient régulièrement. Et non point à cause de problèmes géométriques ou mathématiques non maîtrisés. Ou de mouvements populistes archaïques et surannés, adversaires du progrès.

Enfin, il a relancé les échanges commerciaux avec les pays d'Orient. Et puis, faut-il le préciser, s'est préoccupé personnellement du développement du christianisme.

Une question nous vient ici à l'esprit ; qui a le plus tiré avantage de l'autre : l'Eglise ou l'Etat ? Peut-être les deux !

Voici encore un sujet de réflexion.

Egalement visionnaire, Charlemagne redoutait les Vikings et avait prévu que ces guerriers et navigateurs effrayants, venus des pays scandinaves, seraient bientôt la cause de nombreux problèmes à l'intérieur de l'empire.

Preuve que les grandes invasions barbares ne viennent pas nécessairement de l'est ou du sud.

Au vu de leur audace, il s'écria un jour :

« Hé quoi ! A ma vue, dans ce haut point de gloire où est la puissance des Francs, que sera-ce un jour si la puissance de l'empire s'affaiblit ? Que de calamités ils lui feront souffrir ! »

C'est pourquoi il apporta une attention particulière à la marine et fit de Boulogne-sur-Mer, sa base principale. Finalement, depuis plus de onze siècles, il n'y a que les dirigeants de la V°République, qui ne se soient pas encore aperçu que la France possédait une position maritime stratégique et commerciale inégalable, à travers le monde. C'est bien grande tristesse !

En la cathédrale d'Aix-la-Chapelle, existe un reliquaire en argent doré, sensé représenter l'empereur. Effectivement il porte bien la barbe, comme dans la légende, mais sans ornementation florale. Nous pouvons simplement remarquer que le haut du buste est orné d'aigles, mais fleurdelisé en dessous. Faut-il en déduire que c'est Charlemagne qui a adopté le lis comme emblème royal ? Rien n'est moins certain, puisque l'œuvre a été réalisée vers l'an 1350.

En 813, un an avant sa mort, il fit couronner son fils Louis, qui lui succéda sur le trône. Il avait soixante-douze ans et quarante-huit années de règne derrière lui. Bel exemple de longévité, surtout pour un guerrier. D'autant qu'en ces temps reculés, les chefs se trouvaient à la tête de leurs armées et non point lâchement réfugiés dans des abris souterrains avec eau chaude, eau froide, gaz, électricité et congélateurs bien garnis à tous les étages.

Dès sa mort, Charlemagne est vite devenu le héros de nombreuses chansons de geste, qui alors vantaient les exploits réalisés par les personnages historiques ou légendaires. Exemple : *la Geste du Roi*, dont il est la figure centrale.

Lucien Bonaparte, frère cadet de l'empereur, écrira également un poème épique, en vingt-quatre chants : *Charlemagne ou l'Eglise sauvée*.

Entre membres de familles impériales, l'on se comprend aisément et on se respecte.

Pour en terminer avec le règne de l'empereur, nous ne pouvons résister à l'envie de rapporter quelques lignes, relatives à l'idée que l'on se faisait alors du système astronomique :

« *La lune n'éclaire que par la réflexion de la lumière du soleil. Elle est comme un miroir qui réfléchit la lumière, sans renvoyer la chaleur. Les autres planètes brillent de leur propre lumière. Les étoiles reçoivent la lumière du soleil qui se nourrit d'eau et est plus grand que la lune. La lune est plus grande que la Terre. Chaque planète a une couleur particulière que l'éloignement empêche de distinguer. Le ciel est composé d'un feu subtil. Il est rond et concave. La terre seule immobile est son centre. De ses cinq zones, il n'y a que les deux tempérées habitées.* »

A remarquer que les opinions variaient sur la figure géométrique de la Terre. Les uns la décrivait ronde, d'autres carrée. Mais tous s'entendaient sur le fait qu'elle était divisée en trois parties émergées : l'Europe, l'Afrique et les Indes. Pas si mal pour l'époque.

Après la mort de Charlemagne, l'unique fils qui lui restât, Louis I°, dit le Pieux ou le Débonnaire, devient seul maître de l'empire qui ainsi, ne fut pas une nouvelle fois démantelé en différents états indépendants. Bien que souvent dépendants.

Au cours du IX° siècle, le savant Muhammad ibn Musa al Kharezmi institua l'usage des chiffres arabes, créa l'algèbre puis résolut les équations du premier et du second degré. Al-Razi présenta une encyclopédie médicale et diagnostiqua la variole. Al-Battani introduisit la trigonométrie dans l'astronomie et précisa la durée exacte de l'année terrestre.

Pas simple à retenir ces noms.

Même si tout le monde s'en fout, force est de constater que nombre de grandes avancées scientifiques continuait de provenir du monde arabe et de la Chine. Sans obligation alors de bâcher la fatma. Ou fabriquer des esclaves pour glaner des médailles olympiques.

A se demander si l'espèce humaine est désormais capable d'utiliser sa cervelle à bon escient ?

Louis le Débonnaire, surnom à caractère vertueux, était remarquable par sa taille et son adresse dans tous les exercices physiques. Un véritable athlète de haut niveau. Sans palliatifs. Il était sportif, mais également érudit et intellectuel ! Pour cela, son père l'avait envoyé très tôt à l'école. Il parlait très bien le latin et le français, entendait le grec. On lui avait également fait apprendre les langues germaniques, mais il s'en désintéressait. Il est vrai que ces dialectes ne sont généralement guère agréables à ouïr. Il aimait aussi la musique et le théâtre.

Dès 817, le roi pensa régler définitivement les problèmes de sa succession entre ses fils Lothaire, Pépin et Louis, qu'il avait eus avec la princesse Ermengarde. Mais, lorsque celle-ci mourut, il éprouva le besoin de se remarier avec Judith, fille d'un seigneur de Bavière, qui lui donna un fils nommé Charles. A cause de la naissance de cet enfant, le bel ordonnancement habilement concocté connaîtra bientôt un foisonnement de turpitudes.

En l'an 840, suite à la disparition de Louis I°, comme prévu, les guerres éclatèrent immédiatement entre ses héritiers. Charles II dit le Chauve, allié à son frère Louis II le Germanique, vainquit son autre frère Lothaire lors de la bataille de Fontenoy-en-Puisaye et, deux années plus tard, par le traité de Verdun, il devint roi de *Francia occidentalis*.

En l'an 843, Charles II le Chauve sera le premier souverain à porter le titre de roi de France.

Ça s'arrose. D'autant que, grâce à Jules César, la culture de la vigne continuait de se propager en France. Ce qui facilitait grandement l'organisation des agapes.

C'est à partir de son règne que, progressivement, les structures de la féodalité se mirent véritablement en place. Le premier acte officiel fut le *capitulaire* de Quierzy-sur-Oise, par lequel, en l'an 877, le roi garantissait aux comtes, les droits de leurs fils sur leurs terres, pour le cas où ils viendraient à mourir durant une guerre. Ce qui n'était que la moindre des choses. Si en sus d'aller se faire casser la gueule pour les autres, il faut encore se faire piquer ses biens, où allons-nous !

Les champs de bataille ont été créés pour tuer, certes, mais il existe également le risque d'être tué soi-même. C'était la dure loi du sport dans les siècles passés, car désormais, les organisateurs de conflits se tiennent bien peinardement éloignés de tout risque personnel.

Il ajouta, une seconde fois, la Provence au royaume puis, après le décès de son frère Louis II, reçut la couronne impériale en 875, des mains de Jean VIII, premier pape à périr assassiné. Son trépas commença par un empoisonnement puis, comme il ne mourait pas assez rapidement au goût de ses assistants, il fut achevé à coups de marteau. Paix à son âme. Dans ces tristes conditions, nous pouvons supposer qu'il fut accueilli avec les honneurs dus à son rang, par son big boss.

Charles était passionné par les arts, les lettres et la théologie. Il fit de sa cour, un brillant centre culturel. Une véritable tradition familiale.

Il mourut en 877. Son fils Louis II le Bègue lui succéda et disparut dès la troisième année de son règne. On soupçonne qu'il fut empoisonné. La loi des séries…

Nous remarquerons ici l'évolution positive qui s'installa alors dans les méthodes utilisées pour se débarrasser d'un concurrent, fut-il proche parent. De l'archaïque hache gauloise, ou l'épée mérovingienne, nous sommes passés vers des procédés scientifiques, nettement plus raffinés.

C'est durant son règne, comme l'avait prédit Charlemagne, que les premières invasions vikings commencèrent à déferler sur le sol français.

Sur son lit de mort, Louis recommanda ses deux fils nés de la princesse Ansgarde, Louis et Carloman, aux seigneurs présents et leur désigna pour tuteur Hughes, abbé de Saint-Denis et beau-fils de Robert le Fort qui avait épousé sa mère, en secondes noces. Robert le Fort était également frère utérin d'Eudes comte de Paris et du futur Robert 1°.

Face à cette situation pour le moins embrouillée, nous pouvons admettre que certains lecteurs puissent éprouver le besoin de relire ces lignes et les suivantes, à différentes reprises. Les histoires de famille sont toujours compliquées à déchiffrer. Et les possibilités de confusions ne font que commencer. Pour bien assimiler l'évolution de la situation, il va être nécessaire de vraiment s'accrocher. D'être très attentif.

Mais Adelaïde, seconde épouse du roi, était enceinte lorsqu'il trépassa et accoucha quelques temps plus tard d'un fils posthume qui, une fois encore, viendra compliquer une situation déjà fort alambiquée. Cet enfant parviendra toutefois à devenir Charles III.

Vous avez bien enregistré ? Rassurez-vous, ce n'est pas si simple. Mais sans vouloir décourager le lecteur, la suite est encore plus confuse. Il convient toutefois de remarquer que c'est une stratégie préventive qui est ici utilisée, de façon à mettre le lecteur dans les meilleures conditions souhaitables.

Au sein des difficultés familiales entourant la succession de Louis II, nous devons revenir vers la postérité de Childebrand, frère de Charles Martel et oncle de Pépin le Bref père de Charlemagne. Childebrand a été bisaïeul de Robert, le maire du palais de Pépin I°, roi d'Aquitaine et fils de Louis le Débonnaire, puis Robert lui-même père de Robert le Fort qui fut tué dans un combat contre les Normands.

Vous suivez toujours ?

Les grands seigneurs refusèrent d'abord d'avoir pour rois les fils de Louis II. Et nommèrent souverain Louis de Bavière ou le Jeune, fils de Louis le Germanique, dynastie issue de Childebrand.

Mais finalement, ils convinrent assez rapidement de s'en débarrasser. Les relations franco-germaniques n'ont jamais été simples. Pour parvenir à leurs fins, il fut décidé par les nobles, de donner à ce monarque la partie de la Lorraine que Charles le Chauve et Louis le Bègue avaient possédée. Le problème résolu, Louis et Carloman, fils de Louis II, furent enfin couronnés en l'abbaye de Ferrière en Gâtinais, ce qui leur permit de se partager les États de leur père. Louis eut la Neustrie, Carloman l'Aquitaine et la Bourgogne.

Les deux frères eurent d'abord à se défendre des prétentions de Louis, leur oncle plus ou moins légitime, qui s'aperçut bientôt que dans ces tractations, il avait été berné. Il n'avait qu'à faire gaffe. C'est alors qu'une nouvelle irruption des Normands obligea les membres de la famille à se réunir et joindre leurs armées, de façon à arrêter l'envahisseur nordique. Comme ce n'était pas suffisant, ils appelèrent également à leur secours Charles, dit le Gros ou le Gras – ce qui revient sensiblement au même – frère de Louis de Bavière. Les quatre rois réunis livrèrent bataille ensemble contre les Vikings. Le combat fut particulièrement meurtrier, mais toutefois loin d'être décisif.

D'ailleurs, les Normands continuèrent à occuper plusieurs contrées, avec d'autant de facilité qu'ils furent bientôt délivrés de trois de leurs principaux ennemis.

Louis le Germanique mourut le premier : de maladie. Phénomène suffisamment rare à l'époque, pour être rapporté. Louis III le suivit de près : il se brisa les reins sous une porte basse alors que son cheval l'emportait à la poursuite d'une jeune fille qui fuyait ses avances. Pas verni, le pauvre. Il est ainsi démontré qu'il est plus facile et moins dangereux de fuir en courant, avec les jupes relevées, plutôt que poursuivre assidûment la proie convoitée. A peine Carloman avait-il pris possession de la couronne, qu'il fut tué à la chasse par un sanglier. Alors que c'est le contraire qui était programmé. Ces trois souverains décédèrent sans héritiers.

Ce qui permit à Charles le Gros, roi de Germanie, d'exploiter la situation pour s'emparer de la couronne de France, au détriment de son neveu Charles, fils posthume de Louis II le Bègue.

Nous vous remercions de votre attention.

De fait, il semblerait qu'il fut désigné à titre de régent. Cela pourrait expliquer pourquoi il ne porta jamais de numéro de dossard, dans la liste officielle des Charles, donc des souverains français. Le chiffre III ne sera attribué plus tard qu'à Charles le Simple.

Charles le Gros parvint à reconstituer sous son autorité, la quasi-totalité de l'empire de Charlemagne. Mais pour peu de temps. Car il était de caractère faible et de sus capitula honteusement devant les Normands qui assiégeaient Paris. Cela lui valut d'être déposé par les siens, lors de la diète de Tribur en 887.

Tribur, aujourd'hui Trebur, est une commune d'Allemagne, située dans la province de Hesse, à treize kilomètres au sud de Mayence et huit de Rüsselsheim. Population environ treize mille habitants, altitude quatre vingt cinq mètres, superficie légèrement plus de cinquante kilomètres carrés, code postal 65468. Depuis l'année 1982, la ville est jumelée avec Verneuil-sur-Avre (Eure).

Cette information est destinée uniquement à l'attention de ceux que cela pourrait intéresser ou qui auraient l'intention de voyager dans la région.

Il se réfugia au monastère de la Reichenau, en Bavière, où il mourut quelques mois plus tard. Les uns disent de chagrin. Ce n'est pas impossible. D'autres, empoisonné. Compte tenu des coutumes alors en vogue, cette seconde hypothèse semble nettement plus vraisemblable. Ce qui est certain, est qu'il ne laissa pas d'héritiers derrière lui. Bon !

Il était petit, possédait des jambes torses et bénéficiait d'un embonpoint particulièrement excessif. D'où son surnom de Gros. Pas très original et rien à voir, par exemple, avec Louis XIV le

Grand, qui ne mesurait qu'à peine un mètre et soixante quatre centimètres.

L'occasion était alors belle pour remettre la couronne à Charles, dernier survivant des enfants de Louis le Bègue. Seulement voilà ; il n'avait que dix ans.

Une assemblée fut tenue à Compiègne, lors de laquelle il fut décidé de confier le trône à Eudes, qui avait remplacé son frère utérin, l'abbé Hugues, comme tuteur de Charles. Ces deux personnages, comme nous l'avons vu précédemment, étaient apparentés à Robert le Fort. Eudes fut donc déclaré roi mais, dans des conditions ambiguës. Les textes ne mentionnaient pas clairement s'il devrait abdiquer à la majorité de son pupille, ou en cas de circonstances particulières non précisées. Ni même s'il pourrait jouir du titre et de l'autorité royale jusqu'à sa mort.

Les traités sont comme les lois ; les textes sont généralement suffisamment flous, de façon à pouvoir les interpréter, selon les circonstances, en faveur de ceux qui les rédigent et les ratifient, voire au bénéfice des *juges* qui sont censés les faire appliquer scrupuleusement.

Même la loi n'est pas légale. Alors, le reste...

Cependant, Charles grandissait. Logique. Les légalistes attachés à la descendance de Charlemagne commençaient à se manifester et demandèrent à Eudes de restituer le sceptre qu'on ne lui avait confié, pensaient-ils, qu'uniquement à titre provisoire. Ce dernier ne goûta guère la plaisanterie et prit les armes. Dès le commencement des hostilités, le sort ne fut pas favorable à Charles qui se retira chez Arnould, empereur de Germanie. Ce dernier lui fournit des troupes pour rentrer dans son pays et en accord avec les seigneurs, proposa aux deux belligérants de partager le royaume. Eudes eut les provinces situées entre Seine et Pyrénées. Charles reçut les pays situés entre Seine et Meuse, compris les Flandres jusqu'à la mer.

Ce plat pays devint le sien.

En 898, le décès d'Eudes permit à Charles de régner en maître sur toute la France. Enfin c'est ce qu'il pensait. D'autant qu'Eudes ne laissait derrière lui qu'un seul fils qui ne lui survécut que peu de temps. Mais – car il existe toujours, au minimum, un mais dans les affaires de la France – il avait un frère nommé également Robert qui, à son tour, se décida à poser problèmes au nouveau roi Charles III, appelé le Simple, nous ne savons trop pourquoi. Car à dater de son entier rétablissement sur le trône, il gouverna le pays avec fermeté et sagesse.

Alors qu'il venait de signer en 911, avec Rollon, prince viking, un traité qui accordait à ce dernier une partie de la Neustrie, l'on vit réapparaître sur le devant de la scène, ce fameux Robert, frère d'Eudes.

Nous reviendrons plus en détail sur l'épopée incroyable des Normands.

Robert commença par s'allier à de nombreux seigneurs qui voyaient d'un mauvais œil, le pacte passé par Charles avec les Normands. Lors d'une assemblée tenue à Reims, les grands barons déclarèrent qu'ils ne le voulaient plus pour roi et élirent Robert I° roi de France. Cependant, Hervé, archevêque de Reims, obtient que Charles conserve son trône durant une année, sous réserve qu'il le partageât avec Robert.

Deux rois pour le prix d'un, ce n'était pas pour autant, nécessairement avantageux.

Il va sans dire que cet accord, se solda de nouveau par une bataille entre les deux camps. La rencontre eut lieu près de Soissons. Robert fut tué, dit-on de la propre main de Charles. Pour autant ce dernier ne remporta pas la victoire. C'est Hughes le Grand, fils de Robert qui resta maître du champ de bataille.

Toutefois, il ne s'empara pas du trône et laissa le soin à sa sœur Emme, de faire couronner son mari, Raoul duc de Bourgogne, donc gendre de Robert I°, ex-roi de France.

Selon la légende, Hughes aurait demandé à sa sœur lequel, de lui-même ou de son époux, elle préférait pour roi.

Elle aurait répondu, faisant allusion à la cérémonie de l'hommage, lors du couronnement : *qu'elle préférait baiser le genou de son mari plutôt que celui de son frère.*

Pour autant, Charles III n'abandonna pas la partie. Mais il se trouvait dans l'obligation de guerroyer plus en aventurier que comme roi. Il reçut bien le soutien de l'empereur de Germanie mais, il fut trahi et capturé par Hébert, comte de Vermandois et gendre également de feu le roi Robert.

Charles III le Simple mourut six années plus tard, alors qu'il était toujours emprisonné, au château de Péronne. Il était âgé de cinquante ans.

Sitôt la place dégagée, Raoul se retrouva seul roi de France officiel. Sont règne fut surtout marqué par une série ininterrompue de guerres. Contre son beau-frère Hébert, contre les Normands, puis contre l'empereur de Germanie. Il mourut après treize ans de règne, sans laisser de succession, ni de souvenirs impérissables.

Il ne sera pas le seul dans ce cas. Même (surtout) par les temps qui courent, où il devient de plus en plus compliqué de trouver un seul nom de politicien, digne de figurer en place honorable dans les pages du Petit Larousse ou du Petit robert.

Cette conjoncture donna l'occasion à la couronne de revenir à la postérité de Charles le Simple.

Lorsque Charles III fut fait prisonnier, son épouse Ogine, accompagnée de son fils Louis, s'était réfugiée en Angleterre auprès de son frère, le roi Adelstan. Après la mort de Raoul, les seigneurs français se souvinrent de ce jeune prince et s'en vinrent le chercher *outre mer*, d'où l'origine de ce qualificatif.

Sous le règne de Louis IV d'Outremer, de nombreux troubles agitèrent le royaume. Très souvent fomentés par Hughes le Grand, qui n'avait pas tenté de s'emparer du pouvoir à la mort de son beau-frère Raoul, mais s'était spécialisé dans les intrigues et complots. Du véritable travail de politicien.

Les querelles cessèrent après que Gerberge, épouse de Louis et Hedwige, épouse de Hughes, qui étaient sœurs, leur firent signer un traité de paix.

Il faut être véritablement inculte, pour oser proclamer que les femmes n'eurent aucune influence dans le déroulement de notre Histoire et étaient tenues pour quantité négligeable.

Alors que Louis IV poursuivait un loup dans une forêt près de Reims, son cheval le jeta violemment à terre. Il en mourut, ce qui évita, peut-être, d'être empoisonné. Il n'avait pas encore quarante ans. Il avait eu cinq fils de la reine Gerberge. Deux survécurent. Lothaire et Charles.

L'on raconte que lors d'un entretien avec Foulques le Bon, comte d'Anjou, ce dernier adressa cette remarque pertinente au roi Louis : « *Sachez sire qu'un prince illettré n'est qu'un âne couronné.* »

Pas terrible pour la renommée.

Pour compenser, il était connu pour sa bravoure et la pureté de ses mœurs. Ce qui était plutôt rare pour l'époque. Et même les suivantes.

Son fils Lothaire lui succéda en 954.

Pour la troisième fois, Hughes le Grand avait la possibilité de monter sur le trône. Mais, suivant les conseils de sa belle-sœur Gerberge, encore elle, il prit la décision de s'occuper de son neveu, Lothaire, qui n'avait alors que treize ans et mena lui-même le jeune orphelin se faire sacrer à Reims.

Fils de roi, père de roi, Hughes mourut d'une banale maladie réservée d'ordinaire aux gens du peuple, à l'âge de cinquante-neuf ans. Sa véritable notoriété est d'être parvenu à avoir pleinement contrôlé, dirigé la France durant une vingtaine d'années, sans jamais n'en avoir ceint la couronne.

De fait, il bénéficia des avantages, sans en connaître les inconvénients. A méditer.

Il avait épousé en premières noces une sœur de Louis II le Bègue, Il était beau-frère d'Othon roi de Germanie, d'Edouard roi d'Angleterre, de Louis d'Outremer roi de France, oncle de Lothaire I° roi régnant et beau-père de Richard Cœur-de-Lion, duc de Normandie, futur roi d'Angleterre, auquel il avait donné l'une de ses filles en mariage. Sa dernière épouse, Hedwige lui donna six enfants. Quatre fils et deux filles.

On le nommait Hughes le Grand à cause de sa taille, le Blanc à cause de son teint et l'Abbé car il possédait de nombreuses et riches abbayes. L'on rapporte qu'il portait également le surnom de Capiton ou Capet, ce qui pouvait être interprété comme *homme de tête*.

Ce surnom passera à Hughes, son fils aîné, qui deviendra le véritable fondateur de la dynastie capétienne.

Quant à Lothaire, son règne fut marqué par ses querelles avec son frère Charles. Ce dernier, en tant que, lui également, descendant de Charlemagne, se plaignait de n'avoir point d'apanage. Il complota avec l'empereur Otton II de Germanie de façon à ce qu'il fasse la guerre à son frère. Othon rassembla une armée nombreuse, entra par les Ardennes, saccagea la Champagne et vint établir son camp à Montmartre.

« *Je veux,* disait-il, *faire chanter ici un alléluia qui s'entende jusqu'à Notre-Dame de Paris.* »

Mais Lothaire, à qui s'était joint Hughes Capet, l'attendait de pieds fermes, car il en avait deux. Les armées réunies semblaient tant impressionnantes que l'empereur n'osa les attaquer. Il rebroussa chemin, harcelé par ses deux cousins, qui achevèrent de désoler les régions que le Germain avait déjà ravagées.

L'indignation s'éleva contre Charles, que l'on jugeait responsable de ces dévastations.

Lothaire mourut dans sa quarante-cinquième année. On dit qu'il fut empoisonné par sa femme, Emma, fille de Lothaire roi d'Italie.

Un de plus, un !

Il laissa le souvenir d'un souverain sage, vaillant, plutôt pacifique, mais guerrier lorsque les circonstances le demandaient.

Il avait un fils nommé Louis, âgé alors de dix-neuf ans.

Lothaire avait pris la précaution de faire couronne celui-ci avant sa mort. Puis, le marier avec Blanche, fille d'un seigneur d'Aquitaine.

Celle-ci était vive, enjouée, instruite et bien mal assortie avec son époux aussi faible de corps que d'esprit. Lassée, elle s'en retourna un jour en Aquitaine, auprès des siens. Le roi, son beau-père se trouva dans l'obligation d'y aller chercher pour la remettre dans la couche de son mari. Noblesse oblige.

L'histoire ne dura guère longtemps, puisque le règne de Louis V, dit le Fainéant, prit fin après seulement quinze mois sur le trône. On soupçonna plus que fortement, sa femme Blanche de l'avoir empoisonné.

La liste ne cesse de s'allonger.

Il n'avait pas d'héritier.

Ainsi, en l'an 987 s'acheva la branche française de la dynastie des Carolingiens.

P'tet ben qu'oui, P'tet ben qu'non, Faut voir

Charlemagne l'avait prédit et il avait raison. Il est vrai que pour un empereur, être visionnaire représente la moindre des choses.

Les Vikings vont le faire, car ils n'avaient peur de rien, puisqu'ils étaient Vikings. Dans le langage de l'époque [Pirates].

Ces hommes du Nord (Normands) poussés par la surpopulation de leurs pays d'origine et leur soif d'aventures, vont commencer par envahir les estuaires, puis les rives des grands fleuves de l'empire franc, à partir de l'an 790. Allant même jusqu'à piller Nantes en 843, Paris en 845 ou Saint-Martin-de-Tours en 848. Rudement gonflés, les mecs !

Les invasions scandinaves connaîtront deux périodes essentielles. La première, approximativement entre les années 790 et 930. La seconde, de 980 jusqu'aux environs de l'année 1030.

Une accalmie, toute relative, sépara ces deux séries d'incursions qui, bien entendu, ne se limitèrent pas à l'actuelle province normande, où elles cessèrent à dater de l'an 911, puisque l'on retrouve traces de leurs passages sur la façade atlantique, pratiquement jusqu'aux Pyrénées. Les Vikings appréciaient découvrir de nouveaux horizons, certes, mais sans aucun doute possible, étaient de sacrés navigateurs. Ainsi, Erik le Rouge découvrit le Groenland, puis s'y installa et son fils Leif Ericson fut le premier à voyager jusqu'à Terre-Neuve, avant de fonder, vers l'an 1000, la première colonie européenne sur la côte est de l'actuel Canada.

Une fois encore, une fois de plus, apprendre aux enfants, dès leur plus jeune âge, que Christophe Colomb a découvert l'Amérique, n'est qu'une immense imposture. Carton rouge pour les enseignants et les fonctionnaires du ministère de l'Education nationale. Ministre(s) en tête, ce qui n'est guère surprenant puisque généralement, un ministre est nommé en fonction de sa position politicienne et des désagréments qu'il est susceptible d'éviter au Président de la République et non point de ses compétences. Si tel n'était pas le cas, la France ne se trouverait pas au bord de la faillite.

Les périodes de trêves entre les phases de conquêtes, sont essentielles pour que les conflits armés puissent se dérouler dans des conditions acceptables. Elles permettent de laisser un minimum de temps disponible, dans chaque camp, pour que les survivants puissent faire des enfants, afin de préparer l'avenir. Ensuite, elles donnent la possibilité de pouvoir reconstruire les pays dévastés, afin que les armées reconstituées puissent les saccager de nouveau, à la première occasion, dans des conditions de rentabilité acceptables. Ce sont des dispositions *sine qua non*, sans lesquelles il ne serait pas forcément rentable d'organiser des guerres. De sus, ces accalmies permettent de mettre au point, dans un calme relatif, de nouveaux plans de destruction massive, puis inventer de nouvelles armes. C'est ça, le progrès !

Sans les guerres, nous n'aurions pas l'avantage de connaître les bienfaits représentés par les armes et les militaires. A moins que ce ne soit le contraire.

Il paraîtrait que de cette époque vient le dicton *« Quand le bâtiment va, tout va. »* Il est vrai que les Vikings, nous l'avons vu, étaient de fiers marins, mais également des démolisseurs d'exception, avant de devenir des bâtisseurs de premier ordre. Ils étaient donc doublement concernés.

Ces hardis conquérants connaissaient deux origines géographiques différentes : la Norvège, ainsi que le Danemark. Les communautés étaient parfois alliées, parfois se combattaient, au grès des circonstances. Constatons simplement que, lorsqu'il fait froid, il n'est pas interdit de se regrouper pour se réchauffer. Ce que comprirent, sans trop se forcer, les habitants de ces contrées au climat glacial en hiver et rude et été, avant de hisser les voiles, cap sur la France. D'autant que la distance séparant les deux territoires ne représentait pas un obstacle infranchissable, pour organiser des attroupements. Il est à noter qu'en un millénaire, elle n'a guère évolué.

Dans l'histoire de l'humanité, il n'est pas exceptionnel de voir les ennemis de la veille se réconcilier pour s'en aller, le lendemain, taper sur la gueule de nouveaux ennemis, puis piller de concert de nouvelles régions. Ensuite, reste inévitablement un problème à résoudre : celui du partage. Le plus complexe de tous, depuis la nuit des temps. Généralement, ce sont toujours les mêmes qui posent problème, c'est-à-dire les individus ou groupes d'individus, qui possèdent le moins, voire rien du tout. Car ils désirent sans cesse tout partager, alors qu'ils n'ont rien à mettre dans un plateau de la balance. Ces prétentions, fort désagréables pour les possédants, ne règlent aucun problème sur le fond. Lorsque la manœuvre réussit, rarement reconnaissons-le, les riches deviennent pauvres et les pauvres deviennent riches. Mais immédiatement, les nouveaux riches se comportent comme les anciens et refusent de devoir partager les fruits de leurs rapines.

Au seul plan mathématique, l'équation est élémentaire. Plus on effectue de multiplications, moins on envisage de divisions. La soustraction n'étant considérée comme opération naturelle, qu'uniquement lorsqu'elle est effectuée au détriment des plus défavorisés. De loin, il est vrai, les plus nombreux. Il est vrai que toujours frapper sur les mêmes, évite de devoir se fâcher avec tout le monde. Quant à l'addition, elle peut permettre, au pis aller, d'apporter un remède passager aux trésoreries connaissant quelques défaillances circonstancielles. Mais elle ne peut être répertoriée comme étant véritablement enrichissante. Conclusion, si l'on désire évoluer socialement, il est judicieux d'étudier attentivement les mathématiques. Pour le reste, tout le reste, telles les langues, les sciences ou la culture générale, ça peut attendre. Rien ne presse.

Un exemple concret : pour négocier avec les Américains, il n'est pas obligatoire de maîtriser la langue. Il suffit de savoir compter dans la langue anglaise, puis mettre le mot dollar à la fin de chaque citation.

Les peuples norvégiens choisirent en majorité une voie maritime dénuée, autant que faire se peut, d'obstacles réputés dangereux, les amenant vers la Manche occidentale, en l'attente de voguer vers le golfe de Gascogne. Les Danois, quant à eux, préférèrent suivre les côtes de la mer du Nord, de façon à préparer un débarquement sur les rivages de la Manche orientale.

Dès cette époque, les envahisseurs avaient assimilé bien vite les avantages et possibilités représentés par les plages normandes, pour préparer les opérations de débarquements. A partir de cette évidence, nous pouvons donc affirmer que les grands stratèges militaires alliés, n'ont rien inventé en juin 1944.

Il existe toutefois certains inconvénients à vouloir s'implanter en Normandie et avoir la prétention de s'adonner aux coutumes locales. Nous citerons au hasard – quoique – les produits laitiers ennemis du mauvais cholestérol, ainsi qu'un certain dérivé de la pomme à cidre, très souvent responsable de problèmes digestifs aigus, auprès des excursionnistes, au-delà des 43° réglementaires imposés par des fonctionnaires tristes, probablement mal baisés et sans aucun doute hépatiques. Chez les autochtones, les premiers symptômes n'apparaissent qu'à partir de 65°. Et encore, uniquement en cas de consommation journalière plus que confortable. Nous devons tous accepter cette évidence ; en absorbant des denrées d'origine naturelle, il n'existe aucun danger pour la santé, sous réserve de recevoir une formation adéquate dès le plus jeune âge.

Vers le commencement du X° siècle, les Vikings constatèrent que les ressources alimentaires des régions qu'ils envahissaient s'épuisaient progressivement. Bien qu'ils n'aient pas réduit en friches les domaines ruraux, ils n'avaient pas pour autant, effectué le déplacement, pour se muer en paysans et ensuite se charger des semences et des moissons. Mais, comme il fallait bien manger, ils finirent par se rendre à l'évidence ; en massacrant les paysans, ils se privaient eux-mêmes de la main d'œuvre nécessaire à l'exploitation des terrains agricoles. Après mûres réflexions, ils prirent l'initiative de gérer directement la plupart des territoires conquis. Ici se trouve l'origine des imposantes propriétés terriennes, situées en Normandie. Quelques chefs se trouvaient, dans ce dessein géopolitique, bien décidés à s'allier au roi Franc. Ce qui présentait, de sus, l'avantage de pouvoir se débarrasser, officiellement, des nouvelles bandes concurrentes, qui désiraient également s'implanter en ces contrées riches et fertiles, avant de se préparer pour le grand voyage vers le Walhalla.

Cette union contre nature se concrétisa effectivement entre Rollon et le roi Charles le Simple, en l'an 911. Par le traité de Saint-Clair-sur-Epte, le roi de France – si l'on s'en tient aux écrits de Dudon de Saint-Quentin – céda à Rollon, les territoires et évêchés situés le long de la basse Seine. En échange, le chef viking s'engageait à défendre le passage du fleuve aux autres flibustiers scandinaves et acceptait de recevoir le baptême.

Bof ! Clovis s'était bien prêté à ce rituel avant lui, sans que cela ne nuise gravement à son plan d'évolution de carrière, ou ne lui occasionne des problèmes de santé particuliers.

Par ce traité, Rollon devenait ainsi vassal du roi de France et prêtait serment de lui apporter son aide, en cas d'urgence. Ce qui était fort louable, mais bien loin de représenter une parole d'évangile. Déjà que... Il s'installa à Rouen et fit de cette ville la capitale de son domaine. Puis, bientôt, de son duché, qui ne va dès lors cesser de s'agrandir, de prospérer, puis couvrir vers la fin du XI° siècle, la totalité des cinq départements de l'actuelle Normandie, réunifiée ou non.

Effectivement, dès lors, aucune flotte ne remonta plus la Seine, ce qui eu pour conséquence de voir cesser les pillages du Bassin Parisien. Et par-là même de ne plus emmerder – provisoirement – les poissons d'eau douce.

Au cours des précédents raids effectués par les Normands, toutes les villes placées sur leur passage avaient été saccagées, brûlées. Certaines à plusieurs reprises. Toutefois, aucune n'avait été véritablement rayée de la carte, bien imprécise en ce temps. Plusieurs cités avaient même conservé quelques structures, permettant de les reconstruire à partir des plans initiaux. Le pragmatiste est une marque fondamentale des Normands. P'tet ben qu'oui et p'tet ben qu'non.

Les dégâts occasionnés aux bâtiments ecclésiastiques par les Vikings furent autrement considérables. Faut-il préciser qu'ils se sentaient particulièrement attirés par les importants trésors détenus par les ecclésiastiques, dans les monastères et abbayes qui, progressivement, se retrouvaient désertés par les religieux fuyant devant l'arrivée des envahisseurs. De là à en déduire que ces derniers n'accordaient qu'une confiance limitée, envers la promesse d'un paradis éternel promis pour les fidèles serviteurs de Dieu, il n'y a qu'une apparition à attendre.

Nous aurons encore l'occasion de revenir à diverses reprises sur l'Histoire singulière de la Normandie et de ses ducs. Car au fil des ans, nous allons assister à une montée en puissance de cette province qui deviendra quasiment indépendante et rayonnera sur une grande partie du monde occidental. C'est ainsi que nous verrons Guillaume le Conquérant devenir roi d'Angleterre et être plus puissant que son suzerain, le roi de France.

Si nous nous rapportons à certaines sagas danoises, nous découvrons qu'un menuisier de marine, nommé Rollof, aurait élaboré, à la demande de Rollon, les plans d'un navire totalement révolutionnaire pour l'époque. Ce drakkar, non ponté, aurait été doté d'une porte pouvant s'ouvrir à l'avant du navire et se poser sur les quais, permettant ainsi de faciliter l'embarquement puis le débarquement des hommes, des chevaux et du matériel. Cette information est destinée exclusivement aux marins.

Il ne semble toutefois pas inutile de préciser qu'elle reste sujette à caution, car nous n'avons retrouvé aucun indice permettant d'affirmer indubitablement l'origine de cette avancée technique.

Ce qui est certain, est que l'on nomme *roll on-roll of* les navires rouliers.

Un roman de Capet d'épée

Avant de commencer ce chapitre, nous allons résumer. C'est plus original.

Les rois capétiens se distinguent en trois lignées fondamentales. La première, la seconde et la troisième, ce qui semble logique pour un tiercé ; soit :

Les Capétiens directs qui, de 987 à 1328, donnèrent quinze rois à la France.

La branche des Valois, qui totalisa treize souverains, entre les années 1328 et 1589.

Enfin, la famille Bourbon, qui ne connut que cinq monarques, de l'an 1589 à l'an 1793. Etant entendu que nous ne prenons pas en compte les rois post révolutionnaires, qui étaient rois sans l'être, tout en l'étant, mais sans véritablement régner en véritable monarque. Les copies ne valent jamais les originaux.

Soit un total de trente-trois rois pour huit cent cinq années, représentant une moyenne supérieure à vingt-quatre années de règne par souverain. Ce qui ne veut absolument rien dire, sauf à faire mourir de jalousie les présidents de la V° République. Car, ne l'oublions jamais, en tout politicien, il y a un dictateur qui sommeille. Avec toutefois, reconnaissons-le, une échelle de Richter, de façon à cataloguer chaque individu en fonction de son degré de dangerosité et de nuisance pour la population de son pays. A l'attention des amateurs de statistiques, nous ajouterons que la durée moyenne du règne d'un Bourbon est de 40,80 années, alors qu'elle n'est que de 22,73 années pour un Capétien direct et 20,08 pour un Valois. Doit-on en déduire que chez les

Bourbon, les progrès de la médecine se faisaient déjà ressentir ? Ce qui est certain, est qu'au niveau de l'hygiène, les résidences royales et nobiliaires s'apparentaient davantage à des chiottes publiques non surveillées plutôt qu'à des salons de beauté et que l'odeur qui régnait à l'intérieur des palais était pestilentielle. Y compris à Versailles. Surtout à Versailles diront certains.

A la mort de Louis V, décédé sans héritier à la fin du chapitre précédent, son oncle Charles, fils de Louis d'Outre-mer, aurait dû, selon toute logique, monter sur le trône. Mais la logique et l'Histoire ne font que rarement bon ménage. Il est vrai également que Charles ne jouissait pas d'une considération favorable auprès des grands barons, pas plus qu'il ne bénéficiait de l'estime du peuple, ce qui, de toute façon, restait totalement anecdotique.

Ils sont fort rares, les chefs d'État qui se soucient des problèmes populaires.

Hughes Capet, comte de Paris et duc de France, bénéficiait par contre d'une réputation de sagesse et de bravoure bien méritée. Il possédait en outre l'avantage d'être issu d'une lignée prestigieuse de grands princes. Il sut habilement tirer parti de cette situation et décida de se présenter devant une assemblée de seigneurs, qui se tint à Noyon, afin de se faire proclamer roi de France. Il se rendit ensuite à Reims, pour se faire sacrer solennellement.

Alléluia.

Il était alors fort loin de se douter, que l'on retrouverait un membre de sa descendance, sur le trône de France, huit siècles et-demi plus tard. Enfin pour ce qui est du côté officiel de l'histoire, car il devait couler autant de sang capétien – bleu selon la légende – dans les veines de Louis-Philippe Ier, que l'on trouve d'eau potable dans les égouts de Paris.

Car nul ne peut le nier, au sein des lignées aristocratiques, l'on dispose généralement de suffisamment de temps libre, pour se laisser aller au libertinage. En tous cas, nettement plus que de coutume dans les familles de gueux. Nous serions même tentés d'affirmer que les séances de corps à corps représentent une tranche conséquente de l'emploi du temps des élites politiques. Qu'elles soient monarchiques ou républicaines.

Hughes Capet devint roi d'un pays officiellement délimité par l'Atlantique jusqu'au Pyrénées, la Manche, le Rhin, les Alpes et la Méditerranée. A première vue, cela peut ressembler à notre France contemporaine. Mais, à l'intérieur de ce vaste territoire, moult grands vassaux de la couronne, se comportaient tels de véritables souverains autonomes, dans leurs domaines respectifs. Ils ne voyaient dans le roi de France, qu'un titre alloué au cours d'un simple hommage. Chacun dans ses terres, ne pensait qu'à étendre son influence, remplir ses caisses et jouir de privilèges toujours plus conséquents. Le roi ne régnait de fait que sur le duché de France, dont Paris était la capitale, l'Orléanais, ainsi que quelques domaines relativement étendus, situés principalement en Picardie et en Champagne. Il possédait également plusieurs propriétés en d'autres provinces, gérées par des seigneurs locaux. Mais ces derniers ne cessaient de se rebeller contre le pouvoir central.

C'est ainsi que l'on vit un jour Audibert, vicomte du Périgord, entrer en résistance contre son suzerain. Alors que le Périgourdin assiégeait la ville de Tours, contre la volonté du roi Hughes, ce dernier lui fit parvenir une missive l'enjoignant à lever le siège. Ce document royal se terminait par cette annotation : *« Qui vous a fait comte ? »* Fièrement, Audibert répondit au roi : *« Et vous, qui vous a fait roi ? »*

Quant à la Normandie, sise aux portes du domaine royal, ses ducs en avaient fait maintenant un Etat quasi indépendant, où ils régnaient en souverains absolus. Ils se permettaient même de s'offrir le luxe, selon les circonstances, de traiter le roi de France en ami ou en ennemi. Mais en aucun cas, n'acceptaient de le reconnaître tel un suzerain.

Fort intelligemment, Hughes eut l'intelligence de s'allier très tôt au clergé, considéré par l'ensemble des castes, comme véritable garant de la volonté de tous. Y compris de Dieu ; c'est pour dire ! Cette idée pertinente le servit assurément, lorsque

Charles, qui estimait avoir été floué, se décida à réclamer la couronne qui lui avait été refusée. Pour ce faire, il s'adressa à Adalbéron, archevêque de Reims, dans l'espoir de pouvoir se faire sacrer, lui également, roi de France et ainsi succéder à son neveu Louis V, décédé très jeune sans héritier.

Le prélat, qui se retrouvait ainsi dans une position fort délicate, puisqu'il venait de couronner Hughes, répondit à Charles de Lorraine : « *Rappelez-vous ce que je vous ai dit, quand vous m'avez consulté ; c'était alors qu'il fallait gagner la faveur des grands du royaume : car pouvais-je seul vous faire roi ? C'est ici une affaire publique et qui ne dépend pas d'un particulier. Vous m'accusez d'être ennemi du sang royal : j'atteste devant mon Rédempteur que je ne vous hais pas. Vous me demandez ce que vous devez faire ; je ne le sais pas et, quand je le saurais, je n'oserais vous le dire.* »

Hughes Capet, informé de la démarche de Charles, prit immédiatement les dispositions qui semblaient s'imposer. Six mois après avoir été sacré roi, il fit couronner, avec l'accord du clergé et des seigneurs assemblés à Orléans, son fils Robert âgé de quinze ans. La formule retenue, en dépit de traditions ancestrales, se perpétuera jusqu'à la séparation de la tête et du tronc de Louis XVI. Avec toutefois quelques variantes, en fonction des circonstances. Par exemple, lorsqu'une succession directe devenait impossible, faute d'héritier mâle disponible.

Le malheur frappe également les grands de ce monde, qui redeviennent dès lors aussi petits que les susnommés simples mortels. Finalement, la mort est la seule justice égale pour nous, sur notre planète Terre. Si les membres des castes dirigistes étudiaient intelligemment cette occurrence, peut-être découvriraient-ils d'autres occupations moins malveillantes, que passer leur vie à pourrir celles de leurs contemporains.

A bon entendeur, salut !

Vexé, Charles qui était, ne l'oublions pas, descendant de Charlemagne, tels encore quelques princes français de l'époque, mais de façon plus ou moins directe, décida de prendre les armes contre Hughes. Après une alliance éphémère avec le duc d'Aquitaine, qui ne donna aucun résultat tangible, il entra en France accompagné d'une armée d'Allemands, que l'on nommait désormais les Lorrains. Il s'empara de Laon puis Reims, mais se retrouva, une fois de plus, dans l'impossibilité d'obtenir de l'archevêque de celle ville, qu'il le sacre roi. Le prélat était inquiet des conséquences pouvant découler de son acte, mais surtout préoccupé par lui-même. On ne prend jamais suffisamment de précautions avec sa santé. Dépité, Charles s'en retourna à Laon, où il s'enferma dans la ville, se contentant de jouir des produits de ses pillages, puis à l'occasion violer quelques damoiselles encore vierges. Une façon comme une autre, de se prémunir contre les maladies sexuellement transmissibles, en ces temps reculés où la médecine ne possédait pas encore les remèdes adéquats. Il y fut attaqué à son tour et fait prisonnier, suite à la trahison de son ami, l'évêque Ascelin. On ne se fait jamais aussi bien repasser que par ses proches. De fait, en politique, c'est bien connu, la trahison est le moyen le plus couru et le plus efficace, pour grimper les marches du pouvoir à grandes enjambées. Mais, fort heureusement, il arrive souventefois que quelques planches soient vermoulues.

On transféra Charles à Orléans, où il fut emprisonné dans une tour, jusqu'à sa mort. Durant sa captivité, lui naquit deux fils qui – fruit du hasard ? – décédèrent quelques temps après leur naissance. Ce qui arrangeait tout le monde. Mais nous permet également de constater que la surveillance du duc de Lorraine, devait être toute relative. Avant cet épisode, pour le moins rocambolesque, il avait déjà eu un fils, nommé Othon. Ce dernier lui succéda, mais uniquement sur le duché de Basse-Lorraine. Il n'afficha aucune prétention sur le trône de France, se contentant de vivre confortablement de ses rentes, dans ses terres, ce qui lui permit de mourir tranquillement dans son lit, de façon naturelle. Cette forme de trépas était assez exceptionnelle pour l'époque. Comme il ne laissa derrière lui aucune postérité, cela permit, à coup sûr, d'éviter l'apparition de nouvelles histoires de famille, puisque la mort de Charles et de son fils Othon, assurèrent définitivement et officiellement la possession du sceptre royal, en les mains de Hughes Capet puis de sa descendance.

Le créateur de la dynastie capétienne mourut à l'âge de cinquante-cinq ans, après n'avoir régné que neuf années. Ce qui ne l'empêcha pas d'être un politicien habile, ayant gouverné avec grande prudence, bien que ne dédaignant pas fourbir ses armes et courir sus à l'ennemi, lorsque les circonstances l'exigeaient. Il gouverna depuis Paris, que les derniers rois carolingiens avaient plutôt négligée et fut enterré en l'église de Saint-Denis, qui devint dès lors, lieu de sépultures des rois capétiens.

Son fils Robert, que lui avait donné son épouse, Adelaïde d'Aquitaine, lui succéda à l'âge de vingt six ans, pour un règne qui dura trente cinq ans, période relativement longue en ce temps. Robert II, dit le Pieux, fut reconnu comme saint par la légende. Paradoxalement, il fut un temps excommunié.

Si les voies du Seigneur sont impénétrables, celles de ses adjoints sont plus que souvent, encore plus compliquées à cerner.

Pour se retrouver face à cette situation, pour le moins invraisemblable, quels étaient donc les péchés commis par le roi Robert ?

C'est fort simple ; il avait épousé Berthe, fille de Conrad roi des deux Bourgognes et veuve de Eudes, comte de Blois. La Bourgogne ne faisait pas alors partie du royaume de France, d'où cette tentative de rapprochement. Elle se composait de la Bourgogne Transjurane, qui correspond approximativement de nos jours à la Suisse. Ainsi que de la Bourgogne Cisjurane, qui comprenait la Franche-Comté, le Dauphiné et la Provence.

Toutefois, avant de convoler en justes noces, il avait simplement omis de consulter l'arbre généalogique familial. Cette formalité lui aurait permis de découvrir que Dame Berthe était sa parente ou troisième degré, alors que l'Eglise n'autorisait les mariages entre cousins (et cousines) qu'à partir du huitième degré.

Qu'on se le dise !

Pis encore ! Robert était le parrain de l'un des quatre fils que son épouse avait eus de son précédent mariage. En représailles, le pape Grégoire V ordonna aux deux tourtereaux de se séparer. Comme ils refusèrent, il les excommunia, de façon à leur faire comprendre de quel bois il était capable de se chauffer, lorsque l'on désobéissait à ses injonctions. Non mais alors ! Une fois encore, nous pouvons constater que la papauté régnait de façon incontestablement péremptoire sur les Etats européens.

L'amour, l'amour, toujours l'amour.

Cette initiative ne portera pas chance à Grégoire V, premier pape d'origine germanique de l'Histoire, puisqu'il périra empoisonné en 999, dans sa vingt-septième année, après à peine trois années de règne. Cela lui évitera d'assister à l'accomplissement des malédictions qui se profilaient à l'horizon de l'an 1 000, redouté par tous.

En vertu d'une loi publiée lors du concile de Verberie, en 755, *« Un excommunié ne devait pas entrer dans une église, ni boire ni manger avec d'autres chrétiens. Nul ne pouvait recevoir ses parents, ni lui donner le baiser de paix. Il était également interdit de se joindre à lui dans la prière et de le saluer. »*

Vaste programme.

D'autant que l'énumération n'est pas terminée.

Jugeant que les dispositions précédentes n'étaient pas suffisantes, le pape mit également l'interdit sur le royaume de France. Durant cette période, il était défendu de célébrer l'office divin, d'administrer les sacrements aux adultes, d'enterrer les morts en terre sainte, c'est-à-dire dans les cimetières dépendant des églises. Ce n'est pas tout. Le son des cloches devait cesser, donc les enfants ne pouvaient, une fois chaque année, rechercher les œufs de Pâques dans les jardins. L'on recouvrait les tableaux dans les églises, y compris les convenables, puis on descendait les statues des saints de leurs piédestaux, avant de les revêtir de noir, puis de les mettre sur un lit de cendre et d'épines. Ce qui ne devait pas être confortable.

Il se disait alors que l'on n'avait encore connu rien de tel dans le royaume. Pourtant !

Après trois années de lutte, Robert finit par céder aux consignes papales. Il répudia Berthe et fut sur-le-champ relevé de l'excommunication. Le paradis redevenait envisageable. Cette situation lui permit d'épouser Constance, fille de Guillaume Taillefer, comte de Provence et d'Arles. Selon, bien entendu, les rites imposés par la Sainte Mère l'Eglise. Il ne semble pas inutile de préciser que, pour en arriver à cette situation, n'en déplaise à la papauté, s'il accepta de se séparer de sa tendre Berthe, c'est qu'elle ne parvenait pas à lui donner d'héritiers, malgré ses efforts incessants. Le job d'un roi ne connaît pas que des instants de repos. Et que, par la même occasion, la couronne se France se retrouvait sans succession.

Constance était particulièrement jolie femme. Mais également fière, capricieuse, méchante et obstinée. Un sacré palmarès. Une véritable héroïne de roman feuilleton, au sein d'un univers impitoyable. Mais surtout, elle avait une idée fixe : gouverner le royaume de France. Dès lors, le pauvre Robert ne connut plus aucun jour de tranquillité et ce jusqu'à sa mort. Puis, même ensuite, étant donné qu'il fut inhumé à côté de sa seconde épouse, en l'abbatiale de Saint-Denis. Le destin est souvent cruel.

Robert le Pieux parvint tout de même, en dépit des manœuvres diaboliques de son épouse, à faire sacrer et reconnaître de son vivant, son fils aîné Hughes, âgé de douze ans. Sitôt, Constance joua de son influence néfaste sur le jeune héritier du trône et le monta contre son père. Allant jusqu'à lui faire prendre les armes, après quelques années d'endoctrinement. Mais Hughes, qui connaissait parfaitement les desseins de sa mère, ne s'en laissa point conter et se rallia très rapidement à son roi de père. Il devient bien vite un véritable allié et aida efficacement Robert dans la gestion des affaires du royaume.

Malheureusement, il mourut trop tôt, ce qui donna à Constance l'occasion de recommencer à comploter, dans le but d'empêcher le couronnement de leur second fils Henri et ainsi préparer à l'accession au trône le cadet de la fratrie, Robert, qu'elle pensait pouvoir faire plier plus facilement à ses désirs et exigences.

Elle ne parvint pas à concrétiser ses sinistres intentions. Bien fait pour elle et surtout tant mieux pour la France. Enfin, nous pouvons le supposer.

Robert le Pieux mourut dans sa soixantième année. Il rattacha la Bourgogne à la couronne de France, ainsi que les comtés de Dreux et de Melun. Il fut très regretté dans le royaume. Ce qui, de nos jours, devient de plus en plus rare. Voire carrément exceptionnel, pour un politicien. *« Nous avons perdu un père, dirent ceux qui assistèrent à ses funérailles. Il nous gouvernait en paix ; sous lui nos biens étaient en sûreté. »*

Nul prince n'avait été, auparavant, mieux loué.

Durant son règne, il protégea et encouragea les arts et lettres et récompensa les artistes et savants, à hauteur de leurs talents, en dépit d'un Trésor pas toujours débordant d'écus. Il fut, avec Charlemagne, le souverain qui a le plus favorisé la culture, durant la période du Moyen Âge. Malgré ses problèmes antérieurs avec le pape Grégoire, il fit construire de nombreux monastères et abbayes, puis dota de nombreuses églises. Pas rancunier le Robert.

A sa mort, il laissait trois fils : Henri, Robert et Eudes. L'aîné, Hughes, étant décédé prématurément.

C'est donc, dans l'ordre de succession, Henri qui lui succéda, à l'âge de vingt-sept ans. L'affaire ne fut pas simple pour Henri, premier du nom, bien qu'il eût été déjà couronné du vivant de son père. Car sa mère, la reine Constance, continuait de sévir, de comploter, d'intriguer, étant donné qu'elle n'avait pas abandonné ses rêves de puissance et de gloire, à la tête du royaume. Elle savait pertinemment qu'Henri ne la laisserait pas gouverner à sa place et provoqua une rupture entre le nouveau roi et Robert, son second fils survivant.

Une révolte puis une véritable guerre fratricide ravagea bientôt le pays, qui contraignit le nouveau roi à se réfugier près le duc de Normandie, qui n'en demandait pas tant. Ce dernier exploita immédiatement la situation – car en Normandie, on ne sait jamais – en fournissant au jeune souverain exilé, une puissante armée qui lui permit de reconquérir son trône. Comme les deux frères finirent par se réconcilier, la reine mère en mourut, ce qui ne chagrina personne. Bien au contraire.

Le rapprochement entre Henri et Robert, se scella par la transmission du duché de Bourgogne au second, province que le roi avait reçue de son père, alors que Hughes était encore en vie. Cela n'était pas obligatoirement une idée lumineuse, tout au moins en ce qui concerne l'évolution unitaire du royaume de France.

C'est ainsi que Robert devint le premier capétien duc de Bourgogne. De ce côté ci, les ennuis ne faisaient que commencer.

Cette union fraternelle de façade, excita dangereusement Eudes, le petit dernier de la famille, qui exigea sur-le-champ un apanage au moins aussi important que celui de son frère Robert. Pour tenter parvenir à ses fins, avant même d'envisager une négociation, il prit les armes, aidé dans ce projet par le comte de Champagne, qui voyait d'un bon œil ce nouveau conflit familial.

A cet instant, il ne semble pas inutile de préciser que le royaume de France était cerné au nord et à l'est, par le comte de Champagne, qui contrôlait également les Flandres. A l'ouest, le tout puissant duc de Normandie, qui avait étendu son territoire jusqu'à Pontoise, constituait un danger permanent. Vers le sud, les comtes de Chartres, de Touraine et d'Anjou se considéraient comme totalement indépendants du royaume de France. Et donc, la Bourgogne devenue propriété de Henri, bouclait la boucle. Sans omettre que dans les comtés situés plus au sud, le roi de France n'était connu pratiquement que par son nom. Et encore !

Comment dans de telles conditions, trouver un apanage pour Eudes ?

Henri trouva la solution près Guillaume, nouveau duc de Normandie, qui leva une armée afin d'aider le roi de France dans son entreprise. Eudes fut vaincu, fait prisonnier et envoyé calmer ses ardeurs et ambitions en la tour d'Orléans, décidément fréquentée régulièrement par des membres de familles royales.

L'on ne sait pourquoi, mais après deux années, le roi Henri fit libérer son frère cadet, qui devint dès lors un véritable fauve enragé. Il constitua une véritable armée de brigands, de bandits de grands chemins, ne vivant que de pillages et de rapines, puis partit en guerre contre le royaume de France.

Eudes trépassa assez rapidement, dans des conditions restées plus que mystérieuses. Un de plus, un. Alors qu'il ripaillait dans un cimetière, après avoir dérobé un cierge pascal en l'église voisine, de façon à éclairer sa table à la lumière divine, il s'effondra subitement. Il fallait y penser.

Digne fils de sa mère, la reine Constance, son trépas n'arracha pas la moindre larme à quiconque.

En ces temps mouvementés, chaque seigneur s'arrogeait le droit de haute et basse justice sur ses terres. On est chez soi ou on n'y est point. Le plus souvent, l'épée remplaçait la loi. Ce qui était, certes, plus rapide et efficace que de longues instructions, malgré tout bâclées et orientées selon les caprices des juges. Mais, bien entendu, l'égalité et l'équité n'y trouvaient pas obligatoirement leurs places. Ainsi fonctionnait le pouvoir judiciaire. Si l'on veut bien faire abstraction du fait que l'on ne coupe plus les têtes, il est loin d'être certain qu'une évolution positive de grande ampleur se soit manifestée depuis le Moyen Âge.

Puisque les seigneurs se montraient de plus en plus vindicatifs, ce n'était de fait que partout violences, saccages, pillages et tueries. Ce qui déplut fortement à l'Eglise catholique, qui pensa alors avoir trouvé un remède miracle.

« Il fut ordonné que, depuis l'heure de none le samedi, jusqu'à l'heure de prime le lundi, personne n'attaquerait son ennemi. On

décida ensuite que, depuis le mercredi au soir, jusqu'au lundi au matin, on ne pourrait rien prendre par la force, ni tirer vengeance d'une injure, ni exiger le gage d'une caution. »

En 1095, le concile de Clermont, sous la haute présidence du pape Urbain II, celui-là même où il fut décidé d'entreprendre la Première Croisade, confirma ces dispositions et les étendit aux veilles des fêtes de la Vierge et des Saints Apôtres.

L'ensemble de ces dispositions, que l'on nomma Trêve de Dieu, ne laissait finalement, que bien peu de temps pour s'entre-massacrer ou s'approprier les biens d'autrui.

C'est pourquoi, tous les seigneurs qui avaient prêté serment de respecter ces textes sacrés, se parjurèrent immédiatement. Ce qui ne représentait pas une véritable surprise.

De nouveaux et importants ennuis vinrent alors s'abattre sur le roi Henri. Rien de très original en vérité. Elles provenaient de son puissant allié ou ennemi, selon les circonstances, le duc Guillaume de Normandie. Certes, le futur roi d'Angleterre avait dans le passé, aidé le roi de France à reconquérir son trône. Mais la vérité d'aujourd'hui n'est que rarement celle de demain. Alors, lorsqu'il s'agit de la vérité d'hier ou d'avant-hier, le fossé est encore plus large.

Il est loin d'être évident, lorsque l'on est devenu puissant ou que l'on se considère comme tel, de reconnaître que l'on doit, même pour partie, son pouvoir à un vassal ou supposé tel. C'est pourquoi les relations entre le royaume de France et le duché de Normandie devinrent de plus en plus tendues. Ainsi, les dernières années de règne du roi de France, se passèrent, le plus souvent, à guerroyer puis se raccommoder avec Guillaume qui, en toutes circonstances, sortit toujours vainqueur des conflits armés ou des traités de paix.

Après la mort de la reine Mathilde de Frise, décédée peu de temps après son mariage avec Henri, sans bien entendu avoir donné d'héritier à la couronne, le roi fit chercher une nouvelle épouse en

Russie. Ce qui était pour le moins original. Il faut préciser qu'il avait retenu la leçon de son père et désirait dénicher une princesse qui ne risquait pas de pouvoir présenter le moindre lien de parenté, de façon à éviter de nouvelles querelles avec le pape.

Il finit par trouver Anne de Kiev, fille de la prestigieuse famille d'Iaroslave le Sage. Elle lui donna trois fils : Philippe, Robert et Hughes, ainsi qu'une fille, Emma. Henri I°, qui se trouvait toujours en conflit larvé avec de nombreux seigneurs, mais principalement et toujours, avec le duc de Normandie, fit couronner de son vivant, l'aîné de ses fils, Philippe, dès sa huitième année. Ce fut une excellente idée, puisqu'il décéda l'année suivante à l'âge de cinquante-quatre ans, suite à l'absorption d'un remède mal approprié.

Il semblerait qu'il existe une version quelque peu différente, mais elle n'a jamais été officialisée.

La reine Anne, devenue veuve, épousa en second mariage Raoul de Crécy. Hélas, la papauté découvrit bientôt que ce dernier était parent de feu le roi Henri. Elle fut excommuniée à son tour, puis s'en retourna finir ses jours en Russie. Ce qui ne lui occasionna aucune indisposition, même passagère.

Henri I° laissa derrière lui une réputation de souverain brave, mais quelquefois belliqueux. Il fut également reconnu pour sa loyauté et son humanité, bien que toute relative à l'époque. Son règne ne fut entaché ni de perfidie, ni de cruauté.

Paix à son âme.

Pendant ce temps, les Chinois inventaient l'aiguille aimantée, ainsi que les caractères mobiles d'imprimerie.

Une fois encore, l'Histoire officielle nous trompe, en affirmant que c'est Johannes Gutenberg qui a inventé l'imprimerie en 1450.

Françaises, Français, chers amis de l'étranger, n'ouvrez plus les livres d'Histoire fournis par le pouvoir politique. N'écoutez plus les discours des enseignants, puisque eux-mêmes ont été formés à partir de bases erronées. Mais cherchez toujours à découvrir la vérité, par vous-même. Elle sera toujours supérieure – dans tous les domaines – à celle qui vous sera délivrée.

J'irai revoir ma Normandie

Philippe I° ceignit la couronne de France, alors qu'il n'avait qu'à peine huit ans. Il fut donc nécessaire de lui venir en aide, afin qu'il puisse grimper les marches menant vers le trône, sans qu'il ne rencontre de désagréments majeurs. D'autant qu'au sein des familles régnantes sur la France, un accident était bien vite arrivé, en ces temps reculés. Sous la V° République, ce sont plutôt les suicides qui sont utilisés. Avant de mourir, son père, le roi Henri I°, avait fait appeler à son chevet, son beau-frère Baudouin V, qui était également comte de Flandre. Il lui avait demandé, sur son lit de mort, de prendre en charge la tutelle de ses enfants et surtout d'assurer la régence du royaume, en l'attente de la majorité de Philippe.

Restait à déterminer l'âge de la majorité. Ce qui n'était pas évident. Car de nombreux paramètres pouvaient toujours survenir et perturber le programme mis au point par les organisateurs officiels.

Philippe avait été gâté par la nature, dès son plus jeune âge. D'ailleurs, on naît fort ou faible, on naît intelligent ou con. Honnête ou pourri. Il en est ainsi ; car il n'y a pas de justice dans ce bas monde. On ne devient pas vieux con parce que l'on prend de la bouteille. Si l'on meurt vieux con, c'est que l'on a commencé sa carrière en tant que jeune con et que l'on est resté con toute sa vie. Toute autre explication est inacceptable. Il était de taille impressionnante, possédait un physique fort agréable et montrait de l'esprit et du courage. Ça commençait donc plutôt bien pour lui. Malheureusement, enfin il est possible de le supposer, dès sa prime jeunesse, il avait été excessivement choyé par ses parents. Ses proches cédaient à tous ses caprices, toutes ses volontés. Il n'est certes pas coutume, au sein des familles royales, d'éduquer la progéniture dans la douleur et la tristesse. Mais le minimum syndical est d'instruire et préparer la descendance aux responsabilités à venir. C'est pour le moins souhaitable.

Baudouin tenta bien de faire évoluer positivement, les heureuses dispositions corporelles et intellectuelles dont bénéficiait son neveu. Finalement, force est de constater que la gouvernance d'un pays par succession héréditaire, permet au peuple de savoir s'il sera gouverné à l'avenir par un type capable et compétent, un abruti notoire, ou un escroc de premier ordre. Ce n'est déjà pas si mal. Ce que ne permet pas la mise sous tutelle d'un pays, par des associations de malfaiteurs.

Mais la tâche ne fut pas simple, pour le comte de Flandre. Car, plutôt que se préoccuper énergiquement des affaires de l'Etat, Philippe, qui aimait fortement à se reposer, fit preuve, sa vie durant, d'un penchant indécis trop prononcé.

Cela ne vous rappelle personne ? Bien entendu, en faisant abstraction des dispositions corporelles et intellectuelles favorables au roi Philippe.

Comme nous allons le découvrir, moult périls s'abattirent sur le royaume de France, durant les quarante huit années du règne de Philippe I°. Face à ces événements, la présence d'un souverain ferme et déterminé, n'eut pas été superflue. Philippe fut, certes, juste et modéré, mais insuffisamment constant et résolu. A sa décharge, force est de reconnaître que sa situation personnelle, face à l'Eglise, ne lui simplifia guère la tâche. Bien au contraire. Ce qui nous permettra de constater, une fois de plus, que l'emprise de Rome dans les affaires de l'Etat français, était le plus souvent déterminante et incessamment néfaste.

Les idéologies, qu'elles soient religieuses ou politiques, représentent le pire fléau que la race humaine ait inventé, pour la pourrir de l'intérieur.

Dès le commencement de sa régence, Baudouin se trouva dans l'obligation d'aller guerroyer en de nombreuses provinces, où les seigneurs locaux refusaient de reconnaître son autorité. Cela l'amena à combattre jusqu'en Gascogne. Question climat, il ne perdait pas au change. Dans l'ensemble, il parvint à accomplir sa mission convenablement et obtint la reddition de nombreuses villes et forteresses. Voire de comtés. Tel celui de Château-Landon, qu'il se fit céder en l'échange de la promesse – ce qui ne l'engageait en rien – de laisser la jouissance du comté d'Anjou, aux deux frères qui se partageaient ce domaine jusqu'à présent.

Dans la noble intention d'en finir rapidement avec les inévitables complications familiales qui ne manqueraient pas de survenir bien vite, l'un des deux, Foulques le Réchin, fit assassiner son aîné et devint ainsi seul seigneur des terres angevines. Encore une affaire de réglée promptement.

Force est de constater que la période du Moyen Âge n'était pas particulièrement propice à l'essor des cabinets notariaux, pour ce qui concerne la rédaction de nombreux actes officiels. Pas plus que pour les avocats.

Durant la régence de Baudouin, Guillaume de Normandie entreprit de conquérir l'Angleterre. Ce qui représentait, pour la France, l'avantage de voir sa frontière de l'ouest retrouver une certaine quiétude passagère. Il revendiquait la couronne qui, semble t-il, lui avait été promise par le roi défunt, Edouard le Confesseur. Ce dont Harold, qui avait pris le pouvoir sans tenir compte des dispositions prises par le souverain disparu, ne voulait pas entendre parler.

Le duc de Bretagne profita de ces agitations pour déclarer la guerre à Guillaume. Il se considérait véritable héritier du duché de Normandie, par sa mère, fille légitime de Robert le Magnifique, alors que Guillaume n'en était que fils adultérin.

Par chance pour le duc de Normandie, celui de Bretagne eut l'intelligence de trépasser fort à propos, alors que les préparatifs de débarquement en Angleterre étaient déjà en cours. Il semblerait que le Breton ait été empoisonné. Ce qui nous permet de remarquer que les coutumes alors en vogue dans les comtés et duchés indépendants, semblaient être identiques à celles pratiquées en royaume de France. Ce qui est certain, c'est que ce décès arrangea parfaitement les affaires de Guillaume, qui put, dès lors, s'intéresser essentiellement à la collecte des fonds nécessaires à la réalisation de son projet, sans avoir à se préoccuper des dangers représentés par les Armoricains.

Car pour s'en aller faire la guerre contre Harold l'usurpateur, il lui fallait lever une puissante armée et disposer de nombreux navires pour la mener jusqu'en Angleterre. Quelle que soit l'époque, il a toujours été irréalisable de pouvoir faire construire des vaisseaux sans gains. Guillaume, qui était fin stratège militaire, mais également politicien habile, parvint à convaincre de nombreux grands seigneurs du royaume de France, de participer au financement de l'opération. Y compris les héritiers de feu le duc de Bretagne. Bien joué !

Baudouin lui-même, s'engagea dans l'opération. Il commit ici une erreur politique d'envergure, en apportant sa participation financière mais également stratégique, à un voisin aussi puissant et dangereux. Peut-être espérait-il qu'en cas de réussite, Guillaume s'installerait définitivement en Angleterre et délaisserait quelque peu son duché de Normandie. Par malheur pour la France, ce n'est pas ainsi que la situation évolua.

Guillaume parvint également à rallier le pape à sa cause. Ce dernier espérait, de toute évidence, tirer également quelques bénéfices substantiels de l'opération. Afin de montrer sa détermination devant les chrétiens, il décida sur-le-champ d'excommunier par avance tous ceux qui oseraient s'opposer au duc de Normandie. On ne discutait pas avec les dispositions prises par la papauté, y compris lorsqu'elles étaient d'ordre pécuniaire.

Nous pouvons supposer, sans grand risque de nous tromper, que l'excommunication, pour les papes du Moyen Âge, représentait une activité, certes à temps partiel, mais tout de même relativement prenante. Et fort probablement lucrative, car sa levée ne devait pas, c'est une évidence, s'opérer sans contrepartie financière.

Tout s'achète et tout se vend. Il n'est que les tarifs à négocier. Y compris pour s'assurer une hypothétique place au paradis.

Après avoir fourni les écus, l'on vit l'ensemble de la noblesse française, avec troupes et chevaliers, se ranger sous la bannière du duc Guillaume. L'appât du gain et des titres n'était pas étranger à ce ralliement soudain. Ainsi vont les conflits armés. Les peuples se font occire en croyant défendre leur patrie, alors que les dirigeants n'organisent les guerres qu'uniquement pour défendre leurs intérêts personnels ou pour concrétiser leur ivresse de puissance et de gloriole. Voire le plus souvent les deux. Les critères qui font agir les hommes, sont fondamentalement différents, selon leurs positions sociales.

L'expédition se solda par un succès total pour les troupes de Guillaume. Fort heureusement d'ailleurs pour les guerriers franco-normands, car tout juste débarqué sur les côtes anglaises, le duc avait fait incendier les navires de sa flotte, de façon à ce qu'aucun cavalier ou fantassin ne puisse fuir devant l'ennemi et ne se décide à s'en retourner vers la France. Harold II fut tué durant la bataille d'Hastings et, dans le mois qui suivit, Guillaume de Normandie se faisait couronner roi d'Angleterre. Le duc de Normandie devait ainsi, le 25 décembre de l'an de grâce 1066, également roi d'Angleterre. Encore un 25 décembre !!!

L'un des grands problèmes du second millénaire, trouve ici sa source. C'est-à-dire les relations tumultueuses entre la France et la perfide Albion.

Après Jules César, c'était la seconde fois dans l'Histoire qu'une armée de conquérants parvenait à prendre pied, puis occuper le sol anglais.

Baudouin trépassa une année après la Conquête de l'Angleterre par Guillaume, qui devint dès lors Guillaume le Conquérant. Il laissait Philippe seul, face au pouvoir, alors qu'il n'avait alors que quinze ans, puisque aucun régent n'avait été désigné.

Pour commencer ses activités professionnelles, le nouveau roi de France entra immédiatement en guerre contre la famille de son ex-tuteur, histoire de se mettre en appétit.

Richilde de Flandre, veuve de Baudouin avait deux fils et son beau-frère Robert, comte de Frise, tentait alors de lui en ôter la tutelle. En agissant ainsi, il espérait pouvoir s'emparer facilement du comté de ses neveux. Philippe prit d'abord le parti de Richilde, puis ayant retourné son armure, il parvint à faire prisonniers la veuve et son beau-frère, avant de les délivrer quelques temps lus tard, nous ignorons pour quelle raison.

Une surcharge de la population carcérale, peut-être ?

Bien évidemment, ce qui devait arriver arriva. Les hostilités recommencèrent immédiatement. Puisqu'il était nécessaire de faire une sélection et choisir son allié, Philippe prit le parti de Robert, qui lui offrit en échange la main de Berthe, fille de sa nouvelle épouse et du comte de Hollande, Florent I°, dont elle était veuve. La jeune femme amenait également dans sa corbeille de mariée, quelques domaines situés en Orléanais. C'était toujours ça de pris.

Richilde, qui perdit l'un de ses deux fils durant la guerre, n'eut finalement d'autre choix que d'accepter les conditions du roi de France et céda la Flandre à Robert. Elle ne conserva et ne transmit à son fils survivant que la province du Hainaut.

Pour Philippe, il ne s'agissait ici que d'un galop d'entraînement.

Car, c'est bien connu, un malheur n'arrive jamais seul ; un adversaire autrement terrifiant attendait maintenant le roi de France, à l'orée des forêts du Vexin. Guillaume était devenu roi d'Angleterre, et, contrairement à ce qu'espérait le Capétien, cette position, plutôt que l'affaiblir sur le sol français, n'avait fait que le renforcer. Philippe s'apercevait maintenant de l'énorme erreur commise par son tuteur Baudouin, mais il ne possédait pas suffisamment de puissance pour s'opposer de front à son ennemi le plus redoutable.

La seule arme efficace restant en sa possession se trouvait être l'intrigue.

Guillaume avait trois fils. Il commença par doter son aîné, Robert, en lui offrant le titre de duc de Normandie. Mais sans lui accorder le pouvoir d'en jouir véritablement à son aise. *« Il n'entre pas dans nos coutumes de se déshabiller avant de vouloir se coucher »* avait-il précisé, alors que le jeune duc lui faisait remarquer ce qui, à ses yeux, n'était qu'une anomalie. Aussitôt, Robert entra en rébellion contre son père. Bien entendu, Philippe exploita immédiatement l'occasion pour attiser les braises et accueillit l'héritier de la Normandie près de lui. Il lui offrit le château-fort de Gerberoy en Picardie, situé sur la frontière franco-normande. Il va de soi que Guillaume n'apprécia que bien peu la plaisanterie et partit immédiatement en guerre contre son fils.

Durant une bataille, le père et le fils se combattirent directement sans, paraît-il, se reconnaître. Les inconvénients des armures. Le casque intégral n'offrant pas, pour autant, toutes les garanties souhaitables. Guillaume fut blessé, puis identifié par Robert, aux cris qu'il poussa. Ce dernier se jeta alors aux pieds de son géniteur, le monta sur son propre cheval et le fit soigner. La bataille cessa alors aussitôt et les deux hommes se réconcilièrent. Enfin officiellement. Car de fait, Guillaume n'accepta de pardonner son fils que sur les insistances de son épouse, la reine Mathilde, réputée pour sa grande sagesse et encore davantage pour ses talents de brodeuse.

Cette nouvelle donne ne changea rien quant à la position du roi de France, qui continuait d'harceler son ennemi préféré. Désormais, il incitait la garnison de Mantes, ville alors dépendante de la Normandie, à se rebeller contre le duc. Pour toute réponse, Guillaume fit dire au roi de France *« qu'il comptait aller faire ses relevailles à Paris avec dix mille lances en guise de cierges. »* Aussitôt, il se jeta, furieux, sur les terres de France, qu'il ravagea sans retenue. Dans la foulée, il décida de punir les habitants de Mantes, en réduisant leur ville en cendres. Il était tant courroucé, qu'il portait lui-même du bois, dit-on, pour activer l'incendie.

Durant cette campagne, la fièvre le prit. Il fut ramené à Rouen, où il mourut en 1087. Il régna sur le duché de Normandie durant cinquante deux années et fut roi d'Angleterre vingt et un ans.

Bien entendu, sans perdre un seul instant, ses trois fils entrèrent en conflit, en dépit des efforts acharnés de leur mère, la reine Mathilde, qui tentait de ramener le calme et la raison au sein de la fratrie.

Guillaume avait épousé Mathilde, car elle était fille de Baudouin V, comte de Flandre et ex tuteur de Philippe I°. Quant à Baudouin, il avait épousé en secondes noces Adèle, fille du roi de France, Robert II le Pieux. Mathilde se trouvait donc être la nièce du roi Henri I°. Le pape Léon IX, avait bien tenté d'interdire ce mariage, mais le jeune duc ne s'était pas laissé impressionner. L'épitaphe inscrite sur sa tombe, en l'abbaye aux Dames de Caen, ne laisse planer aucun doute, quant à l'origine de la parenté royale de Mathilde.

L'aîné des fils de Normandie, Robert, dit Courte-Heuse, se fit confirmer duc de Normandie, alors que son cadet, Guillaume le Roux, devait régner sur l'Angleterre. Quant au plus jeune, Henri, il dut se contenter de recevoir une forte somme d'argent.

Comme de bien entendu, la formule retenue n'accommodait personne. Car tous désiraient tout. C'est la logique des politiciens : tout pour moi, le reste pour les autres.

Encouragés sournoisement par le roi Philippe I°, les trois frères ne cessèrent de se combattre. Finalement, après bien des péripéties, c'est le plus jeune, Henri Beauclerc, qui finit par régner sur l'Angleterre, par la perfidie et la Normandie, par la violence. Ce dénouement fut, une nouvelle fois, dommageable au roi de France, qui vit l'Angleterre et la Normandie réunies, après un intermède, il est vrai, de courte durée.

Supplément gratuit

Avant de nous séparer définitivement de la mémoire de Guillaume le Conquérant, qui fit incontestablement de la Normandie, l'Etat le plus puissant, le mieux organisé de l'Occident féodal, il est ici nécessaire (pour l'auteur) d'ouvrir une parenthèse de toute première importance.

Certes, ces quelques lignes n'attireront pas nécessairement l'attention des plus nombreux, mais tout de même ! Puis, c'est moi qui ai fait ce bouquin, alors j'écris ce que je veux. Surtout qu'en l'occurrence, il s'agit de faits véridiques.

On raconte que le duc Guillaume aimait à se reposer en son château de Darnétal, commune située à l'est de Rouen. Il existe d'ailleurs un quartier de la cité encore appelé la Cour au duc. Bien entendu, la majorité d'entre vous s'en foutent comme de leur premier bulletin de vote. Mais pas moi, non pas moi, car je suis né Darnétalais. Jusqu'ici rien de véritablement original, d'autant que les naissances enregistrées en juin 1944, dans cette commune, n'ont certainement pas affolé les statistiques.

En 1963, avec un ami, nous avons entrepris d'effectuer des fouilles sur le site présumé de cette forteresse. Bien vite, nous sommes tombés sur des vestiges. Ils sont encore visibles, en un lieu appelé le Bois du Roule. Nous avons également découvert des fragments de poteries, que nous nous sommes empressés de présenter à des archéologues, qui travaillaient alors sur le site de la place du Vieux Marché de Rouen, celle-là même où fut brûlée Jeanne d'Arc. Ce qui, depuis des décennies, permet à l'industrie de la restauration locale, d'allumer le feu dans les cuisines, puis arrondir confortablement, en toutes saisons, son chiffre d'affaires. Ils nous confirmèrent qu'il s'agissait bien d'éléments datant de la fin du haut Moyen Âge.

C'était quand même moins con que voler des mobylettes. D'ailleurs pour moi, cette activité n'était pas indispensable, puisque j'en possédais déjà une. C'est alors qu'alertée par la rumeur, ainsi qu'un article paru dans le journal local, un hebdomadaire nommé le Bulletin, survint l'administration. Avec son tout petit (a) caractéristique de ses coutumes et activités, le plus souvent aussi néfastes que toxiques.

La poursuite de notre action nous fut immédiatement interdite. Sans, bien évidemment, nous donner la moindre explication. Interdiction et point final. En admettant que l'on veuille bien admettre qu'il s'agissait de préserver des vestiges, pourquoi ne pas nous le faire savoir ? Pourquoi ne pas nous aider à poursuivre notre tâche ? Et puis dès lors, pourquoi tout abandonner définitivement ?

Car depuis : rien, le néant !!!

S'il n'est une grille placée sur le dessus d'un trou, de façon à éviter aux citadins qui viennent ici respirer l'air pur de la forêt, de se casser la gueule dans une cavité que l'on présume être un puits à chaînes du pont-levis.

Quelques temps plus tard, en visitant la crypte de la cathédrale de Rouen, j'ai rencontré, par le plus grand des hasards – encore que – un radiesthésiste qui avait effectué un relevé des souterrains médiévaux de la ville et sa proche banlieue. Certes, la méthode peut prêter à sourire. Il n'empêche qu'en effectuant quelques recherches, je suis tombé sur des portions de souterrains répertoriés par ce passionné.

Je me suis alors rendu à la bibliothèque municipale de la ville de Rouen et, après avoir sélectionné divers ouvrages, il m'est apparu que l'ensemble se recoupait, qu'il était totalement cohérent.

Par malchance, les documents issus de mon travail, m'ont été dérobés par une gourgandine de seconde zone, de sus cleptomane. Ce qui est fort dommage car, outre pour mon travail *de recherches, ils pouvaient intéresser fortement certains clients particuliers des établissements bancaires, qui préfèrent, pour se rendre dans les salles des coffres, emprunter des parties souterraines déjà existantes, plutôt que devoir creuser eux-mêmes dans des conditions, avouons-le humblement, de forte pénibilité. Voire, pour les moins indélicats, perdre du temps en faisant la queue aux guichets.*

Si le maire de Darnétal lit cet ouvrage, s'il est intéressé par l'Histoire de sa commune, il peut toujours envisager la poursuite des opérations. Je me tiens à sa disposition.

(Reprise)

Mais revenons à nos moutons, en l'occurrence les aventures de Philippe I°. Comme intermède à ces événements, pour le moins mouvementés, après une dizaine d'années de mariage, le roi trouva le temps de répudier son épouse, Berthe de Hollande, sans que l'on ne sache exactement pour quelle raison précise ; peut-être tout simplement une envie de chair fraîche ? Car la belle était parvenue, après une décennie de devoirs conjugaux assurés, semble-t-il, convenablement, à lui donner deux enfants. Un fils, Louis, ainsi qu'une fille, Constance. Alors que le doute commençait à s'instaurer quant à sa fécondité.

Il ne faut jamais perdre de vue qu'il est de notoriété, lorsqu'il existe un problème de stérilité au sein d'un couple, fut-il de noble origine, que c'est toujours l'épouse qui est fautive. Le proverbe dit pourtant qu'il existe plus d'hommes impuissants, que de femmes frigides.

Un évêque complaisant et de toute évidence confortablement rémunéré à hauteur de ses talents, prononça le divorce, sous prétexte qu'il existait des liens de parenté entre les époux. Bien qu'en ce temps, le procédé ne représentait pas une tâche insurmontable, dix ans furent tout de même nécessaires pour s'en apercevoir. Bof ! Tout vient à point, qui sait attendre.

Le bruit se répandit alors, dans toutes les cours d'Europe, que le roi de France, bel homme âgé de seulement trente-trois ans, était disponible sur le marché du mariage.

Les offres affluèrent de toutes parts. Toutefois, après avoir fait sa sélection, Philippe jeta son dévolu sur Bertrade de Montfort, épouse de Foulques le Réchin, devenu unique comte d'Anjou, après avoir fait assassiner son frère. Il était ainsi surnommé, à cause de sa mauvaise humeur perpétuelle. Quant à Bertrade, elle était connue pour être la plus jolie femme du royaume. Etre roi présente tout de même quelques avantages non négligeables.

Il semblerait qu'élu du peuple également.

C'est incroyable le nombre de femmes attirées par un uniforme – fût-il mal taillé – et la position sociale qui l'accompagne, sans s'intéresser à priori à ce qu'elle risque de découvrir dessous, de la coiffe aux semelles des chaussures ! Difficile à cerner ; d'autant qu'en règle générale, les épouses et copines de chefs d'états sont cocufiées au vu et au su des populations. Etre cornard est une chose, mais que tout le monde le sache n'est guère gratifiant ! Mais bon, à partir où elles acceptent d'être déshonorées publiquement, cela les regarde.

Philippe rencontra deux difficultés majeures pour concrétiser son projet. D'abord, il devait faire ratifier officiellement par l'Eglise, son divorce d'avec Berthe. Ensuite, faire casser le mariage de Bertrade avec Foulques. Une assemblée d'évêques rétribués à la hauteur de leur lourde tâche, confirma ces dispositions, sans qu'il ne soit véritablement nécessaire d'insister lourdement. Quant au comte d'Anjou, il accepta de se prêter, sans trop de difficultés, à cette mise en scène. Lui également, reçut probablement quelques compensations foncières. Nous le savons, tout s'achète et tout se vend. Il suffit de savoir négocier. D'autant que Bertrade, si elle jouissait d'une solide réputation de femme admirable, bénéficiait également d'une notoriété d'épouse infidèle. Ce qui finissait par lasser Foulques, qui ne pouvait tout de même pas faire assassiner tous ceux qui lui posaient problèmes, sans se faire trop remarquer.

Lorsqu'il eut connaissance de cet embrouillamini, le pape entra dans une colère effroyable. D'un même coup, il excommunia Philippe, Bertrade, ainsi que tous les évêques qui avaient participé, de près ou de loin, à cette cabale de mauvais goût. Ce qui laissait des diocèses disponibles, pour caser, voire recaser, des relations plutôt fiables.

Pour le roi de France, les problèmes étaient fort loin d'être terminés. C'est bien connu, un ennui n'arrive jamais seul. Alors, lorsque l'on en a déjà cumulé plusieurs, autant s'attendre au pire.

Henri, duc de Bourgogne, cousin du roi de France, qui s'ennuyait sur ses terres, trop étroites à son goût, décida de s'emparer du royaume du Portugal.

En Italie du sud, le comte normand Robert Guiscard chassa les Byzantins puis, avec l'aide de son frère Robert de Hauteville, enleva la Sicile aux Sarrasins. Ce qui permit au premier nommé d'obtenir l'investiture ducale de la part du pape Nicolas II, sur les Pouilles, la Calabre et la Sicile. C'est la raison pour laquelle, neuf siècles plus tard, nous trouvons encore beaucoup d'Italiens arborant fièrement des yeux bleus, dans ces provinces.

De nombreux habitants de la Botte, sont donc probablement cousins avec des Québécois.

Il serait peut-être temps de profiter du dossier de réunification des deux Normandie en une seule entité, pour y inclure ces régions d'Italie, ainsi que le Québec libre ?

A priori, ces bouleversements auraient pu représenter quelques avantages pour le roi de France. Mais à priori uniquement. Car Philippe ne jugea pas nécessaire de participer à ces opérations, qui offraient à ses ennemis les plus chers, la possibilité d'étendre toujours plus leur puissance, donc leur dangerosité pour le royaume de France.

A Clermont, en Auvergne, le pape Urbain II, politicien particulièrement avisé et clairvoyant, prêcha la Première Croisade. L'ensemble de la noblesse française, se rangea dès lors sous le signe de la croix d'étoffe rouge, qui sera portée sur l'épaule droite par les engagés volontaires. D'où le nom de *croisé*.

Hughes le Grand, frère du roi Philippe, Robert Courte-Heuse, duc de Normandie, Godefroy de Bouillon, duc de Lorraine, Robert, comte de Flandres, Raymond, comte de Toulouse,

Etienne, comte de Blois et tant d'autres, répondirent présents à l'appel. Des Allemands et des Italiens vinrent ensuite les rejoindre, tels Boémond, prince de Tarente, fils de Robert Guiscard. Car en Italie, avec la bénédiction du pape, les Normands continuaient d'étendre leur domination.

Ils étaient venus. Ils étaient tous là.

Tous ?

Non !

Il en manquait un à l'appel. Et pas le moindre. Il s'agissait du roi de France, Philippe I°, qui se trouvait exclus, à cause de son excommunication, suite à son mariage avec Bertrade. Il aurait, peut-être, eu la possibilité de négocier la levée de cette sanction, en proposant à Urbain II de participer à cette Croisade. Mais en l'occurrence, il ne sut profiter de la circonstance et vit même cette excommunication confirmée par le nouveau pape.

L'on s'accorde généralement à reconnaître que plusieurs centaines de milliers, voire de millions d'individus – l'on parle même de cinq – participèrent à la Première Croisade. Bonjour l'intendance et la logistique. Concernant les chiffres, tout dépend si l'on se réfère aux informations communiquées alors par les organisateurs ou par l'administration. Les rapports peuvent, quelquefois, varier de un à vingt.

Cette méthode se trouve être d'une imbécillité hors du commun.

Toutes origines, toutes conditions sociales confondues. Compris quantités d'aigrefins qui voyaient là matière à rapiner au sein d'un dispositif finalement peu sécurisé. Ainsi que des femmes avenantes, professionnelles ou amatrices, bienvenues pour se charger du repos des guerriers, devenus par la force des choses, célibataires occasionnels. Un grand nombre de participants, issu des couches populaires, qui voyaient ici une possibilité de promotion rapide, périrent bien avant de rejoindre le Proche-Orient. Ensuite, la majorité des survivants fut assassinée par les Turcs. Quant aux grands seigneurs ayant échappé à l'hécatombe, qui avaient désigné comme chef Godefroy de Bouillon, cela leur permit de s'approprier de nouveaux territoires hors de France, puis créer nombre de petits États, comme le marquisat de Tyr, le comté de Tripoli, la principauté d'Antioche ou le royaume de Jérusalem. Plutôt que se doter d'un gouvernement central puissant et capable de faire face à l'ennemi et protéger efficacement leurs conquêtes.

L'intérêt particulier prend toujours l'avantage sur le collectif. Même chez ceux que l'on nomme encore les communistes, qui ont toujours été et sont encore, en retard de quelques décennies sur la réalité du moment

L'apparition (cela était de circonstance) de nouveaux ordres militaro-religieux, fut l'une des premières conséquences des Croisades. Les plus célèbres étant les Hospitaliers de Saint-Jean, puis les Templiers. Et par corollaire, la naissance d'ordres uniquement religieux, tels les Chartreux (merci pour les liqueurs) les Prémontrés ou les Cisterciens. Ce qui permit à la France de se couvrir de moult édifices monastiques, véritables chefs-d'œuvre de l'art roman. Durant les siècles suivants, l'art gothique viendra enjoliver l'ensemble.

Pendant ce temps, Philippe I° mettait tout en œuvre pour obtenir la levée de son excommunication. On ne sait jamais, ça pouvait toujours servir. Non seulement, il n'y parvint point, mais de sus, elle fut davantage aggravée lors de différents conciles tenus par les évêques de France. De toutes les façons, quitte à être excommunié, un peu plus ou un peu moins, il est nécessaire d'être expert en la matière pour remarquer la différence.

La levée de l'excommunication royale surviendra tout de même. Mais pour ce faire, il faudra attendre l'arrivée du pape Pascal II sur le trône pontifical. Sous réserve toutefois, que Philippe et son épouse acceptent de se séparer. Ce qu'ils firent officiellement. Pour autant, Bertrade n'en demeura pas moins à la cour de France, mais ne reçut jamais le titre de reine. Elle survécut sans problèmes particuliers, à cette condition pour le moins originale.

Et puis entre cela et faire les moissons, surtout lorsque l'on ne connaît pas le maniement des outils…

Durant la période de son règne, en tant que souverain excommunié, Philippe fit souvent craindre le pire devant le peuple, qui lui manifestait ouvertement son mépris. Cela pourrait expliquer, éventuellement, son comportement fort souvent indécis. Afin de tenter remédier à cette situation, il décida de faire sacrer son fils, Louis, qui n'avait pas encore vingt ans, avec qui, dès lors, il partagea le trône.

Le jeune Louis, qui s'était déjà distingué face à de nombreux vassaux, qui tentaient de reprendre leur totale indépendance, sut habilement tirer partie de cette conjoncture. Il arrivait régulièrement que plusieurs seigneurs insoumis, réunissent leurs troupes, afin de s'opposer au pouvoir royal. Mais pour l'instant, de nombreux se trouvaient aux croisades et ceux restés en France, ne disposaient plus de forces suffisantes pour lutter efficacement. Dans ces conditions, Louis en profita pour s'occuper de leurs cas, mais individuellement. C'est ainsi qu'il parvint à soumettre plusieurs comtes et ducs, jusqu'en Berry, en Champagne et dans la Marche. Il y mit une telle ardeur, qu'il fut surnommé *Louis de Batailleur*.

Mais cela ne fut pas si simple, car il s'attira l'animosité de Bertrade, qui continuait de comploter à la cour. Avant de devoir abandonner sa couronne de reine, elle avait donné deux fils, ainsi qu'une fille, à Philippe. Et, à défaut d'en voir monter un sur le trône de France, puisque dans l'ordre de succession, les enfants de Berthe de Hollande étaient prioritaires, elle souhaitait, pour le moins, leur assurer un apanage décent, digne de leur position.

Elle s'acharna tellement contre Louis, que celui-ci, lassé, finit par se réfugier à la cour du roi d'Angleterre, Henri I° Beauclerc qui, cela va de soi, se fit une grande joie de l'accueillir dans les meilleures conditions possibles. Quelques temps après son installation chez les Anglais, Henri I° reçut une lettre scellée du sceau de Philippe, lui demandant de faire périr son fils Louis. Bien entendu, le roi d'Angleterre, peu encombré par les scrupules, mais qui n'en demandait pas tant (il retenait son frère aîné prisonnier, après lui avoir fait crever les yeux), s'empressa de sauter sur l'occasion, pour montrer ce document au jeune prince, qui sitôt repartit vers la France. Pour les Anglo-Normands, un peu de pagaille supplémentaire à la cour de France, c'était toujours bon à prendre.

Dès son retour en France, Louis se rendit auprès de son père et lui dit : « *Je remets entre vos mains un fils que vous avez condamné sans l'entendre.* »

Méthode classique et toujours de circonstance. Ainsi va la justice.

Le roi Philippe ignorait tout des intrigues fomentées par Bertrade contre son fils. Apparemment, les deux hommes se réconcilièrent mais, par le plus grand des hasards, Louis fut bientôt victime d'une tentative d'empoisonnement et ne dut son salut que grâce aux connaissances techniques d'un médecin qui n'appartenait pas à la cour. Dès lors, il porta sur le visage, les stigmates d'un mal officiellement non expliqué.

Philippe I° mourut en 1108. Son fils Louis, sixième du nom, lui succéda. Sa sœur fut mariée à Hughes, comte de Troyes, puis, suite à son veuvage, à Boémond, prince d'Antioche.

Quant à Bertrade, qui n'avait jamais cessé de conspirer contre le nouveau roi, elle parvint tout de même à obtenir de Louis, qu'il accorde le titre de prince à ses deux fils et qu'ils soient désignés comme successeurs de la couronne de France, pour le cas où il viendrait à disparaître sans héritiers mâles. Pas trop prudent le Louis car, c'est bien connu, en politique, un accident imprévisible est bien vite arrivé.

Par chance pour le royaume de France, les deux fils de Philippe et Bertrade moururent sans laisser derrière eux de postérité masculine. De toute évidence, cela évita au pays de connaître de nouvelles luttes intestines.

Bien qu'il fut déjà couronné, Louis, qui sera connu sous le nom de Louis le Gros, se fit sacrer une seconde fois, cinq jours après la mort de son père, de façon à confirmer son règne. Prudence est mère de la sûreté. La cérémonie se déroula en la cathédrale d'Orléans, car un schisme se produisait alors en la ville de Reims.

Immédiatement, Henri I° d'Angleterre, qui l'avait reçu à bras ouverts lorsqu'il avait fui la cour de France, se déclara son ennemi intime le plus obstiné. Pourquoi perdre du temps ? De nombreux vassaux, toujours préoccupés de s'affranchir de la suzeraineté du roi de France, se rallièrent sitôt à l'Anglais. Le premier fut Guy de Rochefort, dont Louis avait épousé la fille, avant d'être sacré. A l'époque, celle-ci n'était pas encore nubile et, aux dires des experts qui, en ce temps, semblaient posséder des connaissances supérieures en la matière, le mariage ne fut jamais consommé. Louis se débarrassa donc de la belle, ce qui fut ressenti comme un affront par l'ensemble des seigneurs dissidents, car cela les arrangeait. Il restait alors à régler la question financière entre le beau-père et son ex gendre.

Une ligue s'organisa à l'initiative, bien entendu, du roi d'Angleterre, toujours officiellement vassal du roi de France, de par sa position de duc de Normandie. Afin de semer un peu plus de désordre, ce qui n'était pas fondamentalement indispensable, Henri fit ressortir du placard doré où il se trouvait, le prince Philippe, l'un des deux fils de Philippe I° et de Bertrade, à qui le trône avait été promis, sous réserve que Louis disparaisse, sans héritier, plus rapidement que son bulletin de santé pouvait le laisser supposer. Il lui fit même miroiter la possibilité de le faire sacrer prochainement roi de France. Bertrade, qui en dépit des années qui s'écoulaient, avait conservé tous ses talents de conspiratrice, ne manqua pas d'ajouter sa touche personnelle à l'intrigue.

La guerre qui, imparablement, se déclara entre les partis, dura environ six années, avant que Guy de Rochefort ne disparaisse. Dès lors, les fils de Bertrade acceptèrent de traiter avec Louis le Gros.

Dans la foulée, Bertrade trépassa également. Ce qui ne représenta pas une perte irréparable pour le royaume de France. Louis fit alors preuve d'indulgence et fit don d'un important domaine au prince Philippe, fils de cette dernière et de son père. Dès lors, Philippe vécut tranquillement dans son domaine, sans ne causer le moindre problème à quiconque, avant de mourir, comme nous l'avons déjà précisé, sans laisser de mâles héritiers derrière lui. Une très bonne chose.

En dépit de sa corpulence, Louis le Gros était un combattant acharné, actif, brave, sans cesse en mouvement. Pour ou à cause de cela, il était très redouté de ses ennemis.

C'est ainsi que le comte de Champagne prétendit un jour vouloir le combattre personnellement, si leurs armées étaient amenées à se rencontrer. Car en ce temps, les chefs ne se contentaient pas de déclarer les guerres, puis ensuite se réfugier lâchement dans des abris étudiés spécialement pour leurs tronches. Ils menaient sur place les opérations et se trouvaient à la tête de leurs troupes. Louis lui épargna cette peine. Lors d'une bataille, il franchit le premier le fossé qui séparait les deux armées. A sa seule vue, le comte de Champagne prit la fuite, puis lassé, finit par devenir l'allié du roi de France. Comme dit le proverbe, pourquoi se faire la guerre, lorsqu'il n'y a plus rien à gagner ou à perdre.

Maintenant, le temps était venu pour le roi, de se trouver une épouse, qui puisse donner des héritiers à la couronne de France. Louis la trouva en la personne d'Adelaïde, fille d'Humbert II, comte de Maurienne et de Savoie. Elle était jeune, jolie et faisait preuve d'une éducation remarquable.

Ils se marièrent et eurent beaucoup d'enfants.

Sept en l'occurrence : six garçons et une fille.

Jusqu'au trépas de Louis, Adelaïde resta une épouse fidèle (oui, ça peut exister) et attentive, ainsi qu'une mère particulièrement préoccupée de la bonne éducation et de l'instruction de ses enfants et leur apprenant personnellement, les principes élémentaires de bienséance et de droiture.

Heureusement que de ce côté, le chemin était dégagé pour le roi Louis, car en direction de la Normandie et par corollaire de l'Angleterre, le temps ne cessait de s'obscurcir.

La poursuite de ce feuilleton à grand spectacle, va connaître un épisode d'une importance particulière, dans le sens où il va chambarder le cours des événements, non seulement en France, mais également dans plusieurs pays d'Europe. Ni plus, ni moins. Ce qui permettra de constater que la monarchie anglo-normande tenait désormais une place prépondérante sur le continent.

Ce qui, entre autres anecdotes, offrit à Louis la possibilité de démontrer à son confrère anglais qu'il n'aurait pas affaire à un ingrat.

Henri d'Angleterre était détesté de tous. Y compris et surtout, de ceux qui semblaient l'apprécier. Mais il était un souverain lucide, adroit et perspicace. Lorsqu'il s'empara de la couronne ducale de Normandie, les grands barons refusèrent tout d'abord, dans leur majorité, de le reconnaître comme suzerain. L'un des principaux meneurs de la coalition qui s'organisait contre lui, était Robert de Bellême. Au cours d'assemblées tenues en 1107 à Falaise puis à Lisieux, il accepta finalement de se soumettre. Mais la paix restait fragile. Ce qui obligea le roi Henri à passer plus de quinze années en son duché de Normandie, sans ne mettre jamais les pieds en son royaume d'Angleterre.

En dépit de son hommage à Henri, Robert de Bellême s'en alla solliciter Foulque V, comte d'Anjou, ainsi que le roi de France. Ce qui contraignit le duc de Normandie à renforcer ses défenses le long des frontières du sud et de l'est. En 1112, Henri cita Robert à comparaître devant sa cour. C'est alors que celui-ci se présenta en qualité d'ambassadeur du roi de France. Ivre de rage, Henri le fit capturer, puis transférer en Angleterre où, en qualité de prisonnier, il trépassa une douzaine d'années plus tard. De mort naturelle ? L'ensemble de ses biens fut saisi et redistribué à des vassaux fidèles au duc Henri.

Pour autant, le conflit ne s'arrêta pas ici. Toujours avec le soutien du comte d'Anjou et du roi de France, Arnoult, frère de feu Robert de Bellême, entreprit de poursuivre la lutte. Le comte de Flandre, Charles le Bon, vint se joindre à cette coalition.

Evidemment, le pape Calixte II ne manqua pas d'apporter sa touche personnelle à l'affaire.

Avant de choisir son nom d'artiste, Calixte était connu sous le nom de Gui de Bourgogne. Il était le fils du comte Guillaume I°. Nous lui devons plusieurs initiatives encore à la mode de nos jours. Par exemple le célibat sacerdotal complet. Auparavant, les prêtres pouvaient exercer leur ministère mariés, mais sous conditions d'avoir été unis à une gente dame, avant d'être ordonnés. Il est également l'instigateur du pèlerinage de Saint-Jacques-de-Compostelle. Avant de devenir véritablement pape à temps complet, il dut faire assiéger Sutri, petite cité de la région du Latium, où siégeait l'antipape Grégoire VIII. Celui-ci fut fait prisonnier, enfermé dans un monastère où il termina sa vie, après seulement quelques mois de détention. Rien que du classique.

Au cours d'un concile tenu en la ville de Reims, en 1119, Calixte II décida de faire le procès d'Henri Beauclerc, puis de plaider la cause de Guillaume dit Cliton, fils de Robert Courteheuse, donc héritier légitime de la Normandie. Finalement, face aux réticences des prélats normands, le pape prit l'initiative de rencontrer Henri. L'entrevue eut lieu à Gisors. Il fut décidé de la réconciliation franco-normande, étant entendu que Guillaume Adelin, unique fils légitime d'Henri, ferait l'hommage au roi de France et reconnaîtrait sa suzeraineté sur la Normandie. Pour le cas, bien entendu, où il pourrait arriver malheur à Guillaume Cliton.

Nous devons préciser qu'en ce temps, les routes étaient peu sûres.

De façon à ne pas être en reste vis-à-vis de ses prédécesseurs et pour être certain de ne pas s'être dérangé pour rien, le pape en profita pour excommunier Henri V, empereur d'Allemagne. Il faut savoir que celui-ci, afin d'arrondir ses fins de mois, accordait directement des investitures aux évêques, contre espèces sonnantes et trébuchantes. Ce que, bien entendu, l'autorité papale ne pouvait tolérer. Car c'était du vol.

A chacun son métier et les ouailles seront bien gardés.

En fait d'hommage, Henri et son fils Guillaume se présentèrent bien devant le roi de France, mais à la tête d'une puissante armée, dans la région des Andelys. Pour Louis le Gros, la déroute fut totale. Terriblement offensé par la défaite qu'il venait de subir, il proposa à son ennemi de vider leur querelle en combat singulier. Ce à quoi l'Anglais lui fit répondre *« [qu']il n'avait garde de soumettre au hasard d'un combat, la possession d'un territoire dont il jouissait déjà. »* Et la guerre reprit entre les deux rois.

C'est alors qu'un premier drame survint.

Alors qu'il quittait la Normandie, après avoir embarqué à Harfleur, afin de s'en retourner en son royaume d'Angleterre, Henri assista, impuissant, au naufrage de l'un des navires de sa flotte. A bord du vaisseau, se trouvaient son unique fils légitime Guillaume, ainsi que quatre filles et quatre garçons conçus dans la joie et les infidélités. Pourtant, la mer était calme et le vent favorable. Hélas, les marins avaient été largement payés avant l'embarquement et pour la plupart étaient ronds comme des queues de pelles. Totalement ivres, ils se trouvaient dans un état déplorable, qui les empêchait de pouvoir manœuvrer leur bateau. Passagers et équipages ; tous périrent lors du naufrage de la *Blanche Nef.*

Avec le décès de Guillaume Adelin, Henri perdit son unique héritier de sexe masculin. Il ne se remit jamais de cette perte.

Il ne lui restait qu'une seule fille légitime, Mathilde, qu'il avait mariée à Henri V, empereur d'Allemagne.

Comme cela était prévisible, le roi de France ne perdit pas de temps pour rappeler à l'Anglais, qu'en cette circonstance, il avait promis la Normandie à Guillaume Cliton, héritier de Robert, fils aîné de Guillaume le Conquérant. Le problème est qu'Henri ne s'en souvenait plus.

La perte de mémoire a toujours représenté l'un des signes les plus distinctifs du monde politique. Quelle que soit l'époque. Le problème est que l'on ne parvient toujours pas à trouver de remède adéquat.

Il est de nombreuses circonstances où la science demeure impuissante.

Afin de rallier l'empereur d'Allemagne à sa cause, Henri lui expliqua que les enfants issus du mariage de Mathilde avec son fils, seraient les héritiers de ses Etats. Dont, bien entendu, la Normandie, qu'il ne désirait surtout pas céder à son neveu, Guillaume Cliton. Vu sous cet angle, l'empereur décida de joindre ses troupes à celles de son beau-père et prit comme prétexte, pour venir batailler en France, l'excommunication dont il se disait avoir été victime, lors du concile de Reims.

L'Allemand fit entendre à la ronde *qu'il voulait détruire, raser, effacer de dessus la Terre, cette ville, monument de son déshonneur.*

Il se présenta aux frontières de l'est de la France, à la tête d'une imposante armée, composée pour l'essentiel de Bavarois, de Saxons et de Lorrains. Pour majorité des mercenaires, comme c'était alors l'usage.

Quant à Henri, il était prévu qu'il attaquerait la France par la Picardie.

Louis le Gros, informé de l'existence du *Complot des deux Henri*, rassembla également une armée, considérable pour l'époque. En découvrant ces forces imposantes, l'empereur prétexta des affaires urgentes à régler aux fins fonds de l'Allemagne, puis prit la poudre d'escampette. C'était alors le bon temps où les relations franco-allemandes permettaient quelques fantaisies. L'occasion était dès lors trop belle, pour le roi de France, de se débarrasser enfin de l'Anglais. Hélas pour lui, les grands seigneurs qui s'étaient engagés dans l'ost royal, changèrent brutalement d'avis. Après mûres réflexions, ils finirent par en déduire que dans l'histoire,

Louis risquait de devenir trop puissant et qu'en conséquence, à l'avenir, il devienne particulièrement exigeant quant aux efforts qu'ils devraient fournir envers leur suzerain. En gros, ils se méfiaient de l'effet boomerang.

Ils se retirèrent tous dans leurs terres, obligeant par là-même Louis à devoir traiter avec son ennemi anglo-normand.

Les négociations durèrent plusieurs années. Louis tenait essentiellement à ce que la Normandie revienne au prince Guillaume, alors qu'Henri refusait de s'en dessaisir. L'intention évidente du roi de France, était tout simplement de voir la Normandie séparée de l'Angleterre. Nous pouvons le comprendre.

Il est vrai que cette situation n'était pas confortable à vivre pour le roi de France, qui continuait de voir l'un de ses vassaux être plus puissant que lui.

Il semble devoir nous attarder le temps de quelques lignes, sur la puissance des armées en présence en ce temps. Celles-ci sont souvent décrites comme redoutables, considérables, puissantes, terrifiantes et autres qualificatifs destinés à impressionner les foules. Cela peut paraître vraisemblable, sous réserve toutefois de relativiser les différentes époques. D'autant qu'il semble plus que délicat de pouvoir comptabiliser le nombre de chevaliers qui participaient à ces rencontres sportives, pas plus que celui des hommes de troupes qui les accompagnaient. Au sujet du conflit dont il est ici question, il peut être raisonnablement admis qu'environ cinq cents hommes d'armes se trouvaient dans chaque camp. Mais ce que l'on décrit comme homme d'arme, correspondait alors à un seigneur accompagné de ses propres troupes et de vassaux eux-mêmes avec leurs soldats, se trouvant dans l'obligation de répondre à l'appel militaire de leur suzerain.

Donc, il semble vraisemblable d'admettre que des milliers d'hommes s'affrontaient lors des grandes batailles. Mais de là à vouloir prétendre dresser un bilan des pertes et des dommages collatéraux, il existe une marge d'erreur trop importante pour émettre quelques certitude que ce soit.

D'autant que nous n'avons pu obtenir aucun complément d'information de la part du service de documentation des armées, pas plus que de l'INSEE. Alors que ces administrations sont pourtant en possession d'informations confidentielles relatives à des événements de première importance, dont certains n'ont jamais existé.

C'est alors qu'un nouvel événement d'importance survint. Dans cet épisode, il n'en manquera pas.

Charles le Bon, comte de Flandre, mourut sans postérité. Encore un de plus en moins. Il fut assassiné, non pas selon les coutumes féodales, sur ordre de membres de la noblesse, mais simplement par des négociants qui possédaient le monopole sur le commerce du blé. Charles désirait imposer à ces marchands, l'obligation de déverrouiller leurs réserves, par temps de disette.

Ce qui, automatiquement, aurait fait baisser les cours.

Le roi de France, en tant que seigneur suzerain, se retrouva ainsi seul juge de pouvoir disposer de cet important fief et le remettre à qui bon lui semblerait. Il ne s'en priva pas et donna la Flandre à Guillaume Cliton, histoire d'accentuer le désordre qui existait déjà entre l'oncle et son neveu normand. Par la même occasion, Louis espérait ainsi pouvoir protéger davantage ses frontières du nord.

Cette machination s'avéra vaine ; Guillaume fut bientôt tué lors d'un combat qui l'opposait à un seigneur qui désirait lui disputer la jouissance du comté.

C'est ainsi qu'Henri se retrouva peinardement et officiellement, seul et unique possesseur du duché de Normandie, tant convoité depuis qu'il avait décidé de le faire sien. Cela, sans nul besoin de prendre une nouvelle fois les armes.

Bien entendu, cette nouvelle donne n'arrangeait pas les affaires du roi de France.

Dans la foulée, l'empereur Henri V d'Allemagne passa de vie à trépas. Sans perdre de temps, le roi d'Angleterre remaria sa veuve de fille à Geoffroy, nouveau comte d'Anjou. De cette union, naquit un fils, le futur Henri II, qui sera le fondateur de la dynastie Plantagenêt. Ce remariage et cette naissance, auront ensuite des conséquences considérables.

Puis, en 1135, Henri I° Beauclerc mourut subitement, alors qu'il se trouvait en terre normande. Il ne laissait derrière lui, aucun héritier mâle légitime. Pour ce qui était des enfants conçus hors mariage, il en collectionnait une bonne quinzaine. Enfin pour ceux recensés. Mais de toute façon, cela ne changeait rien à l'affaire, puisqu'ils se trouvaient, légalement, dans l'impossibilité de monter sur le trône.

Louis le Gros en déduisit immédiatement que l'affaire se présentait, enfin, bien pour lui. De sus, l'occasion s'offrait de lui permettre d'étendre le royaume de France, sans aller guerroyer. C'est-à-dire par le biais d'un mariage. Cela le changeait un peu des habitudes ancrées dans les mœurs de l'époque. En Aquitaine, le duc Guillaume IX, enfin lassé de sans cesse persécuter ses sujets et massacrer ses voisins, décida soudainement d'aller se faire pardonner ses nombreux péchés, à Saint-Jacques-de-Compostelle. Avant d'entreprendre ce pieux et périlleux pèlerinage, il reconnut par testament, sa fille, Aliénor, comme unique héritière, puis la recommanda au roi de France. Louis s'empressa de répondre favorablement à cette requête et, en gage de fidèle amitié, ne perdit pas de temps en inutiles formalités administratives, pour marier la jeune duchesse à son fils Louis.

Dans sa corbeille de mariée, Aliénor apportait la Guyenne, le Poitou, la Gascogne, la Biscaye, ainsi que divers domaines de moindre importance, sis entre Loire et Pyrénées. Suite à cette union, Louis le Jeune, qui partageait désormais le trône avec son père, se retrouvera et c'était une première pour un roi capétien, plus puissant que tous ses grands vassaux.

Ça s'arrose.

Louis le Gros, malgré son penchant prononcé pour s'en aller batailler, était fort attentif aux affaires intérieures de son pays. Il aimait à dire : « *Un roi n'en doit avoir d'autres que son peuple.* » Il faisait également preuve d'une grande piété. Cela venait du fait qu'il avait reçu, dès sa prime jeunesse, une éducation exemplaire, bien que religieuse, en l'abbaye de Saint-Denis. Il eut pour professeur l'abbé Suger, l'un des plus grands érudits en son temps. Plus tard, lorsqu'il devint roi, il continua de le fréquenter assidûment, l'appelant même régulièrement lors de ses Conseils. Jaloux, Bernard de Clairvaux, théologien mystique et futur saint, lui reprochait régulièrement sa modération. Notamment lorsqu'il s'opposait aux laïques qui osaient braver le clergé. Pour cette raison, l'archevêque de Sens et l'évêque de Paris, eux aussi en mal de reconnaissance, excommunièrent l'abbé. Mais le pape, sitôt informé, leva cette maudite excommunication.

Cette procédure inusitée, apporta un semblant de touche fantaisiste, dans les relations coutumières existant entre la tiare pontificale et la couronne de France.

Louis était également fort attentif à l'exercice de la justice et envoyait régulièrement dans les provinces, des inspecteurs réputés probes et éclairés, afin de contrôler que les juges remplissaient correctement les devoirs de leur charge.

Il serait de bon augure, l'idée de rétablir cette coutume ancestrale.

De la façon dont il avait été sacré roi, du vivant de son père, Louis le Gros en fit de même avec son fils aîné, Philippe, qui laissait entrevoir de grandes qualités. Malheureusement, il mourut quelques mois après ce sacre. Il fit alors couronner son second fils, Louis, que l'on surnomma le Jeune, afin de le différencier de son père. La cérémonie se déroula en la cathédrale de Reims, sous la très haute présidence du pape Innocent II, qui justement voyageait dans la région. De fait, il s'était réfugié en France, suite au schisme d'Anaclet II, soutenu par les Normands du roi Robert II de Sicile. Après avoir été fait prisonnier par Robert, puis être parvenue à s'évader, il fut accueilli en France par l'abbé Suger.

Il semblerait que de cette époque, date la fixation à douze, le nombre de pairs de France, dont la mission originelle était d'assister au sacre du nouveau roi. Puis, ensuite, fêter l'événement comme il se devait, dans la joie et la bonne humeur. La pairie, constituée de six ecclésiastiques et six laïques, n'était alors qu'une marque d'égalité entre seigneurs jouissant d'une puissance identique et donc se trouvaient pairs : les *pares*. Dès lors, la pairie fut élevée à la dignité.

Louis le Gros mourut à l'âge de soixante ans. Il laissa le souvenir d'un souverain, certes belliqueux, mais préoccupé par la justice, nous l'avons vu, mais également par l'école. C'est à dater de son règne, que le latin commença à disparaître progressivement des institutions officielles, au grand dam du clergé, pour laisser place à la langue française, qui ainsi s'enrichit et se perfectionna, de par son usage répandu davantage. Il affirma la souveraineté et mit en valeur le domaine royal, en soutenant le développement des cités urbaines, mais également les communautés villageoises. Il fut également protecteur des arts, de l'architecture et encourager les médecins à développer leur science.

Finalement, ils n'étaient pas si mal que cela les premiers rois capétiens. Puis, ils étaient capables et fiers de préserver leur pays face à l'ennemi, tout en le faisant évoluer de façon positive. Ce qui, malheureusement, n'est plus le cas en ces années destructrices.

Avant de mourir, Louis le Gros dit à son successeur : *« Mon fils, souvenez-vous que la royauté est une charge dont vous rendrez un compte rigoureux à celui qui seul dispose des sceptres et des couronnes. »*

L'abbaye de Saint-Denis, où Louis le Gros et son fils Louis le Jeune furent éduqués, bénéficiait alors d'une grande renommée. Sa bannière devint l'étendard de la France. On l'appelait *oriflamme*, parce que sa hampe était couverte d'or et le bas de l'étoffe découpé en forme de flammes.

Durant les travaux, la vente continue. En l'occurrence, la saga au sein des Etats anglo-normands évoluait rapidement. A la mort d'Henri I°, comme il l'avait souhaité, sa fille Mathilde lui succéda. Par prudence, le roi d'Angleterre avait fait ratifier de son vivant, ses volontés par les grands barons. C'est également dans cette intention qu'il lui avait fait épouser l'héritier du comte d'Anjou, après son veuvage, bien que Mathilde soit âgée d'une quinzaine d'année de plus que son époux.

C'est alors qu'un nouveau prétendant se présenta sur le devant de la scène : Etienne de Blois, neveu d'Henri Beauclerc et donc petit-fils de guillaume le Conquérant, par sa mère Adèle. Dès les démarches indispensables achevées et la cérémonie d'inhumation du roi défunt terminée, Etienne se rendit en Angleterre et manifesta ses revendications, aidé en cette noble tâche par son frère, évêque de Winchester, ainsi que divers prélats et seigneurs. Dans l'intention de récuser Mathilde, Etienne de Blois et ses associés de circonstance prétextèrent que son mariage avec Geoffroi Plantagenêt n'avait pas été soumis à leur approbation.

Commença alors une période de crise (déjà ?) qui dura une vingtaine d'années et que les historiens britanniques appelèrent *l'anarchie*.

C'est sans surprise aucune pour les contemporains d'alors, qu'Etienne de Blois et Geoffroy Plantagenêt entrèrent en conflit armé. D'abord en Angleterre, puis sur le sol normand. En 1137, le comte de Blois s'en alla rendre hommage à Louis VI, avant qu'il ne trépasse. Il renouvela cet hommage au roi Louis VII, en 1141. Mais bientôt, Geoffroy entra dans Rouen, s'empara du château d'Arques, puis prit officiellement le titre de duc de Normandie. Sitôt ces formalités accomplies, il s'empressa, lui également, d'aller rendre hommage au roi de France. Afin de démontrer qu'il était absolument de bonne foi et pour obtenir sa reconnaissance, il lui remit l'imposante forteresse de Gisors, qui commandait la vallée de l'Epte, frontière naturelle entre la France et la Normandie. Il se promettait bien, toutefois, de la reprendre plus tard.

Puisqu'il est ici question du château de Gisors, comment passer sous silence l'épopée de Roger Lhomoy ! Sous l'Occupation, Lhomoy était gardien du château et, à ce titre, logeait à l'intérieur de l'enceinte. Durant cette période, il passa – selon ses dires – un nombre incroyable de nuits à creuser sous le tumulus du donjon. Puis, en 1946, il révéla qu'il avait découvert des souterrains importants (quoi de plus logique en ce site), dont une chapelle romane de dimensions impressionnantes. A l'intérieur, se trouvaient des sarcophages, ainsi qu'un fabuleux trésor, précisa-t-il. On commença alors à envisager qu'il pourrait s'agir du trésor des Templiers. Ou tout au moins une partie, tant les biens de cet ordre étaient considérables. Dans cette histoire, une seule chose est certaine : les immenses richesses des chevaliers du Temple, à ce jour, n'ont jamais été retrouvées. Bien entendu, on présenta le pauvre Roger comme un simple d'esprit, coupable de sus d'avoir effectué des explorations clandestines. Des recherches sur les lieux furent toutefois entreprises, sous contrôle d'administrations. Mais aucune suite, tout au moins officielle, ne fut donnée à l'affaire, qui sembla s'arrêter ici.

Toutefois, en 1962, l'écrivain Gérard de Sède publia un livre : *les Templiers sont parmi nous*. Ce qui relança le dossier. Cela remonta même jusqu'à André Malraux, alors ministre de la Culture. De nouveaux travaux furent entrepris puis, finalement les tunnels furent rebouchés, sans qu'aucune information ne filtre.

Ce qu'il reste de cette histoire, est qu'ensuite et durant de nombreuses années, il fut plus que fortement conseillé de ne pas traîner dans les parages, voire carrément ne pas s'intéresser de trop près à cette affaire. De toutes les façons, les administrations veillaient. Sans pour autant se préoccuper particulièrement de la santé des quelques personnes qui ont tenté de braver l'interdit et ont subitement perdu la vie. A moins que tout simplement, un service spécialisé dans les tâches ingrates, se soit occupé de près de leur cas ?

Avis aux amateurs !

Mais revenons à nos moutons. En l'occurrence à nos rois et seigneurs. En 1151, Geoffroy Plantagenêt mourut. Pour autant, cela n'arrêta pas les procédures en cours, car auparavant il avait pris la sage précaution de remettre les clés du duché de

Normandie à son fils Henri qui, loi des séries, s'empressa de se rendre à Paris pour faire hommage au roi Louis VII.

Les événements vont alors de précipiter. Déjà que ça ne baignait pas véritablement dans le calme.

Lorsque Louis le Jeune succéda à son père, il n'avait pas encore vingt ans. Sitôt, il s'en alla récupérer son épouse légitime en Aquitaine où, depuis son mariage, il tenait régulièrement sa cour. Elle était fraîche, ravissante et fut accueillie à Paris par une foule en liesse.

Certain de son fait, Louis ne prit pas la précaution de se faire sacrer de nouveau, face aux barons, comtes et autres ducs, tels ses ancêtres. Bien sûr, les mouvements de révoltes des grands seigneurs devenaient, dans leur ensemble, moins alarmants que durant les règnes de ses aïeux. Mais il subsistait tout de même quelques affaires délicates à régler, dont une particulièrement fâcheuse.

Raoul, comte de Vermandois et cousin du roi de France, était divorcé. Ce qui ne plaisait pas à tout le monde, particulièrement au clergé. Afin de tenter consoler ses peines, Louis décida de lui donner pour seconde épouse, Pétronille, sœur puînée de la reine Aliénor. C'est alors que Thibaut II, comte de Champagne, qui était oncle de l'épouse répudiée, intervint. Il demanda au pape de refuser le divorce entre Raoul et sa première épouse, sous prétexte que cette répudiation n'était justifiée par aucun fondement acceptable. Le pape s'empressa d'envoyer un légat en France, pour se charger du dossier. Ce dernier, sitôt arrivé, annula le divorce et blâma les évêques qui l'avaient prononcé. Puisqu'il lui restait du temps disponible, il menaça d'excommunication Raoul et Pétronille, s'ils ne se séparaient pas immédiatement. Comme cela ne lui semblait pas suffisant, il signifia à Louis qu'il mettrait le royaume en interdit, s'il persévérait dans son attitude à protéger les tourtereaux.

Le roi de France ne désarma pas et s'en tint à sa volonté première. Puis, afin de se venger des troubles que les décisions de l'Eglise causaient à l'intérieur de son pays, il réunit une armée considérable et s'en alla ravager les terres du comte de Champagne.

Trop faible pour résister, Thibaut II demanda grâce et l'obtint, sous réserve qu'il agisse près du pape pour faire lever les excommunications, ainsi que l'interdit qui frappaient le pays.

Hélas pour le roi de France, le pape ne se trouvait pas alors dans de bonnes dispositions. Il se contenta de confirmer les mesures qui avaient été prises auparavant, allant jusqu'à les amplifier.

Louis, persuadé que le comte de Champagne l'avait trahi et était de collusion avec le souverain pontife, entra dans une colère folle et par la même occasion une seconde fois dans les terres de son adversaire. Il mit le comté à feu et à sang. Il assiégea la ville de Vitry en Perthois et finit par la prendre, suite à un siège à son goût beaucoup trop long. En mesures de représailles, il fit mettre le feu à l'église de la cité, à l'intérieur de laquelle s'étaient réfugiés des centaines d'habitants, qui périrent tous. On parla même de deux ou trois milliers d'âmes.

La méthode sera reprise beaucoup plus tard, par les occupants nazis, à Oradour-sur-Glane.

La colère passée, un peu tardivement il est vrai, Louis, qui était d'un naturel plutôt bienveillant et généreux pour l'époque, s'aperçut de l'énormité du crime qu'il avait commis. A dater de ce jour, il ne s'accorda plus le moindre instant de plaisir. Le pauvre.

Comme quoi, mieux vaut être heureux dans une masure, que triste dans un palais. Encore que cela ne soit pas toujours évident.

Plutôt que condamner Louis de nouveau, le pape parvint à lui faire entendre raison dans l'affaire du divorce et profita des circonstances pour exploiter habilement la situation. Il délégua bien vite Bernard (futur saint), fondateur et abbé de Clairvaux, dans l'intention de le convaincre qu'en rémission de ses péchés, il serait souhaitable qu'il entreprit une seconde croisade.

L'idée ne déplut pas à Louis. Il convoqua les grands seigneurs français à se rendre à l'assemblée qu'il organisa à Vézelay, en Bourgogne. Ils vinrent en si grand nombre, que l'église ne pouvait les recevoir tous. Pour la première fois, une assemblée fut nommée *Parlement*.

La Seconde Croisade partit de France, courant du mois d'août de l'année suivante. Elle se dirigea d'abord vers l'Allemagne, la Bohême puis la Hongrie. Hélas, elle avait été fort mal préparée, si bien qu'un désordre extrême régnait dans ses rangs. Bientôt, les vivres vinrent, vinrent, vinrent à manquer, ohé, ohé ! Les Croisés qui possédaient une bourse bien garnie, en un mot les seigneurs, parvenaient à faire leurs emplettes dans les cités qu'ils traversaient. Mais les autres, donc les pauvres, n'avaient d'autre choix, pour ne pas mourir de faim, que piller les villes et les campagnes situées le long de leur parcours. Cela se sut et les habitants des régions concernées finirent par se rebeller, puis massacrèrent bon nombre de croisés. Dès lors, lorsque l'armée se présenta devant les murs de Constantinople, elle était fortement diminuée.

Après bien des vicissitudes, le roi et ses troupes, enfin ce qu'il en restait, arrivèrent devant Antioche. Raymond de Poitiers régnait sur cette principauté, créée lors de la Première Croisade. Il se trouvait être l'oncle de la reine Aliénor, qui avait tenu à accompagner son époux de roi, car elle aimait beaucoup à voyager.

Bernard de Clairvaux faisait également partie de la caravane. Hors ce voyage d'agrément, plus de deux cents moines se trouvaient réunis sous ses ordres à Clairvaux. Mais il contrôlait aussi plus de cent cinquante monastères situés en France et en Allemagne. Il n'était pas du genre prêtre-ouvrier le père Bernard. En Europe, ses idoles se comptaient par milliers. Pourtant, il avait un ennemi intime : Abélard, théologien et philosophe, qui enseignait la dialectique avec raffinement et subtilité. Lui aussi pouvait compter ses fans par milliers. Ce qui déplut fortement à Bernard qui, pour s'en débarrasser, le dénonça au pape, pour atteinte à la pureté des dogmes de l'Eglise catholique, apostolique et romaine. Il s'ensuivit qu'Abélard fut condamné lors de plusieurs conciles.

Hélas, pour le pauvre Abélard, les ennuis n'étaient pas terminés. Il tomba amoureux d'Héloïse, qu'il finit par épouser secrètement. Manque de chance, Héloïse était la nièce de Fulbert, chanoine en la cathédrale de Paris, mais surtout fervent supporter de saint Bernard. Lors d'un voyage qu'Abélard fit dans la capitale française, l'oncle courroucé parvint à faire capturer l'amant transis, puis le faire émasculer. Ça devait faire mal. Dès lors, ce dernier n'eut d'autre ressource que se retirer dans un monastère. Que pouvait-il faire d'autre ? Inconsolable, la gente dame délaissée entra également dans un couvent, au Paraclet, où elle termina sa carrière comme abbesse.

On se console comme l'on peut.

Durant leurs années de séparation, les deux amants désunis échangèrent une correspondance fournie, où étaient mêlées les histoires de religion et de passion amoureuse. Abélard mourut à l'âge de soixante trois ans ; son corps fut amené au Paraclet, où il retrouva sa belle pour partager une longue nuit de tendresse, alors qu'elle était décédée depuis une quinze années déjà.

Tout était bien, qui finissait bien.

Mais, nous allons entrer maintenant dans l'épilogue de cet épisode, avec l'arrivée d'un nouveau personnage : Henri II, roi d'Angleterre, duc de Normandie et comte d'Anjou. Rien que cela !

Le séjour des souverains français à Antioche, se poursuivit durant quelques mois. Le problème est que la reine Aliénor s'ennuyait prodigieusement. L'on dit que pour noyer ses peines, elle commença par tomber dans les bras d'un jeune Sarrasin promis à un bel avenir. Un certain Saladin. Elle fut ensuite accusée d'entretenir des relations trop intimes avec son oncle Raymond. Le temps que ça restait en famille ! Mais Louis n'apprécia pas, mais alors pas du tout, cette situation pour le moins fâcheuse. Il décida donc de regagner son royaume de France, en compagnie de son épouse.

Après avoir effectué leurs ultimes dévotions à Jérusalem, tout de même but initial du déplacement, puis assiégé en vain Damas, en compagnie de Conrad, empereur d'Allemagne, le couple rentra à Paris.

Avant de partir pour la croisade, Louis avait confié la régence de son royaume à Suger, abbé de Saint-Denis. Durant cette période, celui-ci s'acquitta parfaitement de sa tâche et Louis retrouva son royaume en parfait état de marche. Il lui fallait désormais régler le problème de sa garce de femme. En Asie, il était parvenu à dissimuler publiquement son irritation. Mais revenu en son royaume, il se refusait à pardonner et tenait par-dessus tout à se séparer d'Aliénor. Suger parvint à l'en dissuader, lui démontrant qu'il éprouverait alors d'énormes difficultés à conserver les provinces que son encore épouse lui avait apportées en dot. L'ecclésiastique parvint à ses fins. Pour preuve – encore que – une seconde fille naquit de cette réconciliation passagère. Mais Suger s'en alla bientôt rejoindre son big boss et Louis ne tarda pas à mettre ses menaces à exécution.

Une nouvelle assemblée d'évêques, convoquée en urgence, prononça la sentence, sous le prétexte habituel et classique de parenté entre époux. Ce qui faisait plus sérieux, face aux souverains et autres seigneurs du continent, que de passer pour un cornard. Le plus insupportable n'est pas d'être cocufié, mais que les autres le sachent.

Que croyez-vous qu'il se produisit ensuite ?

Eh bien, Aliénor s'en retourna dans ses terres. Mais bien entendu avec ses provinces dans ses bagages. Ce n'était guère surprenant mais, nettement plus préoccupant. Six semaines plus tard, elle épousait Henri II Plantagenêt. Par ce mariage, le roi d'Angleterre étendait ses possessions en France et se retrouvait à la tête d'un immense Etat, qui s'étendait de l'Ecosse au nord, jusqu'aux Pyrénées au sud.

Bien drôle de vassal pour le roi de France, que ce Normand.

Afin que la situation soit bien claire, Aliénor ne transmit absolument rien en dot aux deux filles qu'elle avait eues avec Louis. Elle les laissa à l'entière charge de leur père, sans ne verser la moindre pension alimentaire et ne se préoccupa plus d'elles, le moindre du monde. Elle se contentera de se charger par la suite, des huit enfants qu'elle donnera à Henri ; trois filles et cinq fils dont les célèbres Richard Cœur de Lion et Jean sans Terres. Ce qui représentait tout de même quelques occupations.

Mère indigne, va !

Deux années après ces péripéties, Louis se remaria avec Constance, fille d'Alphonse, roi de Castille. Cela lui offrit l'occasion de pouvoir visiter l'Espagne, puis faire pèlerinage à Saint-Jacques-de-Compostelle et ainsi se faire pardonner ses péchés. Constance fut une épouse modèle, fidèle, ce qui le changeait un peu de la routine, mais elle ne donna qu'une fille au roi. La mauvaise série perdurait.

Et ce n'était pas terminé. Car les effets pervers de son divorce d'avec Aliénor ne tardèrent pas à se manifester.

Le temps qu'il n'était que duc de Normandie, Henri II fut un vassal respectueux, à l'égard du roi de France. Mais, dès qu'il hérita de la couronne d'Angleterre, il devint agressif, vindicatif, exigeant. Il n'acceptait plus d'être vassal d'un monarque nettement moins puissant que lui. Alors, à présent qu'il avait reçu en dot, les terres d'Aliénor, la situation ne pouvait que continuer à se dégrader entre les deux souverains. D'autant que son épouse, qui conservait de farouches ressentiments à l'égard de son ex, se faisait une immense joie de verser de l'huile sur le feu.

Alors, afin de ne pas déroger aux habitudes ancestrales, les guerres reprirent de plus belle contre l'Angleterre. Elles étaient régulièrement entrecoupées de périodes d'accalmies, mais se poursuivirent finalement trois siècles durant. La guerre de Cent Ans, qui de fait dura cent seize ans, ne représentant qu'un aboutissement passager.

Alors que le conflit battait son plein, un légat envoyé par le pape Alexandre III, parvint à réconcilier, momentanément, les deux souverains. Juste pour l'anecdote, ce pape est l'auteur des fameuses *Sentences,* inspirées des théories d'Abélard. Un comble. Un traité fut signé et entériné par les fiançailles entre Henri, fils aîné du roi d'Angleterre et Marguerite, fille de Louis et sa seconde épouse, Constance. Les jeunes tourtereaux avaient respectivement huit et six ans. Il n'était donc pas nécessaire de surveiller leurs jeux infantiles.

Durant cette période, la reine Constance décéda. Quinze jours plus tard, Louis épousa Alix, fille de Thibault le Grand, comte de Champagne. Ce mariage précipité, alors que le roi était inconsolable, fut dans l'ensemble mal accueilli par les grands seigneurs, mais également par le peuple, tant Constance bénéficiait d'une heureuse réputation. Mais, force est de reconnaître, qu'il se justifiait par la nécessité de voir enfin paraître un héritier mâle, pour assurer la succession de la couronne.

Il était de sus judicieux pour Louis, de consolider son alliance avec le comté de Champagne, voisin puissant et le plus souvent factieux envers le trône de France. D'autant que deux des frères d'Alix, étaient mariés avec les filles de Louis et d'Aliénor, sa première épouse.

Lorsque la naissance de ce fils, tant attendu, survint, il fut officiellement baptisé sous le nom de Philippe Dieu-Donné, tant il était perçu comme présent divin. Il deviendra Philippe II Auguste, pour la postérité.

Trois années plus tard, une rencontre fut organisée, sur initiative du légat du pape, à Montmirail dans le Maine, entre les rois de France et d'Angleterre. Elle se concrétisa par un simple échange de convenances que, de toutes les façons, chaque camp savait pertinemment ne pas respecter ensuite. Il fut tout de même décidé que le temps des fiançailles était maintenant résolu entre Henri le Jeune (Anglais) et Marguerite la Française et qu'il convenait de les marier, tout en ne retenant aucune date précise. Profitant de l'occasion, il se conclut également les fiançailles d'Alix, âgée de trois ans, fille de Louis et de la reine du même nom, avec Richard, de dix ans son aîné, second fils d'Henri II.

Officiellement, les liens semblaient se resserrer entre les partis.

Suite à la paix d'Amboise, la cérémonie officielle ne se déroula que six années plus tard, le temps de bien réfléchir, puis se chamailler quelque peu, histoire de passer le temps entre les traités et les repas de familles.

Comme conseiller, Henri II s'était entouré d'un chancelier nommé Thomas Becket. En remerciements de services rendus et à venir, le roi dota ce dernier de l'archevêché de Canterbury. Fort du pouvoir qui devint sien, le nouveau prélat se fit immédiatement ardent défenseur des privilèges ecclésiastiques, à l'encontre le plus souvent, de la couronne. En gros, il s'était chopé la grosse tête. Ce qui finit, fort logiquement, par agacer profondément Henri. Se sentait menacé, Becket se réfugia alors à la cour de France où, est-il nécessaire de le préciser, il fut accueilli avec complaisance et délectation.

Les ennemis de nos ennemis sont toujours nos amis.

Ce même légat du pape, qui était parvenu à rétablir une paix, certes chancelante, entre les deux royaumes, se chargea de réconcilier Thomas Becket avec Henri II. Cela permit à l'archevêque de retourner en Angleterre, puis récupérer son diocèse, avec les privilèges qui allaient avec. A peine le temps de s'installer de nouveau sur son trône archiépiscopal, voilà que Becket recommença à afficher des exigences exorbitantes. Allant jusqu'à faire exécuter ses propres ordonnances par voies de censure et d'excommunication, sans en référer au pape, pas plus qu'au roi d'Angleterre.

Fortement excédé, Henri s'écria un jour, devant quelques vassaux qu'il recevait : « *N'y aura-t-il donc personne pour me délivrer de cet évêque ?* »

Le hic est que, par flagornerie et dans l'espoir de pouvoir récupérer quelques faveurs royales, des seigneurs présents lors de cette entrevue, s'empressèrent de prendre cette manifestation pour argent comptant. Ils se rendirent sitôt près de l'archevêque et l'assassinèrent dans sa propre cathédrale.

Certains parlèrent d'un meurtre fomenté personnellement par Henri II. Cela paraît peu probable. En effet, quel était l'intérêt pour l'Anglais de s'attirer les foudres papales ? D'ailleurs, menacé d'excommunication et dans la peur de voir son royaume frappé d'interdit, il ne parvint à échapper à la sentence, qu'après avoir accepté de s'humilier publiquement, avant de faire dévotion devant le tombeau du prélat. Ce qui n'était pas obligatoirement le genre de la maison. Ensuite, Henri donna ordre de capturer puis châtier les coupables. Ce qui fut fait dans de brefs délais.

Pour des motifs d'ordre politique, Henri adopta la méthode française, fit couronner son fils aîné, Henri, alors qu'il n'avait encore que quinze ans, puis l'associa au partage du trône. Ce qu'il ne tarda pas à regretter. Henri également appelé le Jeune, de façon à ne pas le confondre avec son père. Ils étaient pourtant faciles à distinguer : le père était plus âgé que le fils. Guillaume, aîné de la fratrie était décédé à l'âge de trois ans.

Henri devenu III, fut donc sacré roi mais, Marguerite qu'il avait épousée entre temps, ne le fut point en même temps que lui. Le Jeune s'en plaignit à son père, qui accepta finalement d'organiser une seconde cérémonie, de façon à régulariser la situation. Quelques temps plus tard, les époux furent couronnés en la cathédrale de Winchester par l'archevêque de Rouen, qui avait accepté de se déplacer en personne. Comme voyage de noce, les jeunes mariés se rendirent à la cour de France, où ils furent reçus par Louis VII. Celui pressa le jeune souverain d'émettre ses prétentions, ou sur l'Angleterre, dont il avait reçu la couronne, ou sur la Normandie. Le but sempiternel de la manœuvre, pour le roi de France, restait toujours de séparer le duché normand de la couronne anglaise.

D'un autre côté, Richard, second fils survivant d'Henri II et d'Aliénor, réclamait à corps et à cris, la jouissance totale de l'Aquitaine, que sa mère avait finalement accepté de lui céder. Ce qui déplut profondément à son père et son frère aîné.

Une nouvelle querelle familiale vit ainsi le jour et tout ce beau monde repartit sur le sentier de la guerre. A ma droite, Henri II, à ma gauche, Aliénor et ses deux fils. Profitant de cette circonstance inespérée, les rois de France et d'Ecosse se joignirent à Henri le Jeune et son frère Richard. Le conflit, qui dura dix-huit mois, se déroula pour grande partie en Angleterre, mais quelques batailles furent également organisées en Normandie. Question d'équilibre. L'affrontement fut dans son ensemble équitable, car les grands seigneurs se répartirent de façon sensiblement égale entre les deux camps. Finalement, le vieil Henri fut déclaré vainqueur aux points.

Un traité de paix fut donc signé à Amboise, chacun sachant pertinemment qu'il ne serait respecté que le temps d'un engagement politique. Puis, les fiançailles de Richard et d'Alix furent confirmées, sous réserve que la jeune princesse, qui était déjà âgée de huit ans, fut confiée à la garde du vieil Henri, de façon à ce qu'elle reçoive une éducation en Angleterre.

Trois années s'écoulèrent, sans qu'Henri ne visse se dessiner à l'horizon la dot d'Alix. Notamment la ville de Bourges, qui en faisait partie. Fort énervé, il porta réclamation devant Louis VII, qui accepta de lui remettre les clés de la cité, sous réserve que les épousailles entre les deux enfants soient auparavant célébrées. Le roi anglais répondit que le temps n'était pas encore venu de passer à l'action, mais exigeait néanmoins d'occuper la ville.

A force de forcer, ça force forcément. Une nouvelle guerre se prépara entre les deux beaux-pères. Mais, Louis, fatigué par ces luttes incessantes, demanda au pape d'intervenir, afin de tenter trouver un terrain d'entente. Ce qu'il fit avec malin plaisir, car il avait une idée derrière la tiare. Pour élaborer la rédaction de son programme de festivités, il commença par menacer de mettre le royaume d'Angleterre en interdit. Ensuite, il délégua un envoyé spécial à Nonancourt, en Normandie, afin d'organiser une entrevue supplémentaire entre Louis et Henri. De fait, l'objet de la rencontre fut progressivement délaissé et le légat de Rome orienta les débats vers l'organisation d'une nouvelle croisade.

Celle-ci finira bien par être organisée, mais après le décès de Louis VII.

Un nouvel accord intervint, ce qui permit à Henri de rentrer en Angleterre, où de nouveaux problèmes familiaux l'attendaient. Le roi de France en fut très satisfait, qui voyait son principal rival devenir de plus en plus puissant. Il venait de conquérir l'Irlande et, aux Etats qu'il possédait déjà en France, venait d'y ajouter la Bretagne, en mariant son troisième fils, Geoffroy, à l'héritière du duché. Comme si cela n'était pas suffisant, il se trouva un nouvel allié, suite à l'union de sa fille aînée, Mathilde avec Henri le Lion, duc de Saxe et de Bavière.

Louis en fut fort affligé, qui commençait à ressentir des ennuis de santé. C'est pourquoi il se hâta de faire sacrer son fils Philippe et l'associa dès lors au gouvernement du royaume.

La cérémonie se déroula à Reims et c'est, dit-on, à dater de cet événement, que les sacres des rois de France devinrent officiellement le privilège exclusif de cette ville.

Louis VII mourut dans sa soixantième année, après avoir marié Philippe avec Isabelle, fille de Baudouin V, comte de Hainaut. Cette princesse descendait en ligne directe d'Ermangarde, fille de Charles de Lorraine, qui avait été évincé du trône de France, au profit de son neveu Louis V, dernier roi carolingien.

Ainsi, la France verra, avec les enfants issus de cette union, les familles carolingiennes et capétiennes réunies et un descendant de Charlemagne, par sa mère, monter sur le trône de France.

Qui le savait ?

Louis VII fut considéré comme ayant été un grand roi. Il possédait des qualités de générosité, de bravoure, d'honnêteté et de fidélité à sa parole. A l'exception de celles données au roi d'Angleterre mais, force est de constater qu'Henri II ne lui facilita jamais la tâche.

Il accorda de nombreux privilèges aux communautés rurales, encouragea le défrichement des terres, de façon à développer l'agriculture et favorisa l'émancipation des serfs.

On ne peut véritablement lui reprocher que son excès de colère, ayant entraîné le carnage de Vitry. Ce dont il se repentit toute sa vie. C'était bien la moindre des choses.

A cause de son divorce avec Aliénor, il laissa échapper l'Aquitaine, fraîchement réunie à la couronne de France, mais parvint à rallier d'autres provinces, dont la Champagne, de par son remariage avec Alix.

Le geste auguste du seigneur

Philippe II n'avait que quinze ans lorsqu'il accéda au droit à la propriété. En l'occurrence, le trône de France. La conjoncture se trouvait alors, financièrement et administrativement, placée sous de bons auspices. Mais cela ne devait, hélas, pas durer bien longtemps. Il pensait pouvoir régner seul, dégagé de toute obligation dépendante. D'autant qu'il avait déjà exercé le pouvoir ; sous le contrôle de son père, il est vrai. Seulement voilà, avant de mourir, Louis VII avait nommé un régent, en la personne de Philippe d'Alsace, comte de Flandre qui, de sus, se trouvait être parrain du jeune souverain, Il était également devenu son oncle par alliance, suite au mariage de Philippe, avec sa nièce, Isabelle de Hainaut.

Alix de Champagne, dans son rôle de veuve éplorée, comme l'exigeait le protocole, n'accepta pas cette disposition testamentaire. Afin de se venger, elle quitta la cour de France et se réfugia en Normandie, après un voyage, certes de courte durée. Elle y fut accueillie avec les égards dus à son rang, par le roi d'Angleterre qui se trouvait en déplacement professionnel dans son duché et surtout n'en demandait pas tant. L'on dit même qu'il aurait réservé à sa consœur une place confortable dans sa couche, afin de la consoler de ses peines. Et ainsi lui éviter de prendre froid et contracter une sale maladie.

De leur temps, les Romains avaient inventé le tout à l'égout, ainsi que le chauffage central. Mais l'usage de ces progrès techniques avait, depuis bien longtemps, été abandonné. On faisait donc monter la température comme l'on pouvait. Il faut savoir préserver sa santé avec les moyens dont l'on dispose. C'est notre bien le plus précieux, ici-bas.

Finalement, cette liaison de circonstance, ne connut aucun développement susceptible de modifier durablement le cours des événements. Bien que cette relation intime offrit, le temps de quelques échanges diplomatiques, l'avantage de réconcilier provisoirement une partie des partis. Puis, permirent de trouver un compromis qui accorda à la reine Alix, la tutelle de son fils. Et de confirmer au comte de Flandre, celle du royaume de France.

Chacun aurait pu y trouver son compte mais, comme il n'était pas accepté par les grands seigneurs, parmi lesquels se trouvaient les quatre frères de la douairière Alix, Philippe d'Alsace, lassé par ces intrigues, se retira dans ses terres de Flandre, plutôt que perdre son temps en participant à des querelles de clans, pour lesquelles il considérait ne pouvoir tirer aucun avantage.

Malheureusement pour le bon déroulement de ces vacances fortuites, les circonstances l'obligeront bientôt à sortir de sa réserve.

La reine mère vit d'un œil favorable ce départ impromptu et imagina sitôt récupérer le gouvernement du pays. Hélas pour elle, les nobles présents à la cour en décidèrent autrement et confièrent la régence du royaume à Clément de Metz, qui avait été précepteur du nouveau roi. Surprise ! Quelques mois plus tard, Clément décéda alors qu'il n'était pas malade. C'est toujours lorsque l'on se porte bien, que l'on se choppe un vilain microbe. Il fut décidé que son frère le remplacerait au pied levé mais, nouvelle surprise ; il mourut, lui également, quelque temps après sa nomination. Ils devaient être d'une constitution fragile dans la famille messine. Le changement de climat, peut-être ?

Alix n'en profita pas et en fut fort contrariée. Car le temps que se déroulaient ces manigances, Philippe continuait de grandir, ce qui n'était guère surprenant. Et comme il venait juste d'avoir dix-huit ans, il décida de gouverner la France seul. Il se fit toutefois aider en cela par son oncle, frère de sa mère, Guillaume de Champagne, qui était archevêque de Reims.

On ne sait jamais, un prélat au sein de ses relations intimes, ça pouvait toujours être utile, surtout en ces temps où le pouvoir politique du Vatican était présent partout. De sus, archevêque de Reims, pour les sacres cela représentait un avantage certain.

Le nouveau roi devint véritablement maître d'un domaine plutôt prospère, mais limité à l'Ile de France, l'Orléanais et une partie du Berry. Le reste du royaume était morcelé en une dizaine de fiefs puissants certes, mais sur lesquels Philippe ne possédait que très peu d'autorité. Les duchés et comtés de l'ouest, ainsi que l'Aquitaine, lui échappaient même totalement.

La première tâche à laquelle le jeune souverain s'attela, fut d'étendre Paris hors la cité. Il fit également protéger sa capitale par une imposante enceinte, flanquée de puissantes tours. C'est également durant son règne, que débuta la construction de la cathédrale Notre-Dame de Paris, dans sa configuration gothique et que l'université de Paris connu sa première grande extension.

Le roi ordonna encore de paver les rues, puis exigea qu'elles fussent régulièrement nettoyées et débarrassées des immondices qui les encombraient, empuantissaient l'atmosphère et entravaient la circulation. Preuve que les problèmes de transport dans Paris, sont récurrents depuis des siècles. Les actuels services municipaux n'ont rien inventé.

Pour l'instant, le département du nettoiement urbain venait de voir le jour.

Dès lors, l'on vit apparaître les premiers chanteurs des rues, les badauds battre le pavé, les rats hanter les caniveaux, les femmes opulentes lécher les vitrines et les plus légères faire le trottoir. Ce qui donna l'occasion à Philippe, de promulguer des lois à l'encontre des filles de joie ou de mauvaise vie. L'appellation étant afférente au camp auxquels appartenaient les juges et la fidèle clientèle. Voire également l'âge des personnes concernées. Il arrive régulièrement que des mecs qui ne peuvent plus bander, se mettent à blâmer les putes, alors qu'ils leur rendaient des petites visites régulières, alors qu'ils étaient en état de fonctionner correctement.

Un ecclésiastique, Pierre de Roissy, parvint à en convertir certaines. Mais fort heureusement, pas toutes. Afin de recueillir les âmes repenties, le monastère de Saint-Antoine fur érigé. Nous n'avons retrouvé aucun document, apportant quelque précision quant aux noms des fidèles qui venaient régulièrement y faire leurs dévotions.

Juste pour la petite histoire, rappelons que saint Antoine fut le fondateur des deux premiers monastères voués à la vie communautaire, vers la fin du III° siècle. Il est également connu et apprécié des connaisseurs, pour avoir été, sa vie durant, obsédé par de violentes tentations charnelles, accompagnées de visions complexes. Ce qui lui permit de vivre cent cinq ans.

Avis aux amateurs !

Philippe II créa également la première police municipale.

Affirmatif, chef !

Bien entendu, l'ensemble de ces dispositions coûtait cher. Très cher. Et, à de rares exceptions près, quelles ques soient les époques, les caisses de l'Etat sont sempiternellement vides. Allons donc savoir pourquoi. Encore qu'en survolant quelque peu le dossier, il doit être relativement aisé de se faire une petite idée. Nous nous contenterons simplement, afin de ne pas leur faire de peine, d'admettre que la comptabilité ne doit pas être une matière fondamentale, enseignée aux responsables politiques.

Au fait, on leur enseigne quoi, désormais ?

Pour tenter de combler le déficit de l'Etat, Philippe eut une idée géniale. Enfin il le pensait. Il fut le premier d'une longue série de rois français, puis d'élus de diverses tendances, voire de militaires, à persécuter les Juifs.

En ce temps, les Juifs étaient alors pratiquement les seuls à commercer, donc à réaliser des bénéfices. Par conséquent, à être en mesure de pouvoir effectuer des prêts en numéraires, aux personnes susceptibles de s'acquitter ensuite de leurs dettes agrémentées des intérêts. Ce qui leur permettait de pratiquer l'usure de façon démesurée. C'est le côté négatif d'un emprunt ; il doit être logiquement remboursé. Pour un débiteur, la seule possibilité de pouvoir se débarrasser de ses obligations, est la disparition prématurée du prêteur. Eventuellement ses ayants-droit, pour le cas où !

Etant entendu que pour les gens du peuple, il est interdit d'accélérer le processus mis en place. La justice veille.

De toutes les façons et en toute logique, la quasi-totalité des emprunteurs se trouvait être les titulaires de titres nobiliaires. Les membres de la famille royale en tête. L'on ne prête qu'aux riches dit le proverbe. Ce qui est parfaitement logique, étant donné que dans la majorité des cas, les pauvres se trouvent dans l'impossibilité de pouvoir rembourser.

De façon à apurer les comptes, ce qui découlait d'une initiative éclairée, Philippe décida de bannir les Juifs hors du royaume. Dans un premier temps, cette mesure ne fit pas le bonheur de ceux qui n'avaient pas étudié attentivement les textes. Mais le roi demeura inflexible. Il donna trois mois aux Israélites pour quitter la France et déclara leurs créances illégitimes.

La permission exceptionnelle leur fut toutefois accordée de vendre leurs biens immobiliers, avant de décamper vers d'autres cieux plus cléments. Mais le laps de temps était si court, que la parole royale devint chimère. Ce qui permit à l'Etat et à la noblesse, outre de ne pas rembourser leurs dettes, de récupérer des propriétés foncières, sans bourse délier. Ensuite, dans sa grande magnanimité, le roi invita les Français ainsi dégagés de leurs charges financières, à verser dans le Trésor royal, la cinquième partie du montant de leurs créances ainsi devenues caduques.

En voilà une idée ! Qu'elle était bonne !

Supposons que Flanby parvienne à faire accélérer les investissements des émirs en France et qu'il les expulse ensuite, après leur avoir pompé un maximum de pognon ? Cette formule permettrait, tout au moins provisoirement, de résoudre nombre de problèmes.

Cette noble tâche accomplie, Philippe-Auguste, qui possédait désormais quelques écus disponibles, réunit des troupes dans l'intention de récupérer le Vermandois, propriété de son ex-tuteur, Philippe d'Alsace, qui profitait d'un repos bien mérité dans son comté de Flandre. Lorsqu'il apprit cela, le Flamand se résolut à envahir la Picardie.

On ne réveille pas le chat qui dort.

Toutefois, face à l'imposante armée mise sur pieds par le roi, il prit peur et demanda à parlementer. Un légat du pape qui, une nouvelle fois visitait la France, se trouvait donc disponible et servit d'intermédiaire pour entamer les négociations. Dans cette opération, le roi de France se fit remettre la ville d'Amiens ainsi que ses dépendances. Quant au comte de Flandre ou d'Alsace, c'est comme l'on veut, il lui fut accordé le privilège de conserver, sa vie durant, les cités de Péronne et de Saint-Quentin. Ce qui était mieux que rien.

Dans la foulée, Philippe-Auguste s'en alla batailler contre le duc de Bourgogne qui, dans cette affaire, avait malencontreusement pris fait et cause pour le comte Philippe.

La réussite politique, n'est absolument rien d'autre qu'avoir la chance de sauter dans le bon wagon, au moment opportun. Puis, ensuite, trahir ses amis. Qui donc peut être en mesure de prouver le contraire ?

Le roi sortit vainqueur de ce conflit. Il se fit jurer serment de fidélité par son rival, mais comme marque de fidélité, exigea toutefois de conserver deux forteresses qu'il avait prises au duc, à l'occasion des combats.

Toutes ces guerres incessantes, causaient de graves préjudices dans le pays. Non seulement au détriment des pauvres, ce qui était aussi logique qu'habituel. Mais également des nobles. Ce qui était inacceptable. La situation ne pouvant perdurer davantage, les seigneurs se réunirent et convinrent, devant une assemblée d'évêques organisée pour la circonstance, que désormais ils s'abstiendraient de guerroyer quatre jours chaque semaine.

Ce qui en outre, présentait l'avantage de leur laisser du temps disponible pour ripailler en toute quiétude, chaque fin de semaine, puisque les jours retenus furent le jeudi en souvenir de l'institution de l'Eucharistie, le vendredi en mémoire de la mort de Jésus Christ, le samedi à cause de son repos au tombeau, puis enfin le dimanche afin de célébrer sa résurrection.

En l'occurrence, la conjoncture était favorable, puisque les quatre jours se suivaient.

Cette convention collective fut appelée : *la paix de Dieu.*

Comme par miracle, l'on vit alors apparaître le fils d'un charpentier, charpentier lui-même de son état. Il était natif du Puy en Velay et se nommait Durand. C'était un homme simple, qui connaissait toutefois les bases élémentaires des mathématiques. Il sut exploiter habilement la situation à son profit et s'en vint conter que Dieu lui était apparu, ni plus ni moins et lui avait commandé d'aller prêcher sa bonne parole de paix.

Jusqu'ici, l'anecdote ne représentait rien d'original. Elle ne faisait qu'allonger une longue série d'exploits réalisés par des mystificateurs.

Seulement voilà, à la différence de nombreux illuminés, le charpentier Durand possédait une preuve irréfutable pouvant confirmer ses affirmations : il se trouvait en mesure d'exhiber un bois gravé représentant la Vierge Marie, que l'Eternel lui avait prié d'aller quérir dans le tronc d'un arbre. Ce qui revient à dire qu'il devait se relever la nuit, pour effectuer quelques travaux artistiques. Suite à cet événement inattendu, une assemblée se tint en la ville du Puy, le jour de l'Assomption. Cela faisait plus sérieux, plus officiel. Elle réunissait des gentilshommes, des seigneurs et des évêques. Pour l'occasion, il fut décidé de la création d'une confrérie, dont le but serait d'obtenir une paix permanente au sein du royaume. Ce qui était loin d'être évident. Pour la circonstance, un costume spécial fut créé et il fut convenu que les membres de cette association, à but théoriquement non lucratif, se devraient de porter désormais sur leur poitrine, une reproduction de l'effigie découverte par le sieur Durand et sur la tête un capuchon de linge blanc.

Le charpentier Durand fut nommé grand maître de la secte, changea de métier, puis se chargea dès lors de façonner puis commercialiser l'image de la Vierge, ainsi que les coiffes à son effigie.

Durand était polyvalent. Puis, il n'est pas interdit d'être croyant, lorsque l'on est doué pour le spectacle et le business.

Il serait fort louable, de la part de la municipalité du Puy, de renommer une grande artère de la cité, Charpentier Durand. La ville lui doit bien cela, non ? Certes, il existe une avenue du docteur Durand, mais il n'existe aucun rapport.

Le temps qu'en royaume de France, la situation évoluait plus ou moins favorablement, en Angleterre Henri II vieillissait. Même les rois se délabrent avec les années. Ce qui, sur le plan strictement égalitaire, est plutôt une bonne chose. Il est vrai qu'il continuait d'être tourmenté par les complots fomentés par son épouse Aliénor, ainsi qu'avec ses fils, en perpétuel désaccord avec lui. Puis, maintenant, il se voyait de sus perturbé par les problèmes que lui causait Philippe-Auguste.

Une fois encore, une fois de plus, c'est un légat du pape qui parvint à rétablir une paix superficielle entre les rois de France et d'Angleterre. Mais, bien entendu, sans se faire d'illusions quant à la durée de la trêve. Lors d'une énième conférence, l'envoyé spécial papal montra tant de partialité, que Philippe ne put s'empêcher de s'exclamer publiquement : *« Que sa conduite sentait les florins anglais. »*

Eh oui ; tout s'achète et tout se vend. Y compris – surtout – les hommes. Il suffit pour les uns, de savoir encaisser avec discrétion et délicatesse. Pour les autres, d'avoir les moyens de payer comptant. Ce n'est finalement que du commerce équitable, puisque chacun y trouve son compte.

Le représentant de l'église catholique, qui cette fois ne se trouvait pas présent par hasard, réussit enfin à convaincre les deux souverains, qu'il était désormais grand temps de passer aux choses sérieuses. C'est-à-dire concrétiser le projet de la Troisième Croisade. C'était de fait le but de la manœuvre.

Car, en Palestine, tout n'était maintenant que confusion. Le chaos est fort souvent la rançon des conquêtes. Les roitelets locaux s'étaient détournés, depuis belle lurette, des questions spirituelles, pour se consacrer avant tout aux prérogatives temporelles. Ils étaient davantage préoccupés par la jouissance et l'exploitation des territoires et privilèges qu'ils s'étaient octroyés, que par le tombeau du Christ. Saladin, qui n'était pas le premier venu, avait su profiter intelligemment de la conjoncture, pour récupérer Jérusalem. De sus, en Europe, les récits des voyageurs qui revenaient d'Orient, décrivaient les nombreuses atrocités insoutenables dont étaient sans cesse victimes les chrétiens, de la part des arabes.

Certes ; ils n'étaient pas obligés d'y aller. Remarquons toutefois que désormais, la tendance s'est inversée. L'on ne construit plus d'églises dans les pays musulmans, mais des mosquées dans les pays chrétiens. Sans pour autant que les catholiques ne massacrent les islamistes. Bien au contraire.

Dès le projet officialisé, des individus de toutes classes sociales, de toutes provenances, des grands seigneurs aux manants, s'empressèrent de prendre la croix. Durant ces préparatifs, Henri II rendit son âme à Dieu, ou au Diable, l'on ne sait pas exactement. Son fils Richard lui succéda.

Quant à Philippe, en dépit de ses comptes d'apothicaires, il était toujours aussi gêné aux entournures, à cause de ses livres comptables sans cesse débiteurs. En résumé, il était dans le rouge. Une fois encore, il pensa avoir trouvé l'idée du siècle, en spéculant sur l'organisation de la nouvelle croisade. Il commença par préparer ce périlleux déplacement, en créant un impôt que tous devraient payer. Y compris ceux qui en avaient les moyens. Ce prélèvement obligatoire fut nommé : *dîme saladine*.

Bien entendu, l'argent collecté ne fut jamais utilisé tel que prévu à l'origine. Les sommes par ce biais récoltées, devaient officiellement être utilisées à financer l'expédition en Palestine. Malheureusement, quelques erreurs survenues incidemment dans la tenue des registres, firent qu'une grande partie des fonds fut détournée. Comme les heureux souscripteurs étaient persuadés de participer à l'organisation d'une œuvre charitable, aucune plainte ne fut déposée.

De toutes les façons, à supposer que des plaintes fussent déposées, elles eussent été remises entre les mains du roi Philippe. Donc…

Richard, nommé Cœur de Lion, nouveau roi d'Angleterre, procéda de manière différente. Il commença par tirer parti des provinces qu'il possédait en France, pour lever une armée imposante. Avec toutefois une petite idée derrière la tête.

Sus à l'infidèle !

Remarquons au passage, que dans chaque camp, l'ennemi était proclamé infidèle de service. Dans de telles conditions, comment reconnaître les véritables fidèles ?

Chaque roi étant parvenu à réunir ses troupes, Richard commença, sans sommation préalable, à fondre sur celles de Philippe. Ce qui n'était pas mentionné dans les règles du jeu. Bien que d'abord surpris puis débordé, le roi de France parvint à retourner la situation à son avantage. C'est sans nul étonnement, que de nouveaux accords furent négociés, à l'instigation d'un ecclésiastique nommé Foulques, qui officiait à Neuilly.

Finalement, les deux rois s'engagèrent à mener conjointement la nouvelle croisade. Pour ce faire, ils commencèrent par ordonner à leurs troupes respectives, de ne pas s'entre-tuer durant les préparatifs, ainsi que le temps que durerait l'expédition.

« *Quiconque tuera sera, selon le lieu du délit, ou jeté à la mer, ou enterré vivant, lié avec le cadavre du mort. Celui qui blessera aura le poing coupé. Celui qui frappera sera plongé trois fois dans la mer. Celui qui commettra un larcin, se verra la tête enduite de poix chaude.* »

Ils savaient se marrer à cette époque. Désormais, avec tous les mouvements d'illuminés qui voient sans cesse le jour à chaque coin de rue, ce genre de réjouissance serait interdit.

Fort heureusement, pour se défouler, il restait aux hommes de troupes, les musulmans en ligne de mire.

Avant de prendre la route, plus exactement la mer, il fut décrété qu'aucune femme ne pourrait se joindre à l'expédition, exception faite pour les lavandières.

Autant dire qu'elles en eurent du linge sale à laver, ces braves femmes. Et pas que du beau. Il y a toutefois fort à parier, que les plus fortunés prirent la précaution d'emmener avec eux, plusieurs professionnelles spécialisées dans l'entretien des vêtements et autres accessoires divers. Elles ne durent pas chômer !

Les deux rois embarquèrent vers le milieu de l'été 1189. Philippe à Gênes, Richard à Marseille. Ils avaient convenu de se retrouver en Sicile. Avant leurs départs respectifs, ils n'avaient surtout pas omis de s'engager réciproquement à vivre en bonne intelligence.

Ce qui, cela va de soi, ne fut pas évident.

Philippe ne laissait derrière lui qu'un tout jeune prince, encore au berceau. Il avait eu ce fils d'Isabelle de Hainaut, fille de Baudouin, comte de Flandre. Cette princesse, douée de grâces et de vertus, mourut malheureusement tout juste âgée de vingt et un ans. Il se vit donc contraint de confier la régence du royaume à sa mère, Alix de Champagne, aidée en cela par son oncle Guillaume, toujours archevêque de Reims.

Cause à des vents contraires, le séjour en Sicile dura plus longtemps que prévu. En ce temps là, l'île était habitée par des gens plutôt fréquentables. Aussi, la présence prolongée de nombreuses troupes désœuvrées, suscita bientôt des tensions avec les autochtones.

Que faire des soldats, lorsqu'ils n'ont personne à massacrer sous la main ? Lorsqu'il leur est interdit de violer ou rapiner ?

Ce sont les Anglais qui, les premiers, mirent le feu aux poudres. Enfin, c'est une façon de s'exprimer, étant donné qu'elle était encore inconnue en Europe. Ils assiégèrent Messine, la prirent d'assaut puis la pillèrent. Immédiatement, Richard fit flotter ses bannières sur les murs de la ville. Ce que n'apprécia que modérément Philippe, qui n'avait pas été informé de l'organisation de ces festivités et se considérait toujours comme suzerain de Richard, puisque celui-ci conservait son duché de Normandie.

Finalement, Richard se concilia avec le souverain des lieux, Tancrède. Après quelques recherches, ils se souvinrent tous deux qu'ils avaient des ancêtres communs, du côté de la Normandie. Ce qui facilita le rapprochement, entre héritiers des Vikings.

C'est alors qu'un nouveau problème ressurgit. Nous nous souvenons que, très jeunes, Richard et Alix, sœur de Philippe, avaient été fiancés et promis au mariage.

Profitant du séjour partagé en Sicile, Richard s'en vint déclarer au roi de France qu'il avait changé d'avis. Encore qu'à l'origine, on ne lui avait pas demandé ce qu'il en pensait. Et qu'en conséquence, il ne désirait plus épouser Alix. Il ajouta qu'il s'était déniché une autre jouvencelle et que si Philippe s'opposait à ses projets, il cesserait immédiatement de participer à la croisade et s'en retournerait dans ses terres avec ses armées.

Pris au dépourvu, Philippe en déduisit que, s'il laissait l'Anglais rentrer dans ses Etats, il en profiterait, non seulement pour faire un détour par la Normandie, mais surtout s'acharnerait à semer la zizanie dans son royaume de France.

Philippe-Auguste n'eut donc d'autre choix, que faire contre fortune bon cœur. Il accepta de récupérer sa sœur, sous conditions que Richard restitue l'argent, ainsi que les villes du Vexin qui avaient été données à son père, lors de la signature des accords. Richard, toujours aussi fier et certain de son fait, restitua Alix, mais refusa de rendre ce qui avait constitué la dot, considérant que ces biens lui appartenaient définitivement.

Une fois encore, Philippe se vit contraint et forcé de se plier à la volonté de son fougueux allié de circonstances. Afin de préserver les apparences, Richard lui remit tout de même quelques domaines situés en Auvergne, ainsi que la ville d'Issoudun, dans le Berry.

Lorsque ces arrangements furent enfin conclus, dans la douleur s'entend, Richard déclara qu'il n'avait plus l'intention de quitter la Sicile pour la Palestine. Et qu'il comptait désormais laisser le roi de France conduire seul les opérations. Ce sont quelques croisés anglais, soucieux d'achever leur pèlerinage et de sauver leurs âmes égarées, qui parvinrent à faire entendre raison à leur souverain.

Enfin, après moult péripéties, l'armada mit enfin les voiles, direction la Palestine. Hélas, une violente tempête envoya le flotte française s'échouer le long des côtes de Chypre.

Isaac Comnène, qui régnait sur l'île, fit immédiatement capturer puis emprisonner les malheureux naufragés survivants. Informé de la situation, Richard débarqua furtivement à Chypre, se rua sur les armées que lui opposait le tyran local et les tailla en pièces. Il fit lui-même prisonnier Isaac Comnène et le dépouilla de l'ensemble de ses possessions. Arrivé en Palestine, il profita de la conjoncture pour vendre Chypre, à un prix discount, à Guy de Lusignan. La transaction permit à ce dernier de se consoler des peines que lui avait procurées la perte récente de son royaume de Jérusalem.

Guy de Lusignan et sa descendance, régnèrent sur Chypre trois siècles durant. Ensuite l'île passa sous contrôle des Vénitiens, jusqu'à son invasion par les Turcs, en l'an 1571.

Richard, qui avait fort habilement exploité la situation à Chypre, arriva à Jérusalem, à la tête de troupes fraîches, bien reposées. Alors que les Français, partis plut tôt de l'île, subissaient déjà les effets pervers d'un climat brûlant. Ils étaient, de sus, pour majorité victimes de maladies contagieuses graves. Ce qui en fit trépasser un grand nombre.

Enfin réunis, les deux rois virent se joindre à eux, les chrétiens qui faisaient déjà du tourisme dans la région. Alors, comme de bien entendu, les conflits reprirent leur cours habituel entre les ennemis intimes. Ils réussirent tout de même à s'entendre un instant, juste le temps de reprendre Saint-Jean-d'Acre à Saladin. Mais, comme les relations continuaient de se détériorer entre les grands chefs croisés, Philippe, affaibli par une maladie qui lui avait fait perdre les cheveux et les ongles, décida à son tour, de rentrer au pays.

Cette décision ne pouvait que déplaire à Richard, mais Philippe-Auguste demeura inflexible. Il ne consentit, après moult palabres, à ne laisser que dix mille soldats sur place, qu'il mit, par sage précaution, sous l'autorité du duc de Bourgogne.

Le roi d'Angleterre continu de livrer batailles et enleva plusieurs places fortes à Saladin. Puis, suite à la retraite de Léopold d'Autriche, qu'il avait ouvertement bafoué et la trahison du duc de Bourgogne, il décida, lui également, de rentrer en Europe. Une nouvelle fois, les vents jouèrent malencontreusement en défaveur des croisés et la tempête les porta vers Aquilée, dans le Golfe Adriatique.

Richard se retrouva donc dans l'obligation de regagner ses Etats, par voie terrestre. Pour ce faire, il se vêtit en Templiers, de façon à pouvoir traverser l'Autriche incognito. Enfin, il le pensait. Il ne souhaitait surtout pas être identifié par les hommes de Léopold, qu'il avait gravement offensé en Palestine. Hélas pour lui, il fut reconnu, arrêté et livré à l'empereur d'Allemagne, Henri VI. Le Germain se trouvait être également ennemi de Richard, à cause de l'alliance que celui-ci avait contracté avec Tancrède, roi de Sicile. L'empereur considérait, à tort ou à raison, Tancrède comme l'usurpateur qui avait mis la main sur ce royaume, au détriment de son épouse Constance.

Richard Cœur de Lion, resta enfermé quatorze mois, dans les camps allemands. C'était déjà une spécialité locale.

Profitant de la circonstance, Philippe-Auguste entra dans le Vexin. Puis, au mépris de la parole donnée au roi d'Angleterre, avant son départ pour la croisade, fondit sur plusieurs villes normandes, qu'il décida de faire siennes.

Mais, revenons un instant sur la vie, l'œuvre d'Henri II. Il avait eu cinq fils avec Aliénor d'Aquitaine. L'aîné, Guillaume, mourut en bas âge. Le second, Henri le Jeune, disparut également très tôt. Ces deux princes, sans descendance. Le troisième, Richard, hérita par sa mère du duché d'Aquitaine puis, après la mort de son père, de l'Angleterre ainsi que la Normandie et ses dépendances. Le quatrième, Geoffroy, trépassa lui également tôt mais, auparavant, il fut marié à l'héritière de Bretagne, avec qui il eut tout de même le temps de faire un fils, nommé Arthur. Quant au cinquième et dernier, Jean, il ne reçut aucun apanage digne de ce nom, si ce n'est le minuscule comté de Mortain, dans la presqu'île du Cotentin, dont il prit le nom, mais où il ne mit jamais les pieds. C'est la raison pour laquelle il fut surnommé Jean sans Terre.

Le vieil Henri eut également deux filles, Mathilde et Jeanne. La première nommée fut mariée à l'empereur d'Allemagne.

Lorsque Richard partit pour la croisade, il nomma plusieurs régents, ne laissant absolument pas la moindre parcelle d'autorité à son frère Jean, à qui il n'accordait qu'une confiance plus que limitée. En l'occurrence il n'avait nullement tort, tant ce prince était inconstant, fourbe et cruel.

L'air de rien, cette époque doit être bénie des studios d'Hollywood, grâce à Richard Cœur de Lion et Jean sans Terre, certes, mais également Ivanhoé et Robin Hood. Ce qui veut dire Robin la Capuche et non pas Robin Wood (Robin des Bois.) comme dans les films pour les jeunes enfants, les adolescents et les adultes jusqu'au quatrième âge.

Comme il se doit, dans un tel contexte, ce qui devait arriver arriva.

Jean profita de l'absence de son aîné, pour prendre la direction des affaires en Angleterre. Un classique dans le genre. Il destitua les juges, les gouverneurs et les administrateurs mis en place par Richard, avant son départ. Toutefois, les régents officiels du royaume finirent par s'opposer à ces procédés malséants et finirent par obliger Jean à quitter l'Angleterre. Il se réfugia en Normandie.

Dès lors, il s'efforça de rallier les seigneurs normands à sa cause et, pour peaufiner son plan machiavélique, eut recours à son suzerain, Philippe-Auguste, qui se fit une grande joie de lui apporter son aide. Le but de la manœuvre, pour le roi de France, restait toujours identique ; nuire autant que faire ce peut aux intérêts de Richard, puis tenter de faire éclater en morceaux l'union anglo-normande.

Pour parvenir à leurs fins, les deux alliés d'occasion, s'efforcèrent au maximum de comploter, de façon à ce que Richard puisse croupir le plus longtemps possible, dans les geôles allemandes.

Dès qu'Aliénor apprit que son fils préféré était retenu prisonnier, elle se rendit auprès d'Henri VI, de façon à négocier le montant de sa rançon. Alors que les tractations allaient aboutir, Philippe-Auguste et Jean sans Terre, qui étaient devenus maintenant amis, créèrent de nouvelles difficultés, de façon à faire monter les enchères. Aliénor surenchérit mais, à chaque fois que la reine présentait une nouvelle offre à Henri, le roi de France et le prince Jean proposaient à leur tour, une somme d'argent plus importante à celui-ci, de façon à ce qu'il conserve Richard au frais le plus longtemps possible.

Cette méthode est fort loin d'être stupide. Elle pourrait même être améliorée, puis mise en pratique par les actuels preneurs d'otages. Exemple : nous capturons votre Président et votre Premier ministre ; ensuite vous nous allouez une forte rente mensuelle. Mais attention : au premier impayé, nous vous les rendons. Face à une telle opportunité, il y a fort à parier que la majorité des Français serait prête à mettre la main au portefeuille. Etant bien entendu, que seules les espèces seraient acceptées.

Mais revenons aux choses sérieuses. Richard fut finalement relâché, mais n'eut que juste le temps de fuir l'Allemagne. En effet, quelques jours après la libération de son otage, Henri VI reçut une nouvelle proposition financière alléchante venue de France. Sur-le-champ, il envoya des troupes partir à la recherche de son ex-otage. Son intention bien évidente, était de capturer le roi d'Angleterre, puis de nouveau l'enfermer, afin de continuer à tirer parti de la situation. Ce qui lui valu d'être excommunié ; un de plus.

Enfin, à forces de ruses, Richard parvint à traverser l'empire allemand, puis retrouver sa Normandie, le cœur rempli de haine envers le roi de France et de son frère Jean. Comme l'exigeait alors la tradition, il décida de se venger dans les plus brefs délais. Face à cette situation, pas obligatoirement inattendue, mais évoluant plus rapidement qu'il le prévoyait, Philippe remit plusieurs places fortes au comte de Mortain, de façon à ce qu'il puisse assurer sa défense. Mais aussi et surtout, par la même occasion, protéger ses frontières à l'ouest du royaume.

Jean, qui tentait alors de regagner la confiance de son frère, profita et abusa de la situation. Alors qu'il résidait à Evreux, il convia un soir tous les officiers et sergents de la garnison, au nombre d'environ trois cents, à partager un grand dîner en sa compagnie. En guise de friandises, il les fit tous assassiner à la fin du repas, puis livra la cité à Richard. Espérons pour ces pauvres bougres, que le repas servi fut d'excellente qualité et que le vin coula à flots.

Bien entendu, la belle amitié entre Philippe et Jean, prit fin ce soir là.

Après que Richard et Jean eurent quitté Evreux, pour se venger à son tour, Philippe se rendit sur place, puis fit totalement réduire la cité en cendres.

Mais le roi de France ne connaissait pas que les seuls soucis, engendrés par la puissance anglo-normande.

Cela faisait maintenant trois années que son épouse, la reine Isabelle, était décédée. Âgé de seulement vingt cinq ans, il commençait à trouver le temps long. Il décida d'épouser Ingeburge, sœur de Canut, roi du Danemark. Elle était jeune – dix-sept ans – belle et possédait de bonnes manières. Que demander de plus ?

Nul ne put prétendre connaître la raison qui amena le roi de France, à jeter son dévolu sur cette princesse. D'autant que cette union n'apportait absolument rien de conséquent à la couronne de France. Pas plus que celle qui lui fit décider de s'en séparer dès le lendemain des noces.

Pour confirmer le divorce, Philippe convia – encore – une assemblée d'évêques à Compiègne. L'ensemble des procédures se fit en français, langue totalement inconnue de la jeune et éphémère reine de France. Lorsqu'on lui traduisit la sentence en sa langue maternelle, elle fondit en larmes et s'écria qu'elle allait en appeler au pape.

Malgré cela, elle fut cordialement invitée à s'en retourner vers son Danemark natal.

Elle feignit d'accepter, mais considéra qu'en quittant la France, elle semblait, aux yeux de tous, abandonner sa cause. Ingeburge se cacha provisoirement dans un couvent.

Philippe, qui ne souhaitait pas perdre son temps inutilement et surtout se croyait définitivement libéré, suite au divorce prononcé par ses amis ecclésiastiques, se remit immédiatement en chasse. Il finit par trouver Agnès de Méranie, fille du duc de Misnie. La Misnie était en ce temps une principauté indépendante, située dans l'actuel land de Saxe. Telle sa précédente épouse, elle était jeune et jolie et on la disait issue de Charlemagne. Ce qui ne gâchait rien.

Durant cet intermède, le roi du Danemark avait obtenu du pape Célestin III, que le jugement de divorce prononcé en première instance contre sa fille, soit examiné de nouveau. Il avait été en cela fort bien soutenu par Richard d'Angleterre, qui n'avait pas manqué d'apporter sa touche personnelle au dossier, de façon à créer des soucis supplémentaires à son ennemi préféré.

La révision du procès eut lieu au cours d'un concile exceptionnel tenu à Paris, en présence du roi. Mais aucune véritable sentence ne fut prononcée, ce qui permit à Philippe de se considérer comme définitivement débarrassé de ce problème. Hélas pour lui, Célestin III s'en alla retrouver son PDG. Il est vrai qu'il avait été élu à l'âge canonique de quatre vingt cinq ans. Le problème est que son successeur, Innocent III, beaucoup plus opiniâtre et réactionnaire que son confrère décédé, convoqua un nouveau concile à Lyon, de façon à réexaminer le dossier. Il considérait que l'assemblée des évêques de Compiègne et le concile de Paris, n'avaient pas traité l'affaire avec suffisamment de sérénité et de partialité. Surprenant !

La ville de Lyon avait été retenue, car elle ne dépendait pas alors du royaume de France.

Le verdict qui ressortit des débats, fut totalement contraire aux attentes souveraines. Philippe fut condamné à renvoyer Agnès dans ses foyers, puis à récupérer Ingeburge, sous peine d'être excommunié et voir le royaume mis en interdit.

Cela faisait bien longtemps !

Par la même occasion, des peines canoniques furent prononcées à l'encontre des évêques qui avaient participé aux précédentes audiences. Encore qu'avec les écus qu'ils avaient encaissés pour mener les opérations, ils n'étaient pas perdants et pouvaient envisager l'avenir avec sérénité.

Le roi de France refusa de se plier aux exigences de Rome et, à la date d'expiration du délai imparti, fut comme prévu, excommunié. Comme promis, le royaume fut donc mis en interdit, comme au bon vieux temps.

La malheureuse danoise fut capturée et enfermée dans le château d'Etampes, où elle aurait été, dit-on, exposée à de mauvais traitements. La réputation de la galanterie française faillit, en cette occasion, en prendre un sérieux coup dans l'aile.

S'ensuivit une période fort troublée à l'intérieur du royaume, proche de la guerre civile.

Face à cette situation bien embarrassante, le pape envoya des légats à Paris, afin de parlementer avec Philippe. Face aux arguments présentés par les envoyés du pape, le roi accepta de reprendre Ingeburge pour épouse. Puis, finalement, quarante jours plus tard, il la répudia de nouveau. Cette fois ci, il prit malgré tout la peine de demander une nouvelle révision à Rome. Celle-ci lui fut accordée.

Une quatrième assemblée d'évêques se tint en la ville de Soissons. Philippe s'y rendit en personne puis, en plein milieu des débats, décida subitement d'aller récupérer une nouvelle fois son épouse qui, par le plus grand des hasards, se trouvait justement dans un couvent de la ville. Le roi et la reine rentrèrent ensemble à Paris. Immédiatement, Philippe envoya dire aux prélats que l'affaire était désormais classée et qu'ils pouvaient réintégrer leurs diocèses.

Certains commentaires disent que Philippe et Ingeburge vécurent heureux. Une autre version des faits relate que la princesse récupéra son titre de reine, mais qu'elle alla jouir de ses prérogatives dans le château d'Etampes, qu'elle connaissait bien pour l'avoir déjà fréquenté.

Quant à Agnès, elle en mourut de chagrin, après avoir donné au roi deux enfants, déclarés légitimes, mais qui ne lui survécurent que très peu de temps.

Au sein de la famille Capet et de ses proches, les problèmes de santé étaient récurrents.

Ces affaires matrimoniales réglées, tout au moins superficiellement, Philippe, qui recommençaient à avoir des fourmillements dans les jambes, décréta que le temps était de nouveau venu de s'intéresser de très près au cas de son vieux complice de toujours, Richard d'Angleterre.

Et les guerres reprirent dans les plus pures traditions ancestrales.

En ce temps, il était coutume que les souverains fassent suivre, au cours de leurs déplacements professionnels, y compris en temps de guerre, leurs trésors, ornements royaux, titres de propriété et autres documents d'importance. Voire compromettants. C'est dire si la confiance régnait dans les enceintes des palais royaux.

Richard, qui avait la chance d'être bien informé, surprit un jour l'arrière-garde de l'armée française, dans la région de Blois. Après avoir massacré les troupes, il s'empara des biens de Philippe. Il refusa ensuite, de façon catégorique, de les restituer, quelles que fussent les offres qui lui seraient proposées. Il semblerait qu'il s'agissait principalement de titres de propriétés et cadastres d'impositions. Il ne faut surtout pas en parler, car c'est un secret bien gardé. Mais l'ensemble de ces documents se trouverait encore, de nos jours, dissimulé en la Tour de Londres.

Une rumeur se répandit alors comme quoi en Poitou, le seigneur de Châlus, le vicomte Adémar V de Limoges, avait mis la main sur un trésor considérable. Tenu au courant de la situation,

Richard qui était également comte de Poitou, donc suzerain du seigneur local, vint à juste titre réclamer sa part du pactole.

Il parait vraisemblable d'admettre que Richard ne se souvenait plus que les richesses sont au monde, ce qu'il y a de plus compliqué à partager. Au fil de l'Histoire, seuls quelques dirigeants politiques ont accepté d'organiser des distributions. Mais uniquement à partir des biens qui ne leur appartenaient pas.

Devant le refus attendu du seigneur de Châlus, qui de sus ne tenait pas sa comptabilité à jour, Richard s'en allât assiéger le château de son nouvel ennemi, dans la ferme intention de récupérer ce qu'il considérait comme sien.

Au cours d'une bataille, il fut atteint par un carreau d'arbalète tiré par un chevalier de petite noblesse. Il est vrai que, confiant en sa bonne étoile, il avait pour habitude de ne pas se protéger efficacement durant les combats. Atteint par la gangrène, il mourut onze jours plus tard.

Philippe de Cognac, fils illégitime qu'il avait eu avec une dame de passage qui n'a laissé aucune trace dans l'Histoire, décida de venger son père et, quelques temps plus tard, assassina Adémar.

Richard Cœur de Lion, sur insistance de sa mère, avait bien épousé, à l'âge de trente quatre ans, Bérengère de Navarre. Mais il s'en désintéressait totalement et ne laissa derrière lui aucun héritier légitime.

Certaines mauvaises langues ont répandu le bruit dans les chaumières, que son décès serait plutôt la conséquence des plaisirs licencieux qu'il s'offrait très souvent, dans des salles de soins intensifs. Il ne se cachait d'ailleurs pas d'être un fieffé ripailleur.

Foulques de Neuilly, prédicateur qui avait participé à la dernière croisade, lui avait dit un jour : *« Sire, défaites-vous promptement des trois méchantes filles qui vous ruinent. La superbe, l'avarice et la paillardise. »*

Richard lui avait répondu : « *Eh bien, je donne ma superbe aux Templiers, mon avarice aux moines et ma paillardise aux prélats.* »

Disparu donc, sans laisser le moindre héritier légitime, deux personnages semblaient alors en mesure de briguer sa succession. Son neveu Arthur, duc de Bretagne, fils de son frère Geoffroi, mort en 1186 à l'âge de vingt huit ans. Puis, hélas, son dernier frère, Jean sans Terre.

Mais, Arthur pouvait-il hériter de son père, des couronnes que celui-ci n'avait jamais possédées ? Pour leur part, les seigneurs du Maine, de Touraine et d'Anjou, jetèrent leur dévolu sur lui, bien qu'il n'eût alors que douze ans.

Quant à l'Aquitaine, elle rendit hommage à Aliénor, qui s'empressa de céder immédiatement son duché à son fils Jean.

Ce dernier, qui n'avait pas souhaité perdre son temps en négociations et formalités vaines et laborieuses, avait déjà fait le nécessaire pour se faire couronner duc de Normandie, en la cathédrale de Rouen. Puis, s'était aussitôt embarqué, destination l'Angleterre, pour s'y faire sacrer roi, en l'abbaye de Westminster.

Deux précautions valent mieux qu'une seule.

Ce qui, loin s'en faut, n'arrangeait pas les affaires de Philippe, fervent supporter du jeune duc de Bretagne. Puisque Arthur était mineur, c'est légalement que le roi de France, son suzerain, se voyait déjà administrer les territoires ayant appartenu à Richard, situés sur le continent. Puis, à la faveur d'événements inattendus, car tout peut arriver, les récupérer au profit de la couronne de France.

Face au comportement de son oncle Jean, Arthur décida de solliciter la protection de Philippe, que n'en demandait pas tant, dans la ferme intention de pouvoir récupérer ce qu'il était persuadé être sien. Le roi de France lui apporta son aide, mais toutefois de façon fort modérée. Le but de Philippe était de voir s'étendre les guerres entre Anglais, Normands et Bretons et ainsi affaiblir leurs armées, de façon à se retrouver en position de force pour entrer dans la course aux couronnes, de façon avantageuse.

Au cours d'une bataille en Normandie, Jean parvint à faire prisonnier son neveu. Il lui proposa ensuite de le libérer, sous condition qu'il accepte de renoncer à toutes prétentions sur le trône d'Angleterre, ainsi que sur les duchés de Normandie et d'Aquitaine.

Arthur refusa. Comme Jean sans Terre s'était personnellement attribué les droits de haute et basse justice, sur quiconque oserait le contrarier dans ses projets et ambitions, il amena son neveu à Rouen, puis se chargea lui-même de son exécution.

Pour le nouveau roi autoproclamé d'Angleterre, l'effet qui s'ensuivit ne fut pas celui escompté. Ce crime abominable fut bientôt connu de tous, en dépit de la censure instaurée par l'assassin. De tous temps, la censure a toujours été utilisée pour taire la vérité, face aux populations. Pour les conneries, la voie est généralement libre. L'indignation fut générale. Les Bretons, qui étaient fort attachés à Arthur, décidèrent de se venger et se ruèrent sur la Normandie, qu'ils saccagèrent. Ils furent vite rejoints par plusieurs seigneurs normands, plus par peur de voir personnellement leurs comtés pillés, que par amour de la Bretagne. Le roi Philippe n'était pas totalement étranger à l'affaire, qui continuait de s'activer en sous-main, dans le ferme espoir de voir, enfin, se démanteler l'Etat anglo-normand.

A la demande générale, le roi de France cita Jean à comparaître devant la cour des pairs, afin d'y être jugé. Autant pour ce crime, que pour les précédents, dont l'assassinat des troupes de la place forte d'Evreux. Bien évidemment, le roi sans terre ne se présenta jamais et ne prit pas même la peine de déléguer le moindre représentant. Ce qui lui valut d'être condamné à mort par contumace et voir l'ensemble de ses terres situées en France, confisqué et rattaché à la couronne.

Enfin, théoriquement, car la sentence ainsi prononcée, était bien loin de pouvoir être mise à exécution promptement. D'autant que Jean trouva l'idée opportune de s'allier avec l'empereur

Othon IV de Brunswick, fils de sa sœur Mathilde, ainsi qu'avec le comte de Flandre.

Toutefois, à force de persévérance et de ruses, Philippe parvint à rallier à sa cause bon nombre de seigneurs normands, qui n'avaient jamais apprécié véritablement les frasques de leur nouveau duc. Durant l'année 1203, le roi de France attaqua Château-Gaillard, imposante forteresse construite par Richard Cœur-de-Lion, en un temps record pour l'époque, de deux années. La place forte, destinée à protéger la frontière normande avec la France, tomba après six mois de siège. Par une nuit sans Lune, les assaillants s'introduisirent dans l'église construite par Jean sans Terre, en un endroit du château où, le moins que l'on puisse dire, est qu'il n'était pas approprié à la défense des lieux. A partir de là, les troupes du roi Philippe s'emparèrent de la totalité du fort. Cette prise fut suivie par plusieurs villes et importantes places fortifiées.

Dès lors, le roi de France contrôla progressivement l'ensemble de la Normandie. En 1204, le duché indépendant créé par Rollon, deux siècles auparavant, avait vécu.

En prévision du désastre annoncé, Jean s'était retiré en Angleterre, avant la bataille.

Ce qui n'empêcha par pour autant, Philippe de marier l'héritier du trône, futur Louis VIII, qu'il avait eu avec sa première épouse, Isabelle de Hainaut, avec Blanche de Castille, nièce de Jean sans Terre.

Elles sont terribles ces histoires de familles, remplies de meurtres, de trahisons, de réconciliations suivies immédiatement de nouvelles guerres.

Pour preuve, ne dit-on pas : une famille politique ?

Une paix toute relative semblait alors pouvoir s'installer dans le royaume de France.

C'est alors que Foulques de Neuilly, encore lui, qui aimait beaucoup à voyager, arriva telle une tornade blanche. Il déclara que les troupes risquaient désormais de s'ennuyer et qu'il n'était pas de bon ton de les payer à ne rien faire. C'est pourquoi il se mit en tête d'encourager la préparation de la Quatrième Croisade. Les rois de France et d'Angleterre se désintéressèrent immédiatement du projet. D'ailleurs, on imaginait mal la possibilité de voir Philippe et Jean chevaucher côte à côte jusqu'à Jérusalem, sans chercher à se détruire mutuellement.

Dès lors, Foulque se tourna vers Thibault le Grand, comte de Champagne, qui était l'un des plus riches princes de son temps. Il lui présenta une bulle (en Champagne, quoi de plus naturel) papale que ce dernier accepta, puis se décida à financer l'opération. Le voyage se fit d'abord par terre. Direction l'Adriatique, où il fut décidé de négocier un accord avec la République de Venise, afin de transporter les croisés vers les côtes africaines.

Les Vénitiens acceptèrent de signer un accord et demandèrent, en monnaie d'échange, qu'avant de se ruer vers leurs propres ennemis, les croisés attaquent Zara, en Dalmatie, puis leur remettent la cité que le roi de Hongrie leur avait enlevée.

Ce qui fut fait.

Ensuite, toujours associés aux marchands vénitiens, les croisés, sous la conduite de Baudouin IX de Flandre, se ruèrent sur Constantinople, qu'ils pillèrent et saccagèrent de fond en comble. Ces mêmes croisés décidèrent également de démembrer totalement l'empire grec, avant de s'en retourner chez eux, sans s'intéresser à l'objectif initial qui était l'Egypte. Pour ce qui concernait les problèmes religieux, on verrait plus tard.

Pour Thibault de Champagne, il ne s'agissait ici, tout simplement, de ce que l'on appelle désormais un retour sur investissement.

C'est suites à ces exactions, que fut fondé l'empire latin de Constantinople. Il résista aux Barbares, aux Russes, aux Arabes et aux Bulgares, avant de tomber devant les Ottomans, deux siècles et demi plus tard.

Pour les croisades, fin du quatrième épisode.

Le problème, est qu'il ne se présentait plus d'infidèles à massacrer, à court terme. Que faire de tout ce temps devenu disponible ?

Fort heureusement, les Cathares ne tarderont pas à prendre la relève.

Le temps que se déroulaient ces festivités, Jean sans Terre n'avait pas oublié la sentence infamante prononcée à son encontre, ni la confiscation de son duché de Normandie. Toujours associé à Othon IV, son neveu par alliance, il réunit une assemblée à Valenciennes, en compagnie de Ferrand, comte de Flandre et fils de Sanche I°, roi du Portugal, ainsi que Renaud, comte de Boulogne. Ces nobles seigneurs, accompagnés de l'ensemble de leurs vassaux.

Bienvenue chez les Ch'tis.

Lors de cette réunion, il fut conjointement décidé de partir une nouvelle fois en guerre, afin de se débarrasser définitivement de Philippe-Auguste. Puis, mission accomplie, se partager les terres du royaume de France. Ferrand de Flandre recevrait Paris et l'Ile de France, Renaud de Boulogne le Vermandois et Jean d'Angleterre reverrait sa Normandie, puis s'emparerait de tous les pays situés au sud de la Loire. Quant à l'empereur d'Allemagne, il prendrait possession de tout ce qui resterait disponible. Comme tous les protagonistes de la conspiration se trouvaient déjà excommuniés, il fut également convenu que, pour prix de leur participation aux réjouissances, les seigneurs et capitaines allemands se partageraient les biens de l'Eglise, après avoir pris la précaution d'exterminer le pape, les évêques et les moines.

Vaste programme ! En résumé, il ne restait plus, pour Dieu, que revenir sur Terre, pour réorganiser son entreprise.

Il fut toutefois convenu que les prêtres seraient épargnés, car ils devaient continuer d'assurer la célébration des offices religieux. Sous réserve, quand même, qu'ils acceptent de se contenter, pour tout revenu, des aumônes offertes par les paroissiens. C'est-à-dire majoritairement les pauvres.

L'on a dit que pour mener à bien cette campagne, les forces de l'axe parvinrent à réunir une armée de cent cinquante mille hommes, sans compter la cavalerie. Ce qui était considérable pour l'époque. Quant à Philippe-Auguste, il ne pouvait péniblement compter que sur cinquante mille hommes, fantassins et cavaliers réunis.

Il existait toutefois une différence fondamentale, entre les armées en présence. Du côté de l'empereur, de Jean d'Angleterre et leurs alliés, les hommes de troupes se trouvaient être, dans leur immense majorité, des reîtres, des mercenaires, dont les principales sources de revenus étaient constituées par les vols, les viols et pillages divers qu'ils faisaient subir aux populations locales, après les combats victorieux. Alors que Philippe payait ses soldats. Le roi de France venait de créer, pour l'occasion, la première armée de métier. C'est à cause de ce prétexte exterminateur, qu'ont été inventés les premiers impôts permanents.

Encore un grand merci à Philippe-Auguste. Encore que l'on n'ait jamais constaté que les impôts diminuaient, lorsque la paix était revenue.

C'est également à partir de cet instant, que des soldats, issus des populations roturières, trahirent les classes auxquelles ils appartenaient, en s'engageant dans l'armée. L'appât du gain.

La rencontre fut organisée sous les rayons vivifiants du soleil de juillet 1214, dans la plaine de Bouvines, au sud-est de Lille. La bataille fut terrible, sanglante, meurtrière ; et encore on ne nous a pas tout dit. Comme si tout cela n'était pas suffisant, des nombreux soldats français, atteints de dysenterie, qui bien entendu n'avaient pas eu le temps de laver leurs vêtements, combattaient à cul nu. Il est fort dommage qu'aucun artiste-peintre de l'époque, n'ait eu l'idée de reproduire la scène ; le spectacle devait être attendrissant.

Après moult rebondissements et douze heures de combats acharnés, Philippe remporta la victoire. Vive la France ! Le mérite en revint, pour partie, à Guérin, évêque de Senlis et chevalier du Temple, qui s'était déjà distingué durant les croisades. Chargé de mettre les troupes françaises en ordre de marche, il eut la clairvoyance d'amener l'ennemi face au soleil. La chance avait choisi son camp, car pouvoir livrer bataille sous le cuisant soleil du Nord, cet événement ne se reproduit pas durant toutes les guerres. Si longues soient-elles.

Renaud de Boulogne et Ferrand de Flandre, furent faits prisonniers, après que l'empereur Othon fut parvenu à prendre la fuite, avant de connaître le même sort.

Louis, fils de Philippe-Auguste, ainsi que Jean sans Terre, ne participèrent pas aux combats. Afin de faire – officiellement – diversion, le roi d'Angleterre était descendu vers le Poitou, avec son armée. Il fut poursuivi par le prince Philippe, à la tête de troupes françaises. Plusieurs rencontres furent organisées, sans ne laisser de vainqueur. Puis, finalement, l'héritier de la couronne de France l'emporta, lors d'une bataille décisive, livrée dans la région de Chinon.

Afin de ne pas rompre avec ses habitudes, Jean embarqua dans le port de La Rochelle, puis s'en retourna une nouvelle fois en son royaume d'Angleterre où, pour se venger des tourments qu'il avait accumulés durant les années passées en France, il créa une multitude d'impôts pour le peuple, pilla les églises, puis viola les privilèges accordés aux cités.

En signe de représailles, les barons anglais imposèrent à Jean sans Terre, un traité connu depuis sous le nom de *Grande Charte*. Par ce document, le roi s'engageait à ne pas lever d'impôts [extraordinaires] sans l'accord d'un Grand conseil, composé de nobles et d'ecclésiastiques. Il y était également précisé qu'aucune arrestation arbitraire ne pourrait plus être ordonnée, sans motif nettement défini.

Ce document *Magna Charta Libertatum,* était composé de soixante trois articles. Il est toujours conservé au British Museum de Londres.

En 1956, Winston Churchill commenta ce texte en ces mots : *« Voici une loi qui est au-dessus du Roi et que même le Roi ne doit pas violer. Cette réaffirmation d'une loi suprême et son expression dans une charte générale est la grande valeur de la Grande Charte 'Magna Carta'. Ce qui en soi-même justifie le respect qui lui est accordé par le peuple. »*

L'on peut considérer que cette charte voyait, pour la première fois en Europe, l'évolution d'un régime de monarchie absolue, s'orienter vers une monarchie parlementaire.

Hélas, c'est bien connu ; les dirigeants politiques ne respectent jamais leur parole. Pourquoi voudrions-nous qu'ils respectent leur signature ?

Dès l'année suivante, Jean sans Terre obtint du pape qu'il annule cette Grande Charte.

Dès lors, les grands seigneurs anglais se décidèrent à déclarer Jean déchu de la royauté et offrirent la couronne à Louis, fils du roi de France, mais également neveu de l'ex-roi sans royaume, par son épouse, Blanche de Castille, petite-fille d'Henri II.

Jean sans Terre mourut subitement quelque mois plus tard. L'Histoire officielle parle de dysenterie. Cela fait plus clean. Mais plus probablement faute à un moine, dont il avait fait piller l'abbaye. Celui-ci lui fit boire un vin empoisonné, après en avoir consommé lui-même sous ses yeux. C'est ainsi qu'ils périrent tous les deux.

Il semble que ce décès précoce, évita la guerre civile en Angleterre. Jean n'avait que quarante neuf ans et semblait en très bonne santé. Ces trépas soudains, font partie de la rubrique pénibilité au travail pour un noble, roi fût-il.

Il laissait trois fils en bas âge, ainsi que de nouveaux problèmes derrière lui. Car les Anglais, reniant leur parole, proclamèrent roi le fils aîné de Jean, Henri III, au détriment du futur Louis VIII, qu'ils avaient précédemment désigné comme héritier de la couronne.

En marque de représailles, Louis débarqua en Angleterre, à la tête d'une puissante armée et parvint finalement à se faire couronner. Il se retrouva toutefois, dans l'obligation d'abdiquer quelques temps plus tard, dans des conditions fort honorables, puisqu'il lui fut permis de rentrer en France avec tous les guerriers qui l'avaient accompagné dans cette aventure. Enfin, ceux qui avaient survécu. Il reçut de sus, la somme rondelette pour l'époque, de quinze mille marcs d'argent, de quoi couvrir, plus que largement, l'ensemble de ses frais de déplacement.

Plus imprévu, fut la réaction de Rome. Avant de mourir, Jean était parvenu à conclure un accord, pour le moins surprenant, avec le pape et s'était déclaré vassal du saint siège. En contrepartie, le pape s'était engagé à excommunier quiconque tenterait de s'en prendre au trône d'Angleterre.

C'est ainsi qu'au retour de son expédition en Angleterre, qui dura tout de même dix-huit mois, Louis et tous ses compagnons se retrouvèrent excommuniés. Avant de prononcer cette sentence, le pape avait tout de même pris la précaution d'attendre connaître le nom du vainqueur de ce conflit.

Pas con le mec.

Puisqu'il était nécessaire de trouver une solution à ce problème, des négociations furent, une nouvelle fois entreprises. Après bien des palabres, l'excommunication fut levée, sous condition que les seigneurs qui avaient participé à ce conflit, ainsi que Philippe lui-même, s'engagent à verser à l'Eglise, le revenu de leurs biens, durant une période de deux années.

L'opération fut particulièrement lucrative pour le pape et son entourage, même si l'Histoire ne précise pas qui était responsable de la tenue des livres comptables.

Débarrassé de Jean sans Terre, Philippe-Auguste se consacra dès lors à faire régner la justice et la paix dans son royaume. Par son premier mariage, avec Isabelle de Hainaut, il avait rattaché l'Artois à la France. Sa victoire contre l'Anglais, lui permit de réunir la Normandie, le Maine, l'Anjou, la Touraine et le Poitou au pays. Ensuite, il parvint à conquérir la Picardie sur le comte de Flandre, qui avait été régent au début de son règne, ainsi que l'Auvergne, Châtellerault et plusieurs villes et châteaux situés dans le Berry.

Ce travail ainsi terminé, il pouvait désormais bénéficier de temps de loisirs, afin de se pencher avec finesse, sur les cas des Cathares, également appelés Albigeois, car c'est en cette cité, que se tinrent leurs premières assemblées.

Qui véritablement étaient les Cathares ?

Pour certains, ils n'étaient que de vulgaires bandes d'affreux pillards. Il faut savoir qu'à l'instar des croisades vers l'Orient, les réformistes, où considérés comme tels, virent rapidement se joindre à leur mouvement, tout ce que la région comptait comme voleurs, assassins et prostituées. On ne sait jamais... Et puis, sous couvert de la protection d'une religion, il est nettement plus commode de devenir criminel, puis de se faire pardonner. D'autres les reconnurent comme des calvinistes avant l'heure. Voire des indépendantistes. La vérité se trouve vraisemblablement entre les diverses théories.

Ce qui est certain, est qu'à partir d'Albi, ils répandirent leur doctrine à travers le Languedoc, le Toulousain, la Provence et les Pyrénées. Très tôt, ils reçurent l'appui de Raymond VI, comte de Toulouse, qui possédait quelques intérêts fonciers et financiers dans l'entreprise.

Bien entendu, le pape excommunia rapidement tout ce beau monde et frappa le comté de Toulouse d'interdit. Ce qui ne représentait pas une importance primordiale, étant donné que tout le monde s'en foutait.

Constatons simplement que l'Eglise catholique, ou plutôt ses dirigeants, commençait à manquer singulièrement d'originalité. Ou de fonds ?

Une croisade fut organisée à l'encontre des Albigeois. Mais cette fois ci, à l'intérieur de la France. Elle fut placée sous le commandement de Simon, comte de Montfort-l'Amaury. Il était fervent catholique et s'était déjà fait remarquer pour sa bravoure (bravitude ?) en Palestine.

Simon de Montfort est le plus souvent représenté comme un baron de petite noblesse. Et aurait profité de l'occasion, uniquement pour s'approprier de nouveaux titres, puis étendre sa faible puissance et faire fortune.

C'est bien vite oublier qu'il était déjà immensément riche. Il était, de par sa mère, comte de Leicester. Etait apparenté, de par son mariage avec Alix, à la puissante famille des Montmorency. Et jouissait de sus de revenus plus que confortables, grâce à sa position de gouverneur de l'immense région des Yvelines.

Une à une, les places fortes où s'étaient réfugiés les Cathares, tombèrent. Simon de Montfort se retrouva à la tête d'une puissante armée, ainsi qu'une centaine de villes et places fortifiées. Cela lui monta à la tête et il lui vint dès lors à l'esprit de régner en maître sur les provinces conquises. Comme il considérait également que les terres prises aux Cathares, n'étaient pas suffisantes pour sa grandeur, il s'attaqua également aux comtes de Foix, de Comminges et du Béarn qui, eux, en aucune circonstance, n'étaient accusés d'être hérétiques.

Dans les deux camps, une rage aveugle, une soif inextinguible de sang, animaient les hommes. C'est ainsi que l'on vit Guillaume IV d'Orange, après être tombé entre les mains des Albigeois, se faire écorcher vif, avant d'être découpé en morceaux. Ça devait faire mal. A Béziers, avant d'assaillir la ville, les croisés demandèrent à l'abbé de Cîteaux, qui participait aux réjouissances, de quelle façon ils pourraient distinguer les catholiques des impies. « *Tuez-les tous. Dieu connaît ceux qui sont à lui !* », répondit l'ecclésiastique.

Evidemment, le procédé permettait d'économiser du temps, dans la recherche et la distinction des bons et mauvais paroissiens.

Raymond de Toulouse, fut soutenu dans son action, par Pierre, roi d'Aragon. L'Espagnol prit cette initiative, non par conviction, mais uniquement parce qu'il pensait ainsi activer la fin des hostilités. Il désirait voir se terminer cette guerre civile, appelée religieusement croisade, qui infestait les comtés limitrophes de ses provinces et risquait de se propager en son royaume.

Il fut tué au combat, suivi de près par Simon de Montfort. Ainsi la guerre la plus monstrueuse, jusqu'à présent jamais échafaudée sur le sol de France, se finit d'elle-même. Les seigneurs réintégrèrent leurs domaines. Quant aux petites gens, catholiques et hérétiques confondus, ils finirent par se supporter.

Jusqu'à présent, Philippe-Auguste s'était bien gardé d'intervenir directement dans le conflit. Simon de Montfort avait été nommé chef de la croisade, non par le roi de France, mais par le légat du pape ainsi que l'abbé de Cîteaux. Ce qui arrangeait tout ce beau monde.

Ce n'est qu'après les hostilités terminées qu'il envoya son fils Louis, à la tête d'une armée redoutable. Le but de la manœuvre était de profiter de la confusion qui régnait désormais dans la région pour faire respecter sa loi et, par la-même, les droits de la couronne de France sur des provinces qui refusaient de reconnaître l'autorité royale depuis le décès de Charlemagne.

Le but recherché sera progressivement atteint.

Philippe II Auguste, mourut à l'âge de cinquante-neuf années. Comme prévu, son fils Louis lui succéda.

Il fut un souverain vaillant, respectueux des devoirs que lui imposait sa charge. Soucieux de faire régner l'ordre et la justice. Tout en n'hésitant pas à prendre quelques libertés personnelles avec le droit et la parole donnée, lorsque cela pouvait servir les intérêts du royaume.

Par son testament, il légua une somme relativement importante pour l'organisation d'une future croisade en Orient. Quelques dons relativement modestes pour les monastères. Mais des habits, ainsi qu'une somme considérable pour les pauvres tirée uniquement de ses propres domaines.

Amen.

Attention : un Louis peut cacher un saint

Louis VIII avait trente-six ans lorsqu'il fut sacré roi à Reims. Par la même occasion, il fit couronner reine son épouse, Blanche de Castille. Une cérémonie pour le prix de deux, c'était autant d'économisé pour ceux qui n'étaient pas conviés aux réjouissances, c'est-à-dire ceux qui financent régulièrement les festivités. Quant à la reine Blanche, nous aurons moult occasions de reparler de ses activités artistiques.

Il fut le premier roi de la dynastie capétienne, à n'avoir pas été couronné du vivant de son père. Il avait toutefois été désigné par son père, Philippe-Auguste, pour lui succéder, selon un testament daté de l'an 1190, qui ne sera aucunement contesté. Il a été surnommé le Lion, pour le courage exceptionnel dont il faisait preuve au combat. D'ailleurs, son père lui accordait toute confiance en la matière et lui confia, à différentes reprises, le commandement de ses armées. Puis, mieux vaut avoir un cœur de lion, que pas de cœur du tout. Demandez donc à votre cardiologue ce qu'il en pense.

Durant son règne, qui fut bien court, la guerre contre les Albigeois, que l'on pensait éteinte, s'embrasa de plus belle. Nous ignorons véritablement qui fut le premier à rallumer l'incendie. Ce qui est certain, est que Louis fit prêcher une nouvelle croisade et en prit la tête, dans la ferme intention de conquérir enfin l'Occitanie une fois pour toutes. Les problèmes religieux ne représentant que le prétexte pour mettre ses armées en branle.

Henri III, nouveau roi d'Angleterre, ne manqua pas l'occasion d'exploiter le filon et profita des troubles ambiants, pour réclamer la restitution du Poitou. Fin politicien, Louis le fit menacer d'excommunication par le pape lui-même, pour le cas où il lui viendrait à l'idée de venir taquiner le lys royal et ainsi entraver le bon déroulement de la seconde guerre sainte contre les Cathares.

A la tête des soi-disant hérétiques se trouvait Raymond VII, comte de Toulouse. Plutôt qu'affronter Louis de face, le Toulousain pratiqua la politique de la terre brûlée. Les moissons en herbe furent coupées, les réserves alimentaires détruites, les fontaines obstruées. De sorte que le conflit ruina les provinces où il se déroula, provoqua la disette chez les paysans et devint cause d'épidémies générales, jusqu'au sein des armées. Le roi lui-même, fut frappé d'une maladie infectieuse – l'on pense à la dysenterie, qui ravageait son armée – et mourut à Montpensier, après seulement trois années de règne.

Cela ne lui donna pas le temps de faire valoir les grandes qualités d'intelligence et de bravoure, dont il faisait preuve. Avant de disparaître, il eut tout de même le temps de faire onze enfants à son épouse. Le repos du guerrier est quelquefois plus épuisant qu'il n'y parait à première vue.

Durant toute sa vie, Louis le Lion s'enorgueillit d'être un fidèle mari pour son épouse. Fait suffisamment rare à l'époque, pour être rapporté. Mais est-ce que la situation a véritablement évolué, s'il n'est que le roi se fait désormais appeler Président ? Il se disait alors que les activités sexuelles débordantes d'un souverain, étaient le gage d'une santé robuste. Généralement, les rois de France ne se gênaient surtout pas, pour apporter des preuves tangibles à cette maxime. L'on rapporte même que, durant une campagne, on mit au roi lion une jolie jouvencelle dans sa couche et qu'il refusa d'y toucher, ne désirant pas commettre le péché de chair. De toute évidence, il fut le premier souverain de la dynastie capétienne, à se comporter ainsi. Et probablement le dernier.

Si cette vérité est toujours d'actualité, en toute logique, nous ne devrions pas nous faire trop de soucis pour ce qui concerne l'état physique de notre aristocratie. C'est toujours ça.

Lorsque Louis VIII mourut, il lui restait quatre fils, qu'il dota par testament. Ainsi qu'une fille, Isabelle, qui fonda le monastère de Longchamp, où elle trépassa un matin vers neuf heures, juste après tierce.

Louis, l'aîné, reçut la couronne de France. Robert, le second, l'Artois. Alphonse, le troisième, le Poitou et l'Auvergne. Quant au petit dernier, Charles, il dut se contenter de l'Anjou et du Maine, ce qui n'était déjà pas si mal.

Il laissa également la régence, ainsi que la tutelle de Louis, à Blanche de Castille, son épouse.

C'est durant son règne qu'apparurent en Europe les premières lunettes correctrices.

Voyez-vous ça !

Les étuis pour les protéger n'apparurent que beaucoup plus tard.

Louis IX, âgé de seulement douze ans, monta donc sur le trône mais, pour majorité, la noblesse n'accepta pas la régence de sa mère Blanche et conspira de façon à porter à sa place Philippe, comte de Boulogne et oncle paternel du jeune roi.

Pour prétexte, les grands seigneurs déclarèrent qu'ils refusaient que le royaume fût gouverné par une femme. Qui plus est, d'origine étrangère.

Position alors défendable !

La situation se trouvait être quelque peu différente. En vérité, la reine mère gouvernait trop adroitement à leur gré et faisait preuve d'une très grande fermeté. De sus, elle évitait, autant que faire se peut, de les consulter avant de prendre toute décision d'importance.

Une coalition s'organisa. Les conjurés étaient persuadés qu'une femme et son jeune fils de douze ans, se trouveraient bien incapables de leur opposer la moindre résistance.

Le comte de Toulouse, qui désirait se venger de la couronne de France, suite à l'expédition punitive organisée contre lui, par feu le roi Louis VIII, se rua le premier contre les troupes françaises. Hélas pour lui, heureusement pour le royaume, il se lança seul dans la bataille, sans même prendre le temps d'attendre que ses alliés le rejoignent.

En face de lui, Blanche avait prévu et préparé la riposte. Raymond VII fut, une nouvelle fois, convenablement défait et se retrouva dans la pénible obligation de capituler dans des conditions particulièrement désavantageuses. Donc avantageuses pour la France.

Le comte dut rembourser à la couronne de France, la somme de cinq mille marcs d'argent, au titre de dommages de guerre, ainsi qu'une redevance annuelle, dont le montant serait déterminé ultérieurement. En langage politique, ultérieurement ça veut dire plus tard, ça ne veut pas dire quand. Cette résolution procure néanmoins l'avantage de pouvoir éviter de commettre une maladresse financière, dans le feu de l'action. Il fut également décidé qu'il devrait abandonner ses terres situées au-delà du Rhône et que ses principales forteresses seraient démantelées. Enfin, il fut convenu que sa fille, unique héritière de ses Etats, épouserait Alphonse de Poitiers, troisième fils de Louis VIII.

Ces accords eurent également pour corollaire de sonner le glas du catharisme en France. Quelques résurgences apparurent bien jusqu'à la fin du XIII° siècle, mais sans aucune incidence notable, dans les affaires du royaume.

C'est suite aux problèmes engendrés par les Albigeois, que fut créé l'Ordre dominicain des Prêcheurs et que, beaucoup plus grave, se mit progressivement en place l'Inquisition médiévale. Il ne se trouve ici pas de quoi pavoiser pour les prélats.

La manière forte déployée par Blanche de Castille, ne découragea pas pour autant les autres conjurés. Une nouvelle coalition s'organisa, autour de Philippe, comte de Boulogne, toujours lui, évincé précédemment de la régence et Thibault, comte de Champagne. Enguerrand de Coucy fut nommé chef de bande.

Pour autant, la reine Blanche ne se laissa pas déborder par les événements. Elle parvint, au beau milieu de ce chaos, à convaincre Philippe qu'il n'avait rien à gagner dans l'opération, en s'opposant à son neveu, alors que c'était le seigneur de Coucy qui menait les opérations et qui en retirerait tout bénéfice en cas de victoire, au demeurant fort improbable.

Quant à Thibault, nul n'ignorait qu'il éprouvait des sentiments passionnels envers Blanche. La reine la première. Comme en toutes circonstances, les femmes sont toujours plus malines que les hommes, elle lui laissa miroiter quelques vagues promesses pour l'avenir. Promesses qui, bien évidemment, ne connurent aucune suite favorable pour l'amoureux transi. Enfin, c'est ce que l'on croit savoir. De la sorte, elle ne connut aucune difficulté particulière à le rallier sous son étendard. C'est ce que l'on nomme, une opération séduction. En un mot, de la diplomatie. Oui, ça veut dire peut-être, peut-être ça veut dire non. Non, ce n'est plus de la diplomatie. Ce qui, paradoxalement, se trouve en divergence avec le langage féminin où, non ça veut dire peut-être et peut-être ça veut dire oui. Oui : c'est un manque de classe.

En conclusion de cette aventure platonique, le pauvre bougre éploré finit par se faire gruger de ses comtés de Blois, de Sancerre, de Chartres et de Châteaudun, avant de se retirer tout contrit dans ses terres de Champagne, où il se débarrassa de son trop plein d'affection, en compagnie de dames pas spécialement farouches.

Les ennuis n'étaient pas terminés pour autant. Le duc de Bretagne, Pierre dit Clerc, arrière-petit-fils de Louis le Gros, refusait maintenant de se soumettre au pouvoir royal. Il appela à son secours Henri III d'Angleterre, qui se fit un malin plaisir à répondre présent. Quelques temps plus tard, il débarqua à la tête d'une imposante armée mais, puisque l'hiver arrivait, plutôt que se mettre immédiatement à l'ouvrage, il décida de s'enfermer dans la bonne ville de Nantes, où il passa les mois les plus rigoureux de l'année, en ripailles et plaisirs charnels.

Le coquin !
Toujours accompagné de sa mère, qui ne le laissait pas libre de ses mouvements une seule seconde, Louis assiégea la cité. Il n'y rencontra finalement que très peu de résistance. Les troupes anglaises étaient bien trop affairées à faire bombance, pour se préoccuper de stratégie militaire. Pour conclure cet épisode, Henri III parvint à s'échapper discrètement, puis rentra en Angleterre, sans pratiquement avoir livré la moindre bataille. Il ne ramena toutefois en son pays, que des débris de son armée.

Pour Louis, cirrhoses du foie et gonocoques avaient relayé efficacement épées et arbalètes.

Si l'on réfléchit bien, ce n'est pas plus con de mourir dans un lupanar, entouré de sirènes et fortement abreuvé au jus de la treille, plutôt que sur un champ de bataille. Au moins, dans le premier cas, on sait pourquoi l'on trépasse !

Quant à Pierre de Bretagne, le pardon lui fut accordé par le jeune roi, eu égard à son rang. Mais ses places fortes les plus importantes lui furent tout de même confisquées. Prudence est mère de la sûreté.

A la suite de ses erreurs de jeunesse, les Bretons, par opposition au nom de Clerc, lui donnèrent celui de Mauclerc : mauvais clerc.

Lorsque Louis atteignit vingt et un ans, faisant contre mauvaise fortune bon cœur, la reine Blanche de retrouva contrainte de remettre officiellement, entre les mains de son fils, les rênes du gouvernement. Elle parvint toutefois à conserver quelques prérogatives.

L'exercice du pouvoir est une maladie incurable. Quoi de plus jouissif que de pouvoir commander aux hommes ! Surtout si, comme c'est le plus souvent cas, on en retire fortune et moult privilèges de toutes natures. D'autant que les hommes de pouvoir sont généralement bienvenus dans la couche des plus jolies dames.

L'on comprend ainsi, pourquoi ils se combattent pour obtenir les meilleures positions.

Blanche décida alors que le temps était venu de trouver une épouse à son fils. Elle commença par établir une liste de présélectionnées puis, dans sa grande magnanimité, lui donna la possibilité de choisir l'une des quatre filles du comte de Provence. Louis porta son dévolu sur l'aînée, Marguerite, parce qu'elle avait déjà treize ans. Donc pas si loin d'être comestible. Ce qui, côté pédophilie, était plus que limite. Surtout pour un futur saint.

Il est vrai qu'en ce temps, ces méthodes faisaient partie des coutumes nobiliaires.

Louis était très pieux. Il aimait beaucoup à fréquenter les religieux et eut comme proche ami Thomas d'Aquin, moine dominicain d'origine italienne, qui enseignait la théologie à Paris. Il savait également s'entourer de savants et recherchait continuellement les livres les plus rares, qu'il étudiait avec grande attention. Il demanda à Robert de Sorbon, son chapelain et confesseur, mais également théologien, de créer une école pour les jeunes gens non fortunés, mais soucieux de s'instruire. Ainsi naquit la Sorbonne.

Niveau social des étudiants, la tendance s'est quelque peu inversée depuis belle lurette. Pauvre Saint-Louis.

Le roi dota et privilégia abondamment l'Université qui, en marque de reconnaissance, lui causa bien des tracas. Tradition bien établie qui perdure toujours. Le mot d'ordre des enseignants et étudiants, étant de jeter aux orties toute tentative de réforme, avant même d'avoir étudié le texte. Ils sont à l'image des mouvements écologiques ; la réponse est systématiquement non, sans toutefois avoir la moindre contrepartie à proposer. Sinon c'est la grève assurée. Le meilleur jour de la semaine, pour organiser un mouvement social, est le jeudi. Ainsi, pour qui sait bien se démerder, ça permet de commencer le week-end le mardi soir, en prétextant un mal quelque part le vendredi. Quant aux meilleurs mois, ce sont avril, mai et Juin. Le climat est généralement clément et il ne fait pas encore trop chaud pour défiler. Etant entendu qu'il se trouve hors de question d'égratigner les mois de juillet et août. Les vacances, c'est sacré.

Pour le jeune roi, trois épouvantables calamités frappaient le royaume, mais principalement Paris : les usuriers, les Juifs et les prostituées.

Les premiers furent frappés d'amendes conséquentes et, comme ce n'était pas suffisant, leurs créances furent purement et simplement annulées. L'idée n'était ni sotte ni nouvelle, mais ne représentait une initiative heureuse que pour les membres de la noblesse, puisqu'ils étaient pratiquement les seuls à pouvoir emprunter. En dépit de cette répression, ils persévérèrent malgré tout dans leurs activités d'agiotage. Cela les amena à créer les premières officines bancaires du royaume. Voilà qui faisait nettement plus sérieux, surtout lorsque l'on se spécialise dans la pratique d'activités philanthropiques. Cela peur permit de donner, en sus, de précieux conseils de sagesse, de morale et de gestion à leur aimable clientèle.

Un comble !

Les seconds, considérés comme voleurs, fripouilles, escrocs, bandits, fraudeurs, scélérats et avares, entre autres qualificatifs avantageux, avaient déjà été bannis du royaume cinquante-trois ans auparavant par Philippe-Auguste. Mais ils étaient parvenus à revenir en plus grand nombre. On ne leur ferma pas les frontières, étant donné qu'ils étaient sensés rentrer de nouveau en France, les bourses chargées d'écus.

An nom de Louis IX, Joinville parlait des Juifs en ces termes : « *Les Juifs sont de dangereux discoureurs. Aucun chrétien ne peut risquer de confronter sa foi avec la leur, s'il n'est pas lui-même un théologien averti. Pour le chrétien séculier et de quelques moyens aux prises avec un disputeur israélite, l'argument le plus convaincant est le recours à l'épée plantée dans le ventre du discoureur juif.* »

Reprenant les méthodes testées et ayant reçu les normes officielles d'efficacité par son glorieux aïeul, Louis fit donc persécuter les Juifs, pour les détrousser. Ce qui représentait le but essentiel et inavoué de la manœuvre. A quoi servirait-il de tourmenter les sujets de sa majesté, devenus depuis citoyens de la République, s'il n'y a rien à leur voler ensuite ? Puis, au fur et à mesure que les bourses se vidaient, sans pour autant que le Trésor royal ne se remplisse, il ordonna des exécutions collectives. Cela lui valut, plus tard, d'être canonisé. Il peut d'ailleurs être considéré comme l'inventeur des autodafés communautaires, sept siècles avant teuton Adolf. Cela fait plaisir de savoir qu'il est au moins quelques domaines, où la France était en avance sur l'Allemagne.

Notre bon roi Louis IX, fut également le premier à avoir eu l'idée originale d'obliger les Juifs à porter sur la poitrine, une rondelle, déjà de couleur jaune : la *rouelle*. Cela, de façon à pouvoir les distinguer des autres communautés. Cette vignette devait, bien entendu, être renouvelée chaque année et ce sont les baillis du roi qui en possédaient le monopole exclusif de commercialisation.

Les politiciens et hauts fonctionnaires de notre République bien-aimée n'ont finalement pas eu besoin de trop se défoncer les méninges, pour inventer des tas de trucs inutiles, injustifiés et complexes, afin de taxer, taxer encore et taxer toujours davantage, tout ce qui peut l'être. Y compris et surtout ce qui ne le devrait pas.

Une partie relativement importante de la population d'origine juive parvint à fuir la France, pour se réfugier à l'étranger. Particulièrement en Espagne. Mais ils se promirent de revenir, dès que les circonstances le permettraient, afin de récupérer les pertes subies, agrémentées des intérêts et autres frais financiers.

Restaient les tapineuses. De façon à pouvoir les différencier des femmes officiellement vertueuses devant la Sainte Mère l'Eglise, ainsi que leurs maris, un édit royal leur interdit de porter des ceintures dorées, fort en vogue à l'époque. Particulièrement pour les gentes dames qui possédaient les moyens financiers d'en acquérir.

Des sévices corporels graves furent prononcés à l'encontre des turfeuses qui ne respectaient pas cette loi. Elles furent violées ? Pour autant, elles ne fuirent pas la France, mais la catastrophe fut été évitée de justesse.

Pour l'ensemble de son œuvre poétique et humanitaire, Louis IX fut donc canonisé en 1297 et devint Saint Louis pour la postérité. Il ne profita jamais de cette position privilégiée, ni des prérogatives qui doivent en découler, puisqu'il était mort depuis vingt sept années, au moment de cette reconnaissance éternelle. Mais revenons à des choses plus terre à terre.

Bénéficiant de quelques moments de liberté, Louis décida subitement de se rendre auprès de son frère Alphonse, qui avait été marié à Jeanne, unique héritière du comté de Toulouse, afin de le faire reconnaître officiellement dans l'exercice de ses droits, puis lui faire rendre hommage par ses vassaux. Au nombre de ceux-ci, de trouvait Hughes X de Lusignan, comte de la Marche et neveu de Guy, ex-roi de Jérusalem.

Hughes avait épousé Isabeau, fille et héritière d'Aymar, comte d'Angoulême, suite à son veuvage d'avec Jean sans Terre. Elle était mère de Henri III d'Angleterre, ainsi que de Marie, épouse de l'empereur Othon IV d'Allemagne.

Dès qu'elle apprit qu'elle devrait rendre hommage à un comte, elle entre dans une colère folle.

« *Moi, s'écria-t-elle, veuve d'un roi, mère d'un roi et d'une impératrice, me voici réduite à prendre rang après une simple comtesse et rendre hommage à un comte !* »

Certes, nous pouvons comprendre sa réaction.

Sitôt, elle leva une armée, dans la ferme intention de recevoir dignement le roi de France, avec les honneurs dus à son rang, pour le cas où il lui viendrait à l'idée de mettre ses desseins à exécution. Louis ignorait tout de ce complot. C'est comme dans les histoires de cocufiages ; ce sont toujours les premiers concernés les derniers informés. Il se présenta donc face à ce qu'il ignorait totalement être une véritable coalition, uniquement accompagné d'une modeste escorte d'honneur. Face à cet ennemi inattendu, il préféra se retirer dans Poitiers, accompagné de son frère Alphonse. Finalement, les belligérants décidèrent de négocier, mais dans la position inconfortable où il se trouvait, Louis n'eut d'autre solution que signer un accord fort désavantageux pour la France.

Alphonse, qui était tout de même frère du roi, laissa passer quelque temps, puis somma de nouveau Hughes de Lusignan, de venir définitivement lui rendre hommage.

En guise de reconnaissance envers son suzerain, Hughes lui répondit *« qu'il ne reconnaissait pas Alphonse pour son seigneur, mais pour un usurpateur et injuste détenteur de domaines du roi d'Angleterre. Et qu'à ce titre, il ne lui devait rien, pas plus qu'au roi de France. »*

Bien sûr, il était impensable pour le roi de France, de ne pas réagir immédiatement. Il convoqua le Parlement, qui décida sur l'heure de déchoir Hughes de tous ses fiefs. Puis, il réunit une armée considérable, de façon à se rendre sur place et mettre cet arrêté à exécution.

De son côté, après avoir tenté vainement de faire assassiner le roi, car elle considérait cette solution comme la plus efficace, Isabeau forma une ligue avec les seigneurs du Poitou et de la Saintonge, appuyée par des troupes venues d'Angleterre, à la tête desquelles se trouvait le roi en personne. Il semblerait qu'il appréciait particulièrement cette région. Pour le climat, peut-être ; ou le Muscadet, on ne sait trop.

Les deux armées s'affrontèrent près d'une place-forte nommée Taillebourg, située sur une rive de la Charente. Louis sortit grand vainqueur des combats et, dès le lendemain, il réduisit à néant l'ensemble des troupes survivantes, lors d'une seconde bataille qui se déroula dans la région de Saintes, de façon à ne pas faire de jaloux.

Face à cette situation inattendue, une fois de plus, Henri III ne perdit pas de temps pour s'embarquer, direction l'Angleterre. Quant à la fière Isabeau, son époux et leurs deux enfants, ils n'eurent d'autre solution que de se prosterner aux pieds du roi de France, puis rendre solennellement hommage à leur suzerain, Alphonse de Poitiers. Il fut également déclaré que le comte de Lusignan se verrait confisquer la majeure partie de ses terres.

Dès lors, la paix s'installa dans le royaume de France. Pour combien de temps ? Il semble nécessaire de préciser ici, qu'une véritable entente fraternelle existait entre le roi et ses trois frères. Situation qui ne s'était jamais produite, depuis l'instauration du royaume de France. Voire depuis les Gaulois.

Cela permit à Louis de prendre en charge, avec à propos, les affaires intérieures du pays. Il partageait son temps entre l'étude et la pratique de la religion. Il est vrai que dès cette époque, il se trimballait déjà une intéressante liste de péchés à se faire pardonner. Il aimait également à rencontrer les savants, les gens lettrés et se préoccupait sérieusement du sort de la population.

Ce serait super si, dans la France contemporaine, nous puissions avoir un Président animé de ces nobles intentions.

Il est coutume de relater qu'il aimait à rendre lui-même la justice, assis au pied d'un chêne situé dans la forêt de Vincennes. D'aucuns disent qu'en fait cet arbre était un hêtre. D'autres confirment qu'il s'agissait bien d'un chêne. Le fruit du chêne étant le gland, nous préférons retenir la version du hêtre, de façon à ne pas commettre le délit répréhensible d'outrage à magistrat, pour le cas où il nous viendrait à l'esprit d'établir des comparaisons.

Surtout dans notre République contemporaine où, en guise de liberté d'expression, dire la vérité est devenu un délit. Ce procédé peu reluisant, à la limite du totalitarisme, s'orne d'un nom poétique : la censure.

Entouré de courtisans, à qui il apprenait à secourir les pauvres, Louis IX recevait les veuves, les orphelins, les malheureux qui, tous, s'en retournaient aidés et consolés.

L'on raconta alors qu'une bourgeoise aisée, fort bien apprêtée mais déjà âgée, demanda un entretien particulier au roi, car elle avait à se plaindre de son époux et ses enfants. Louis la reçut dans son cabinet privé, en la seule compagnie de son confesseur.

« Madame, lui dit-il, j'aurai soin de votre affaire, si de votre côté vous avez soin de votre salut. On dit que vous avez été belle ; ce temps n'est plus, vous le savez. La beauté du corps passe comme la fleur des champs : on a beau faire, on ne la rappelle pas. Il faut songer à la beauté de l'âme, qui ne se fane pas. Ayez soin de votre âme, Madame et j'aurai soin de votre affaire. »

Un autre jour, où il recevait un émissaire des paysans de Normandie, venu pour présenter les doléances du monde rural, durement frappé par la sécheresse, le roi lui dit, après avoir pris connaissance du dossier :

« Je dois vous secourir dans votre disette ; ce que je tiens de vous, je le conserve pour vous, car je n'en suis que le dépositaire. »

Les temps ont bien changé !

Il était également très attentionné envers sa famille. La réciproque étant également vérifiée. L'on prétend que Blanche de Castille, sa mère, imposait la pratique d'une discipline sévère à ses fils, allant même jusqu'à régler personnellement la consommation des plaisirs que le mariage devant Dieu autorisait. Cela n'empêcha pas Louis de devenir père de onze enfants.

Mais nous nous trouvions toujours dans le siècle des croisades. Lors d'un instant de ferveur, ou d'égarement, le saura-t-on jamais, Thibault IV, comte de Champagne, devenu par héritage roi de Navarre, se mit en tête d'organiser une nouvelle croisade, alors que nul ne lui avait rien demandé.

Il s'entoura de nombreux vassaux, toujours attirés par l'appât du gain et des titres et partit par voie terrestre, car il ne se trouvait pas alors suffisamment de vaisseaux disponibles pour transporter les croisés par mer, direction la Palestine.

Tous connurent la faim, la soif. Ils furent victimes de nombreuses trahisons dans les pays qu'ils traversaient. Tant et si bien que les troupes étaient fort décimées, lorsqu'elles arrivèrent devant Jaffa. Cette ville fut l'unique conquête de cette expédition. Conquête du reste éphémère, puisque les croisés se retrouvèrent rapidement dans l'obligation d'abandonner la cité, faute de moyens pour la défendre.

Thibault rentra en France, uniquement accompagné de quelques seigneurs survivants ; l'armée entière avait péri. Il est vrai qu'il ne se trouvait pas dans l'obligation d'y aller ! Cet événement désastreux eut une influence déterminante sur le comportement de Louis. Exceptionnellement, il ne se contenta pas de prier pour le repos de l'âme des malheureux disparus, mais décida de les venger, dès que possible.

Une grave maladie l'empêcha de mettre sur-le-champ son projet à exécution. Mais, à l'article de la mort, il fut le serment de partir en croisade s'il en réchappait. Puisque le ciel veillait sur lui, comme par miracle, la santé lui revint et il se mit immédiatement en chantier.

Son souhait le plus cher, était de pouvoir rallier à lui, les grands princes d'Europe. Hélas, ceux-ci davantage préoccupés par leurs affaires compliquées, à l'intérieur de leurs terres, ne le suivirent pas dans son projet. Il dut alors se résoudre à convoquer une nouvelle fois le Parlement, qui agréa sa résolution. Il réunit aussitôt une armée redoutable. Ses trois frères, la reine

Marguerite, ainsi que sa belle-sœur Jeanne, épouse d'Alphonse, prirent également la croix.

Ainsi, cela lui donna l'occasion de s'éloigner quelque peu de sa mère, Blanche, à qui il confia la régence du royaume, lui accordant pleins pouvoirs. Il fit prêter serment de fidélité à ses enfants, ainsi qu'aux seigneurs qui restaient en France, puis s'embarqua avec ses troupes, à Aigues-Mortes, à bord de cent vingt navires de fort tonnage et plus de mille cinq cents de tailles plus modestes.

Il fut décidé que l'expédition ferait escale à Chypre, où régnait Henri, petit-neveu de Guy de Lusignan, qui avait été fait roi de l'île, par Richard Cœur de Lion, lors de la Troisième Croisade. Moyennant toutefois, quelques compensations financières, cela va de soi. Auparavant, Louis et Henri s'étaient entendus pour constituer d'immenses réserves de vivres, si bien que, lorsque l'armée croisée débarqua, elle connut l'opulence alimentaire, aussi longtemps que dura sa présence sur place. Présence d'ailleurs plus longue que prévue, faute à des vents contraires, qui avaient retardé l'arrière-garde de l'armada, qu'il convenait d'attendre.

Louis envisageait de commencer sa mission divine, en allant conquérir Jérusalem. Mais on lui conseilla d'aller plutôt combattre en Egypte. Car le véritable souverain de Palestine, était Malek-Sala, petit-neveu du célèbre Saladin, qui régnait donc sur l'Egypte mais également la Syrie. D'autant qu'en Palestine, les cités n'étaient plus désormais que champs de ruines.

La tradition est désormais bien établie, qui fait le bonheur des entreprises du bâtiment et des travaux publics.

L'armée croisée se dirigea donc vers Damiette, où elle affronta les Sarrasins. La bataille dura deux jours, au bout desquels la ville tomba. Immédiatement, Louis fit ériger de puissantes fortifications, de façon à pouvoir utiliser les lieux comme point de ralliement, aussi longtemps que durerait l'expédition.

Cette période fut également exploitée pour organiser les préparatifs destinés à passer le Nil, dans l'intention de prendre Le Caire. A priori, cela semblait d'autant plus aisé, que Malek-Sala venait d'être emporté par la maladie. Décès bien singulier pour un combattant. Almoadin, son fils, devait lui succéder. Mais il se trouvait alors en Mésopotamie, pour une raison qui nous échappe totalement. En l'attente de son retour, les Sarrasins choisirent pour les commander, un de leur général nommé Facardin. Manque de chance – pour lui – il fut tué dès le premier combat, non loin de Mansourah. Il fut remplacé, à titre provisoire, par Bondochar, mameluk particulièrement téméraire et avisé, qui croyait fermement en son destin de sauveur de son peuple. Il parvint à rallier sous sa bannière, l'ensemble des tribus sarrasines et, dès lors, les désastres s'abattirent sur les croisés. A Mansourah, les Français perdirent pratiquement la moitié de leur armée. Autant durant les combats, qu'à causes des maladies, surtout la peste, qui causaient de véritables ravages dans leurs rangs. Robert d'Artois lui-même, frère du roi, périt devant cette cité.

Almoadin, qui était revenu en Egypte et avait repris les affaires en mains, parvint à faire prisonnier Louis qui, une fois de plus, se trouvait dans un état de santé déplorable. Un traité fut signé entre les deux souverains, plutôt convenable pour le vaincu, dont la position particulièrement désavantageuse ne permettait pas de revendiquer quelque prétention que ce soit.

Plusieurs émirs, fort insatisfaits de la conclusion de ces accords, décidèrent alors de se révolter contre leur souverain. Pour prétexte, ils firent courir le bruit malsain qu'Almoadin désirait conserver par devers lui et ses seuls favoris, la rançon qu'il avait obtenu du roi de France. Durant une bataille entre fils du prophète, Almoadin périt, transpercé de toutes parts par de nombreuses flèches décrochées par ses ex-alliés.

S'ensuivit une période d'anarchie au sein des troupes sarrasines. Le traité de Mansourah fut remis en question ; chaque émir désirant encaisser sa part de galette sarrasine, plus conséquente que celle des voisins.

Concernant sa rançon personnelle, Louis s'engagea à rendre la ville de Damiette. Ce qui ne représentait pas une contrainte exceptionnelle, puisque de fait, la cité ne lui appartenait pas. Distribuer les biens des autres, a toujours été une marque distinctive des politiciens. Pour les autres prisonniers, dont ses frères survivants, il promit de verser le montant, considérable pour l'époque, de huit cent mille besants d'or, qui était alors la monnaie byzantine officielle. Le problème, est qu'il ne possédait pas cette somme dans ses fontes. Ni ailleurs du reste.

S'il s'était trouvé dans son royaume, il lui aurait suffit d'inventer un impôt nouveau. Mais si loin de ses bases, le montage était fort loin d'être évident à mettre en place.

Le second problème était qu'il devait verser un tiers de cette somme immédiatement. Sans perdre un seul instant, Louis prit la route de Damiette, laissant son frère Alphonse et plusieurs chevaliers en otages. Afin de constituer le magot, il vendit les meubles et bijoux de la reine Marguerite, de Jeanne, sa belle-sœur, ainsi que des dames de leur suite. Il traita le dossier avec des Juifs, qui étaient les seuls à pouvoir payer comptant. Les chevaliers qui avaient survécu au carnage, contribuèrent également à la collecte de fonds, en fonction de leurs moyens.

Le premier paiement effectué, les otages furent libérés.

En dépit de certains discours mensongers, rien n'a changé depuis, dans les dénouements d'affaires de prises d'otages : pas de pognon, pas de libération. D'ailleurs, à quoi servirait-il de monter ces business, si cela ne rapportait rien ?

Comme prévu dans les accords, le roi remit immédiatement Damiette aux Sarrasins, puis partit direction Saint-Jean-d'Acre, où la reine l'attendait. Il resta encore quatre années en Palestine, où il releva les fortifications et fit reconstruire plusieurs villes. Il parvint même, le plus difficile à réaliser, à faire se réconcilier entre eux les princes chrétiens du pays, y compris les chevaliers du Temple et ceux de Saint-Jean de Jérusalem.

Un véritable exploit à porter au crédit de Louis IX.

Il réussit également à éviter une tentative de meurtre, ourdie par un prince *hachichiyyin* – en langue ismaélien *enivré de haschisch*. Les croisés transformèrent le mot et c'est ainsi que ce peuple devint celui des Assassins. Ce qui, c'est évident, était nettement plus aisé à prononcer.

En France, la reine Blanche, régente du royaume, était décédée. Louis fut donc contraint de rentrer au bercail, en compagnie de son épouse Marguerite, de leurs deux premiers enfants, qui avaient profité de l'expédition pour visiter du pays, puis d'un fils qui était né à Damiette. Il fut appelé Tristan, parce qu'il avait vu le jour dans les tristes circonstances de la Septième Croisade.

Durant l'absence du roi, le royaume avait été fort bien géré. De là à dire qu'il était possible de s'en passer... ! La France avait tout de même connu quelques désordres, causés par les Pastoureaux. En ce temps, le terme pastoureaux désignait les bergers.

Lorsque l'Occident apprit que le roi Louis IX avait été fait prisonnier, avec deux de ses frères, par les infidèles orientaux, un cri d'éleva vers le ciel : « *Pourquoi Dieu a-t-il abandonné un roi aussi pieux ?* »

Un moine d'origine hongroise, plus futé que les autres, appartenant à l'ordre de Cîteaux, apporta la réponse. Il prétendit avoir bénéficié d'une apparition de la Vierge Marie, qui lui avait remis un document confidentiel, prouvant que seuls les humbles et les miséreux seraient en mesure de reprendre Jérusalem aux Sarrasins. Il ajouta que la dépêche précisait – textuellement – que l'orgueil de la chevalerie avait déplu au Tout Puissant. Et que bien entendu lui, Jacob, avait été sélectionné en très hauts lieux, pour être l'unique guide de la Croisade des pauvres. Il précisa malgré tout, que cela ne serait pas facile.

Dès lors, des dizaines de milliers de paysans prirent la croix, direction le sud du pays, où le climat était plus agréable. Sur leur passage, ils saccagèrent les nombreuses cités qui refusaient de les nourrir, assassinant çà et là les récalcitrants qui osaient contredire le *maître*, lorsqu'il prêchait. Tradition oblige, ils s'en prirent également aux Juifs, les accusant de tous les maux, alors que le seul but, non avoué, était de les détrousser.

Sur ordre de la reine Blanche, la répression fut à la hauteur des pillages et carnages commis par les Pastoureaux. Seuls quelques survivants rallièrent Marseille, d'où ils s'embarquèrent pour Acre, afin de rejoindre les croisés de profession. Aucun ne rentra au pays. Ce qui fit que Louis ne découvrit que de très faibles traces de ces illuminés, bien que criminels, lorsqu'il se revint en France.

Rien ne vaut une bonne religion, pour justifier ses crimes. Pas même la moindre raison d'Etat n'arrive à la cheville des endoctrinés. C'est pour dire !

Durant les quinze années de règne qui suivirent, aucun événement d'importance ne modifia le cours de l'Histoire, s'il n'est que le peuple vécut dans la paix. C'est si rare. Pas même la moindre petite guerre contre les Anglais, à se mettre sous l'armure. Fort heureusement pour les fabricants d'arcs, flèches, épées et boucliers, cette situation ne sera que provisoire.

Contre l'avis de ses conseillers, Louis rendit toutefois à Henri III d'Angleterre, le Limousin, le Quercy ainsi que le Périgord. Compte tenu des recettes de la cuisine anglaise, ces deux dernières provinces ne s'imposaient pas. Il promit de sus d'y ajouter l'Agénois et la Saintonge, si son frère Alphonse devait décéder sans héritiers.

L'affaire fut très mal perçue par les seigneurs et pairs de France, qui avaient participé activement à la réunification de ces provinces à la couronne de France, durant le règne de Philippe-Auguste. Il est vrai que sur le plan strictement géopolitique, l'idée n'était pas forcément lumineuse, que de renforcer la puissance de la perfide Albion.

En reconnaissance de si beaux présents inespérés, Henri III rendit hommage à son collègue de bureau, Louis IX, lors de cérémonies grandioses. En compagnie de ses enfants, il se prosterna devant le roi de France et lui prêta serment de fidélité. Ce qui ne manquait pas de pudding, mais pour autant ne l'engageait pas outre mesure. Surtout si l'on prend en compte ce que vaut la geste politique.

Toujours aussi pieux et puisqu'il n'y avait plus aucune guerre à assurer, Louis décida, par un beau jour, de se faire moine. Il est vrai que la descendance était assurée. La reine, ses enfants et son confesseur éprouvèrent d'énormes difficultés à lui faire entendre raison.

Suite de quoi, il prit le parti de continuer à assurer personnellement les affaires intérieures du pays. Ce qui lui permit de moderniser les lois féodales, affranchir les bourgeois des villes, donnant ainsi naissance à ce que l'on nommera plus tard le *Tiers-État*. Il se chargea également de garantir la propriété puis réglementer le commerce. Sauf pour les Juifs. Les droits de péage qui entravaient les communications, furent intelligemment supprimés. Une bonne idée, non ?

Ce procédé crapuleux a depuis, été réinventé. Il se trouve en parfaite illégalité depuis Napoléon III, puisque la loi précise que l'État doit la libre circulation gratuite à tous les citoyens, sur la totalité du territoire français. De plus, la loi interdit également que l'Etat puisse céder, à des entreprises privées, des portions de territoire à des fins d'exploitations. Tout est irrégulier dans ce business. Pourtant, celui qui n'accepte pas de se plier à ces dictats, sera verbalisé par les flics et pandores. Mais pourquoi donc les associations d'automobilistes ne portent-ils pas ce dossier devant la cour de justice européenne ?

Louis créa ensuite le droit d'appel, fixa les attributions juridiques et nomma des fonctionnaires d'État chargés de veiller à ce que les juges ne rendent pas de sentences déloyales ou malhonnêtes. Ici, il est fort dommageable que cette tradition ne soit plus respectée. La loi du talion fut proscrite. Ça se discute. Il fut interdit aux juges d'acquérir des biens dans l'étendue de leur juridiction. Vite, rétablissons cette coutume ancestrale ! Enfin, il s'assura de la sécurité des personnes et des biens en créant des patrouilles qui circulaient dans les villes et campagnes, mais fit contrôler les forces de police par des services spécialisés, chargés de contrôler qu'elles ne commettaient point d'exactions.

Que de recul depuis des siècles !

Pourtant, jamais Louis ne permit que le droit ecclésiastique ne vienne empiéter sur la justice royale. Il était nécessaire de le préciser.

La viande halal n'était pas prioritaire dans les cantines scolaires ; les médecins pouvaient soigner les femmes sans que leurs époux n'imposent leurs coutumes traditionnelles ; il n'était pas toléré d'interdire aux citoyens français de se baigner dans les fleuves et rivières, lorsque des femmes venues de pays étrangers décidaient de s'ablutionner.

Sur le plan culturel, en dépit des tracas que lui procurait l'Université de Paris, il la développa, ainsi que celle de Toulouse. Puis, en créa une nouvelle à Bourges. Il dota considérablement la Sorbonne, qui devint dépositaire des livres rares et précieux se trouvant dans le royaume. C'est ainsi que cette institution se trouve à l'origine de la bibliothèque nationale.

Le meilleur reste à venir. Il fit élever la Sainte-Chapelle. Qui pourrait lui en vouloir ! Cet édifice était destiné à abriter la (véritable) Couronne d'Epines du Christ, ainsi qu'un morceau de la (vraie) Croix, acquis contre une somme colossale. Le montant de ces chefs d'œuvre religieux, additionné à l'édifice, représentait en gros le revenu annuel du domaine royal. Il fallait véritablement y croire. Ces reliques ont mystérieusement disparues durant la Révolution. Heureusement, il nous reste l'église. Louis dépensa aussi des sommes considérables pour orner de nombreuses églises et monastères, notamment l'abbaye de Saint-Denis.

Comme il entendait les reproches qu'on lui adressait pour ses prodigalités, il répondit : « *Si j'employais mon argent en fastes et débauches, tel se plaint de moi, se garderait alors de me blâmer. »*

Pour se faire pardonner, il fit construire de nombreux hôpitaux.

C'est durant son règne que Guillaume de Lorris écrivit le premier poème en langue française moderne : *le Roman de la Rose*.

Pendant cette période de calme intérieur, hors les frontières du royaume, l'agitation reprenait de plus belle. Depuis des décennies, les empereurs d'Allemagne et le pape, s'affrontaient pour le contrôle de Naples et de la Sicile. Suite à un problème de succession sur le trône impérial, le pape Urbain IV, en tant que seigneur suzerain du royaume de Naples, offrit la couronne à Charles I° d'Anjou, frère de Louis IX.

Celui-ci accepta, passa en Italie et fut couronné à Rome en l'an 1265.

Le problème est que Manfred, fils naturel de Frédéric II de Hohenstaufen, qui avait fait empoisonner son demi-frère, Conrad IV, à la mort de leur père, de façon à lui piquer sa place, ne l'entendait pas de cette oreille.

Laquelle ? La gauche ou la droite ?

Comme il fallait s'y attendre, les deux armées se rencontrèrent près de Benevento, en Campanie. Charles en sortit grand vainqueur et Manfred fut tué durant le combat. Toutefois, il laissait derrière lui une fille, Constance, qu'il avait mariée à Pierre le Grand, roi d'Aragon. Ce qui aura pour corollaire de causer moult soucis au royaume de France, quelques années plus tard.

Le nouveau roi de Sicile ne trouva pas la quiétude pour autant car, Conrad V, dit Conradin, fils de Conrad IV, se résolut à récupérer l'héritage légitime de son père. Il n'avait que seize ans. Une nouvelle guerre fut déclarée et une bataille décisive eut lieu à Aquila, dans les Abruzzes. Alors qu'il tentait de fuir, après le désastre subi par ses armées, Conradin fut capturé puis livré à

Charles d'Anjou qui, sur-le-champ, le fit juger, condamner à mort puis exécuter publiquement à Naples. C'est ainsi qu'en 1268, s'éteignit l'illustre famille des Hohenstaufen, qui avait donné six empereurs à l'Allemagne.

Devenu ainsi officiellement roi de Naples et de Sicile, Charles I° d'Anjou se mua en véritable despote, haï de tous. Face à un tel comportement, de nombreux seigneurs qui l'avaient accompagné lors de cette campagne, choisirent de rentrer en France. Les autres s'installèrent définitivement dans les provinces conquises. Plus de deux siècles après les rois normands, un Français fut de nouveau souverain de cette partie de l'Italie.

En France, la situation recommençait à évoluer. Après le calme vient la tempête dit-on. Bien que gravement miné par les maladies, Louis IX, qui de sus avait fort mal digéré l'échec de la dernière croisade, restait obsédé par l'organisation d'une nouvelle expédition. Elle sera la huitième et dernière.

Lorsque la décision fut officiellement arrêtée, restait à décider où aller guerroyer !

En Palestine : il s'avérait quasiment impossible de trouver un port ou pouvoir débarquer, tant les chrétiens étaient désormais affaiblis. En Egypte : un habile général, connu depuis la bataille de Mansourah, Bondochard nommé également Bibars, avait pris définitivement le pouvoir et régnait en tyran absolu. Il était devenu si puissant, qu'il n'était plus désormais envisageable de tenter en ce pays, quelque opération militaire que ce soit.

En cette fin de règne, Louis entretenait des relations courtoises avec Omar, roi de Tunis. Celui-ci, qui espérait voir son royaume être en mesure d'établir des échanges commerciaux privilégiés avec la France, persuada Louis qu'il se convertirait volontiers au catholicisme, pour peu que l'on vienne l'aider à se débarrasser de ses ennemis.

Ce qui n'était pas, loin s'en faut, parole d'évangile.

C'est pour cette unique raison que Louis décida de mettre les voiles vers Tunis. Enfin, il avait trouvé une justification pour partir en croisade. Il restait toutefois suffisamment sceptique, quant à la possibilité de voir Omar embrasser la foi chrétienne.

C'est pourquoi il fut envisagé, pour le cas où ce prosélyte le tromperait, que Tunis, ville que l'on savait débordante de richesses, serait attaquée et pillée. De quoi, pour le moins, amortir les frais de déplacement, agrémentés le cas échéant, de quelques bénéfices substantiels. Cette possibilité présentait en outre, l'avantage d'offrir une position stratégique, dans l'hypothèse où une reconquête de la Terre-Sainte serait de nouveau envisagée. Charles, roi de Naples, s'engagea à se joindre à l'expédition. Il comptait constituer une armée avec les seigneurs malcontents de la façon dont il dirigeait son royaume et à l'occasion s'en débarrasser durant les combats. Un fin stratège, le Charles !

Avant son départ pour cette ultime croisade, Louis testa officiellement et confirma les dispositions précédemment adoptées en faveur de ses enfants. A Philippe, l'aîné, revint la couronne de France. Tristan, nommé également Jean, reçut une province qui devint le comté de Valois. Pierre, fut doté des comtés d'Alençon et du Perche, enfin Robert hérita du Beauvaisis. Il ne pouvait se douter qu'il allait donner naissance à la branche des Bourbon.

Quant à ses filles, elles avaient été dotées lors de leurs épousailles. Elisabeth avait été mariée au roi de Navarre, Blanche, à Ferdinand de La Cerda, héritier de la Castille et Marguerite, au duc de Brabant. La puînée, Agnès, trop jeune pour être mariée – c'est pour dire – reçut la somme de dix mille livres. Elle épousera plus tard Robert II, duc de Bourgogne.

Il fut proposé à son épouse, Marguerite, d'assurer la régence du royaume, mais celle-ci refusa. Ce fut à Mathieu, abbé de Saint-Denis et au sire de Nesle, qu'échut la cogérance du pays, durant l'absence du roi.

Le testament royal contenait également des dispositions en faveurs des pauvres, des églises et des hôpitaux. Dans l'espoir de sauver son âme, cela pouvait toujours servir.

Cette croisade n'excitait pas particulièrement l'ensemble des seigneurs et chevaliers. Le hasard faisant bien les choses, c'est connu, le plus grand nombre se chopa des maladies graves, dont certaines inconnues jusqu'alors, durant la période des préparatifs. Malheureusement pour ces vaillants guerriers, heureusement pour les organisateurs, un légat du pape, Simon de Brie, cardinal de Sainte Cécile, qui justement se trouvait disponible, parvint à effectuer des miracles à la pelle et remit tout ce beau monde d'aplomb, avant le départ de l'expédition.

Louis IX reprit donc officiellement la croix que, de fait, il n'avait jamais véritablement quittée. Tout au moins dans sa tête. Puis, il la fit prendre à ses trois fils, Philippe, Jean Tristan et Pierre, ainsi qu'à son frère Alphonse, son neveu Robert d'Artois et à son gendre Thibault, roi de Navarre. Il fut également rejoint, mais moyennant finances, par Edouard, fils du roi d'Angleterre. Les jeunes princes, imités en cela par de nombreux seigneurs, étaient accompagnés de leurs épouses respectives. Et les troupes enfin au complet, prirent la mer à partir du port d'Aigues-Mortes, vers la fin du mois de mars. Après un voyage, pour une fois sans encombre, les croisés débarquèrent à quelques encablures de Tunis, où Louis établit son camp de base.

La première mesure fut de trouver une vallée ombragée, arrosée par une rivière où coulait de l'eau en permanence, de façon à préserver les princesses du soleil ardent qui brûlait déjà les sables, en cette période de l'année. Puis, pouvoir abreuver les chevaux ; accessoirement étancher la soif des troupiers. Cette première précaution prise, Louis dépêcha une délégation près d'Omar, de façon à lui rappeler qu'il avait promis de recevoir le baptême. En guise de conversion, le roi de Tunis fit dire à Louis, qu'il avait changé d'idée et qu'à la place d'une cérémonie religieuse, il l'attendait à la tête de cent mille hommes. Ce qui faisait beaucoup pour un sacrement.

Immédiatement, la décision fut prise d'attaquer Tunis. L'armée croisée commença par assaillir le port. Il fut assez rapidement contrôlé, ainsi que la forteresse qui le défendait. Cette victoire permit à Louis de mettre sa flotte en sûreté. Puis, la ville fut assiégée. Comme elle était très bien défendue, il s'avéra bien vite qu'il n'existait d'autre solution que de la faire tomber par la famine.

En réalité, la raréfaction de l'eau, ainsi que le manque de fourrage pour les animaux, firent souffrir davantage les assiégeants que les assiégés, qui avaient pris toutes dispositions utiles. Sans omettre que Louis craignait, à tout moment, de voir déferler sur son armée, les troupes de Bondochar, qui avait fait savoir qu'il venait porter secours à son ami Omar. Face à ces circonstances défavorables, Louis se résolut à attendre le renfort de son frère Charles, qui venait de quitter la Sicile. En l'attente, il fit élever un camp fortifié de façon à protéger son armée. Finalement, ces mesures enhardirent les Tunisiens qui, d'assiégés, se muèrent en assiégeants. Fatigués, mal nourris, épuisés par les blessures et les maladies, les soldats croisés perdirent la moitié de leur effectif en un mois.

Le légat du pape, ainsi que Tristan Jean moururent. Philippe d'Artois tomba malade. Puis, Louis fut atteint de fièvres violentes à son tour. Se sentant près d'un départ imminent vers l'inconnu, il appela près de lui les survivants de sa famille, ainsi que les seigneurs les plus importants. Alors il s'adressa à son fils Philippe : « « *Je te donne telle bénédiction que jamais père peut donner à son fils, priant Dieu qu'il te garde de tous les maux et principalement de mourir en péché mortel.* »

Fin de citation.

Puis, il rendit l'âme qui lui avait été donnée par l'Eternel. Juste à l'instant, la mer se couvrit de vaisseaux. C'était l'armée de Sicile qui arrivait à son secours. Hélas, Charles arrivait trop tard.

Louis IX mourut le 25 août 1270, durant la quarante-quatrième année de son règne. Il avait cinquante cinq ans. La reine Marguerite lui survécut quinze années.

Si l'on veut bien reconnaître à ce roi, quelques erreurs et faiblesses, force est de constater qu'il tenta en permanence de se parer de toutes les vertus. L'on dit même qu'il se flagellait lui-même. A quoi cela pouvait-il bien servir ? Pourtant, force est de constater que, s'il est nécessaire de faire périr des quantités invraisemblables d'innocents sur le bûcher, pour être canonisé, tous les espoirs restent permis pour Franco, Mussolini ou Salazar. Voire Hitler qui, en son temps, bénéficia d'une *« certaine compréhension »* de la part du Vatican. Pour ne citer que quelques erreurs de la nature européennes, parmi les plus célèbres. Le cas de Staline est légèrement plus compliqué, bien qu'il fût trois années séminariste avant de changer de camp.

En conclusion, nous dirons que Saint Louis ne devait pas être un marrant.

Fort heureusement, l'Histoire va reprendre son cours habituel.

Hardi Petit

La première tâche du nouveau roi, Philippe III, fut de dépêcher un courrier spécial vers la France, afin de faire circuler l'information : *« Le roi est mort, vive le roi ! »* Il existait des formulaires prêts à l'avance. Il en profita pour confirmer les régents dans leur rôle, en l'attente de son retour à la maison. Par chance, le roi de Tunis, peut-être grisé par les malheurs qui s'abattaient sur les Français, n'exploita pas immédiatement la situation, pour attaquer l'armée croisée, qu'il aurait pu détruire sans coup férir. Charles, roi de Sicile, fut nommé, à l'unanimité générale plus une voix, commandant en chef. Il régnait en son royaume, tel un véritable despote, mais était reconnu pour être un politicien avisé, ainsi qu'un grand stratège militaire. A force de ruses, il parvint à amener l'ennemi dans un piège et le vainquit. Ce qui contraignit Omar à négocier, puis consentir des conditions nettement plus favorables envers la France qu'intimement espérées.

Il est vrai que désormais, pour le roi de Tunis, l'essentiel était de voir les armées ennemies s'en retourner vers les rivages Nord de la Méditerranée. Pour les clubs de vacances, on verrait plus tard.

Une trêve, prévue pour une durée de dix années, fut signée entre les belligérants. Et non point un accord de paix permanent. Ce qui, de toutes les façons, aurait été parfaitement inutile. D'autant qu'avant de trépasser, Saint Louis avait expressément recommandé de ne jamais accepter le moindre traité de pacification définitif avec les musulmans. Un visionnaire. Surtout qu'Omar n'en avait cure. Paix ou trêve, parole données ou document signé, point n'était son problème.

Les relations commerciales d'après guerre étant, de toute époque, traditionnellement privilégiées, il fut promptement convenu que le port de Tunis deviendrait zone franche et que toute marchandise importée serait exemptée d'imposition douanière.

Business is business.

Ainsi, la Huitième Croisière ne fut pas organisée en pure perte. A l'exception des douaniers, qui se retrouvèrent de la sorte privés des recettes traditionnellement et directement prélevées, à la base, sur le commerce clandestin.

Avant de réintégrer ses foyers, Charles de Sicile désirait se faire rembourser le montant des frais engagés, augmenté de nombreux dommages in intérêts. Par ce biais, il espérait encaisser la somme de cent mille onces d'or. Pour ce faire, il imposa à Omar de lui verser un tribut de deux cents mille onces. Moitié comptant et le solde deux années plus tard. Bien entendu, la seconde partie, comme prévu, n'arriva jamais à destination. Mais par le biais de cette ruse, il parvient à toucher les cent mille onces qu'il désirait.

Lors du voyage retour, nombre de seigneurs et soldats, très mécontents de n'avoir pas été payés, ni autorisés à piller Tunis, tentèrent d'organiser une révolte. Mais les astres étaient avec Charles. Le plus grand nombre de mécontents périt lors d'une tempête d'une violence inouïe. Par chance, les rois de France, de Navarre et de Sicile, étaient parvenus à débarquer juste à temps, en rade de Trapani, cité se trouvant dans la partie occidentale de la Sicile. Philippe III resta une année sur l'île, afin de se remettre de la maladie qu'il avait contractée à Tunis. Son beau-frère, Thibault de Navarre, mourut des mêmes maux, vraisemblablement la peste, quelques jours après avoir mis les pieds à terre. Son épouse ne lui survécut que peu de temps. Enfin, il fut décidé de rentrer en France. En Calabre, sur le chemin du retour, Isabelle d'Aragon, fille du roi Jacques I° et épouse du nouveau roi de France, fit une chute malencontreuse de cheval, qui lui occasionna une fausse-couche, dont elle mourut. Elle avait donné auparavant quatre enfants à son époux. Alphonse, frère de feu Louis IX et comte de Toulouse, ainsi que son épouse Jeanne, périrent également en Italie.

C'est pourquoi Philippe III revint en France, avec dans les sacoches de son porte-bagages, les restes de son père le roi Louis IX, de son épouse Isabelle d'Aragon, de son frère Tristan Jean, de son beau-frère Thibault roi de Navarre ainsi que son épouse, de son oncle Alphonse et son épouse Jeanne, respectivement comte et comtesse de Toulouse.

Que ce soit sur le plan politique, religieux ou familial, on ne peut dire que Saint-Louis fut particulièrement inspiré d'organiser cette huitième et ultime croisade.

Quant au nouveau roi, il n'avait alors que vingt cinq ans et dans de telles conditions, l'affaire ne se présentait pas obligatoirement sous des augures favorables.

Dès son arrivée en France, Philippe se fit sacrer à Reims. Sage précaution. Puis, il consacra quelque temps à remettre un peu d'ordre dans le sud-ouest du royaume, histoire de remédier à des démêlés entre Géraud, comte d'Armagnac, allié à son beau-frère Roger-Bernard, comte de Foix, qui désiraient s'emparer des terres de Casaubon, dépendant du diocèse d'Auch, que le seigneur de Sompuy venait de recevoir en héritage.

Après avoir rétabli la paix dans la région et juste le temps de prendre un peu de repos bien mérité, se présenta l'éventualité d'une guerre contre les Espagnols. Ce qui était inhabituel et revêtait un minimum d'originalité, puisque les opérations militaires européennes précédentes, étaient le plus souvent organisées de concert avec les souverains anglais.

Voici quelle était la situation : Alphonse X régnait sur la Castille. Il était le petit-fils de Bérengère, sœur de Blanche et mère de Saint Louis. Bérengère avait été mariée à Alphonse, roi de Léon et cousin germain de son père. Une véritable aubaine pour le pape en exercice, qui n'avait pas tardé à dissoudre personnellement cette union. Les formalités durèrent tout de même quelques années. Nous connaissons tous les travers des administrations, si religieuses soient-elles. Le second problème, découlant directement des lenteurs administratives – comme quoi la V° République n'a rien inventé – est que durant ces années perdues en palabres, les époux étaient parvenus à légitimer les enfants issus de leur mariage. Et, comme si l'affaire n'était pas suffisamment embrouillée, il était totalement impossible de se souvenir, ou de trouver des pièces justificatives, attestant qui de Blanche ou de Bérengère était l'aînée ! Les vins d'Espagne bénéficient d'un ensoleillement particulier qui en fait des boissons fortement alcoolisées. Tant et si bien qu'à la mort d'Henri, roi de Castille et frère de Blanche et Bérengère, ou Bérengère et Blanche, c'est selon, se posèrent inévitablement des questions de succession.

Le trône pouvait revenir à Saint Louis et ses héritiers, si sa mère Blanche était l'aînée, ou aux enfants de Bérengère, dans le cas contraire. Mais, car ce n'est pas terminé, il était également possible dans ce second cas, d'évincer du trône les enfants nés d'une union déclarée nulle par le pape. En son temps, Louis IX avait éludé le problème en mariant sa fille Blanche, avec Ferdinand de La Cerda, fils aîné d'Alphonse de Castille, sous conditions que celui-ci accepte que les enfants nés de cette union, hériteraient de la Castille, si Ferdinand venait à mourir avant son père.

Et c'est ce qui se produisit. Dans le cas contraire, ce paragraphe serait totalement sans intérêt. D'ailleurs, il n'existerait même pas.

Reniant sa parole, Alphonse n'entendait plus remettre le trône de Castille aux seuls héritiers de Blanche et donc prendre le risque de voir son royaume passer aux rois de France. Il entreprit de réunir en assemblée les seigneurs de Castille et ceux-ci décidèrent à l'unanimité que Sanche, second fils d'Alphonse, deviendrait leur prochain roi, en fonction de la coutume des Goths, qui prévoyait que les droits de la proximité prévalaient sur ceux de la représentation.

Alors là, il fallait véritablement y penser !!!

Face à cette réaction pour le moins inattendue, Philippe III n'eut d'autre possibilité que faire valoir ses droits, ainsi que ceux de ses neveux, nés de sa sœur Blanche et de feu Ferdinand de La

Cerda. Il prépara un immense dispositif militaire, dans le but d'envahir la Castille mais, Alphonse, qui était très fin politicien, parvint à convaincre Philippe d'éviter un conflit armé où, finalement, tous avaient tout à perdre. Le roi de France, d'un naturel plutôt pacifique, accepta un compromis. Puis, afin de sauver les apparences pour les deux souverains, il fut convenu qu'il était indispensable de trouver une victime, coupable de trahison. C'est le grand chambellan La Brosse qui fut sélectionné et fit les frais de l'opération. Il fut condamné et pendu jusqu'à ce que mort s'ensuive. Ce qui ne représentait pas une grosse perte, certes, mais sur le plan moral, restait plus que discutable.

La Brosse, cela ne peut s'inventer, avait été barbier de Saint Louis. Philippe en avait fait ensuite son chambellan, en mémoire de son père. Il était fourbe et corrompu. Un politicien tout simplement, avant d'être barbier. Puisque le roi de France s'aperçut qu'il avait été berné par cet homme de basse naissance, qu'il avait porté aux plus hautes fonctions, il fut bien satisfait de trouver une occasion pour s'en débarrasser. D'autant qu'il était plus que soupçonné, d'avoir participé à l'empoisonnement de Louis, fils aîné du roi et alors futur héritier de la couronne.

Il faut toujours faire gaffe avec les parvenus. C'est pourquoi, de deux maux lorsque l'on en choisit un – par obligation – mieux vaut une monarchie parlementaire qu'une soit disant démocratie régit par des associations de malfaiteurs. Ça coûte moins cher.

En Espagne, Alphonse ne fut pas récompensé de ses efforts et fut dépouillé de ses biens par Sanche. Avant de mourir, en maudissant son fils, il tenta bien de rappeler les héritiers La Cerda, mais ceux-ci, occupés à guerroyer en Aragon, se trouvèrent dans l'impossibilité de revenir à temps. On ne peut être partout à fois.

Débarrassé de cette affaire, Philippe décida de consacrer son temps aux affaires intérieures du royaume. Il sut exploiter habilement le décès de son oncle Alphonse, qui avait été marié à Jeanne, unique héritière du comté de Toulouse, tous deux morts en Italie, au retour de la dernière croisade, sans laisser d'héritier à la succession. Cela, avant que son oncle Charles, toujours roi de

Sicile, n'ait le temps d'émettre des prétentions quant à l'héritage de son frère. Philippe réunit ainsi définitivement le comté de Toulouse à la France, ainsi que le Poitou et l'Auvergne. Puis, une partie du Rouergue, du Quercy et de la Saintonge.

Après trois années de célibat, le roi de France épousa, en la Sainte-Chapelle de Paris, Marie, fille d'Henri III, duc de Brabant. Marie était pleine de grâces, jolie, lettrée et apporta le goût du raffinement et de la culture à la cour de France.

Mais dirigeons-nous de nouveau vers la Sicile, ou Charles d'Anjou, frère de Saint Louis, qui avait été couronné roi de Naples et de Sicile, continuait de régner en véritable tyran. Désormais et depuis la fin de la croisade, les seigneurs et soldats qui l'entouraient, ne bénéficiaient pas et pour cause, d'une réputation plus favorable. Les mauvais rois font les mauvais sujets. A l'inverse de la démocratie, où ce sont les mauvais électeurs qui font les mauvais présidents. Chacun n'a que ce qu'il mérite.

Maintenant, les Siciliens, sous les ordres de Jean de Procida, décidèrent de se venger et pour ce faire préparèrent une révolte dans le but d'occire les occupants français. Ce n'est pourtant qu'un événement, dû au seul hasard, qui fit se déclencher les hostilités, en un moment qui n'était pas encore prévu. Le massacre qui s'ensuivit est connu sous le nom des *Vêpres siciliennes.*

Un lundi de Pâques, alors que les fidèles se rendaient à l'office, une jeune fille fut violée en pleine rue, par un soldat français. Un véritable professionnel. Les cris de détresse de la femme outragée, servirent de détonateur. Immédiatement, les Siciliens assaillirent les occupants, partout où ils se trouvaient, y compris dans les églises. Ils assassinèrent tous les Français, ainsi que les filles du cru, qui avaient contracté un mariage avec des occupants. Y compris celles qui étaient enceintes. Les enfants nés d'une union mixte, furent également exterminés. Seuls les Français retranchés derrière les fortifications de Messine, parvinrent à échapper au massacre, avant de pouvoir embarquer in extremis, à bord des navires disponibles, direction la France.

A la suite de ces carnages, les Siciliens demandèrent au pape de bien vouloir les pardonner. C'est une coutume ancestrale, sur l'île. Le problème est qu'il n'était pas d'accord. Car c'est lui qui avait amené Charles d'Anjou à devenir roi. Avec la bénédiction du Très Saint Père, ce dernier revint sur l'île et d'assiégé devint assiégeant. Il fut bien vite rejoint par son neveu Philippe, roi de France, accompagné de nombreux seigneurs et leurs vassaux.

Comme si l'affaire n'était pas suffisamment compliquée, don Pèdre, roi d'Aragon, prétendit avoir des droits sur la Sicile et décida de venir combattre les troupes des rois Philippe et Charles. Une nouvelle fois, le pape se signala fort à propos et excommunia don Pèdre, pour s'être mué en envahisseur de l'Eglise. Charles mourut dans l'année et, durant les deux siècles qui suivirent, la Sicile, qui avait servi longtemps de camp d'entraînement pour Carthaginois et Romains, devint celui des Espagnols et des Français.

Au retour d'une expédition punitive en Aragon, Philippe III tomba malade et mourut à Perpignan. Il avait quarante ans et derrière lui quinze ans de règne. Il assura l'intégrité du royaume et l'étendit à de nouvelles provinces. Il fut dans l'ensemble un souverain pacifique et rien n'explique véritablement son surnom de Hardi. Nous retiendrons qu'il accorda le privilège de l'anoblissement à ceux qui se distinguaient par les arts. Il accorda le droit d'héritage aux femmes, mais son fils, Philippe IV, rétablira plus tard les coutumes ancestrales.

Il laissait deux fils et une fille que lui avait donnés Isabelle d'Aragon. Ainsi qu'un fils et deux filles, de son second mariage avec Marie de Brabant.

Cette dernière lui survécut trente-six ans et resta particulièrement considérée à la cour de France, jusqu'à son trépas.

Maudits Rois

Voici venu le temps de nous intéresser aux ultimes rois de la branche capétienne directe. C'est-à-dire Philippe IV, dit le Bel, ainsi que ses trois fils. Sans, bien entendu, passer sous silence les exploits sportifs conçus et réalisés par ses brus, sans qui de nombreux problèmes pour la France ne seraient jamais survenus.

C'est fort souvent la même chose avec les princesses. Elles n'ont le plus souvent rien d'autre à foutre, qu'assurer la descendance d'une lignée puis, pour les plus veinardes, donner un héritier au trône. Elles doivent donc trouver des occupations pour faire passer, le plus agréablement possible, le reste du temps. C'est donc avec les complots et intrigues en tous genres, ainsi que les parties de jambes en l'air non officielles, qu'elles parviennent à remplir les pages désespérément vides de leurs agendas.

Chacun – ou presque – connaît l'œuvre de Maurice Druon. Y compris au sein des rares familles qui ne regardent pas la télévision. Que donc pouvoir relater sur cette période, sans risquer de faire du plagiat ! Car il semblerait que l'essentiel ait été rapporté. Mais, en cherchant bien, fort heureusement, pas tout.

En faisant quelques efforts, il doit être possible d'ajouter quelques pages supplémentaires. Cela ne sera certes pas sans difficultés, mais de toute évidence, notre célèbre académicien en a automatiquement oublié sous son fauteuil du quai de Conti. Et puis, tout le monde peut se tromper. Y compris un homme en habit vert.

Philippe IV était près de son père, lorsqu'il trépassa à Perpignan. Il avait dix-sept ans. Il se précipita à Reims et se fit couronner, en même temps que sa très jeune épouse et quatorze années, Jeanne de Navarre, fille d'Henri I°, roi de Navarre, comte de Champagne et de Brie.

Pour un connaisseur, le Champagne et le Brie, ce n'est pas évident que ça se marie bien ensemble. Mais bon, là n'est pas l'essentiel.

Jusque-là, pas de problèmes. Nous possédons tous sensiblement les mêmes bases.

En cadeau de bienvenu au club royal, Philippe le Hardi laissait à son fils trois dossiers brûlants. De quoi se faire la main, avant de se préoccuper efficacement des problèmes financiers. C'est-à-dire des Juifs : habituel. Des banquiers : relativement nouveau mais plein d'avenir. Puis, enfin des Templiers : une innovation.

La première difficulté était représentée par les trônes de Naples et de Sicile, sur lesquels il convenait d'asseoir définitivement Charles le Boiteux, fils et héritier de Charles I° d'Anjou. Après la mort de son père, le jeune Charles était parvenu à reconquérir les deux royaumes. Mais rien n'était pour autant assuré ; la situation restait fragile, car l'ennemi ne l'entendait pas ainsi. Ce qui était logique, puisque cela faisait partie de son boulot.

La seconde affaire concernait le royaume d'Aragon. Suite aux Vêpres siciliennes, en guise de représailles envers Pierre le Grand, qui avait un temps usurpé le trône de l'île, le pape avait proposé la couronne à Philippe III, qui l'avait acceptée, puis remise à son second fils, Charles de Valois.

Enfin, le troisième problème, c'était la Castille. Don Sanche IV en possédait toujours la couronne, au détriment des deux enfants de Ferdinand de La Cerda et de Blanche, fille de Saint Louis et devenue veuve avant la mort de son beau-père, Alphonse X.

En sus des peines inconsolables pour les proches, le décès prématuré d'une génération intermédiaire est toujours source d'ennuis. Sauf, c'est une évidence, pour les notaires et les avocats.

C'est alors qu'apparut, quelle surprise, Edouard I°, roi d'Angleterre. Cela faisait longtemps que les îliens n'étaient pas venus semer la pagaille sur le continent. Edouard se considérait triplement intéressé par ces business. Momentanément, il se trouvait allié avec toutes les parties. Mais cela ne pouvait durer indéfiniment, histoire de respecter les coutumes ancestrales. Ensuite, il était, directement ou indirectement, apparenté à de nombreux souverains. Puis, pour finir, le fait de pouvoir, à défaut de contrôler la situation, créer quelques désordres supplémentaires entre les monarques impliqués dans ces affaires, n'était pas sans lui procurer quelques satisfactions personnelles.

Pour commencer, il décida – officiellement – de vivre en bonne intelligence avec Philippe le Bel. Pour concrétiser ses bonnes dispositions, il vint à Paris, où il fut reçu en grandes pompes, afin de rendre hommage à son nouveau suzerain, pour les comtés qu'il possédait toujours en France. Il céda même quelques terres qui étaient encore siennes dans le Quercy, contre la modeste somme de trois mille livres tournois. Le plus surprenant dans cette transaction, est que Philippe s'acquitta de sa dette !

Bien entendu, ce carnaval n'était que façade en trompe-l'œil. Car les deux rois avaient en tête une idée fixe et identique ; faire épouser à leur fils aîné, la fille de Guy de Dampierre, comte de Flandres. Le Français, dans l'intention de pouvoir se défendre d'une attaque toujours possible des Anglais, en les empêchant de posséder d'importantes positions stratégiques en cette province. L'Anglais, dans l'espoir d'avoir un important pied-à-terre sur le continent, pour le cas où il lui viendrait à l'idée de venir ferrailler en France.

D'ailleurs, Edouard avait déjà commencé ses grandes manœuvres. Il avait prêté une somme d'argent considérable à Adolphe de Nassau, empereur d'Allemagne, sous réserve que celui-ci entre en guerre à ses côtés, en cas de conflit entre la France et l'Angleterre. Il en avait fait de même avec Amédée, comte de Savoie. De plus, il avait marié l'une de ses filles à Henri, comte de Bar et une autre à Jean, duc de Brabant. L'encerclement était commencé. En France, il finançait les partis des mécontents et les tenait en réserve, en cas de besoin.

En France, ces procédés sont désormais interdits. Il est donc indispensable de faire dans la discrétion et surtout ne pas se faire prendre.

Un précurseur, le roi Edouard ! Il est vrai que dénicher des mécontents en France, ne représente jamais une tâche insurmontable. Surtout à notre époque, mais nous nous trouvons dans une autre configuration : c'est pleinement justifié.

La mise en place terminée, les négociations purent enfin commencer, dans l'espoir de résoudre les problèmes italiens et espagnols. Après bien des péripéties, Philippe dut se résoudre à constater qu'il n'était pas de taille à guerroyer et fut contraint d'abandonner toutes prétentions sur les royaumes de Castille et d'Aragon. Puis, un malheur n'arrivant jamais seul, en Italie, il perdit son plus beau fleuron, qui était la Sicile. Il parvint tout de même, mais in extremis, à sauver le royaume de Naples du désastre.

Pour Philippe le Bel, le moins que l'on puisse constater, est que le début de son règne n'était pas particulièrement brillant, niveaux diplomatique et militaire.

Ces histoires étant réglées, dans des conditions peu glorieuses pour la France, les projets de guerres entre Français et Anglais, purent enfin se mettre en place. Comme il était nécessaire de trouver un motif, il se présenta dans le port de Bayonne, qui appartenait à l'Angleterre, suite à de simples rixes entre matelots ivres, ce qui ne représentait qu'une partie de leurs activités professionnelles. Conséquence de quoi, pour laver l'affront, les Anglais envoyèrent des renforts en Aquitaine, d'où elles furent chassées par les troupes de Charles de Valois, frère du roi de France et de Robert d'Artois, son cousin.

Pendant que ces querelles se déroulaient au sud du royaume, les Français en avaient profité pour débarquer sur le sol anglais, où ils commirent de nombreuses exactions, au détriment des populations – du classique – mais sans aucune véritable influence notoire, quant à l'évolution des échanges culturels entre les deux pays.

Mais le plus contrariant restait à venir. Le mariage entre le jeune Edouard et la fille du comte de Flandre, était sur le point de se concrétiser. Tout en préparant discrètement la guerre contre la Flandre, Philippe réussit à attirer à sa cour, Guy de Dampierre accompagné de sa fille, sous prétexte de négociations. Nous savons tous ce que vaut la parole politique ; dès leur arrivée à Paris, les *invités* furent faits prisonniers, puis enfermés en la tour du Louvre. Le comte fut finalement libéré et reçut l'autorisation de s'en retourner dans ses Etats, mais sous réserve que la jeune princesse soit retenue en otage à Paris, en gage de fidélité. Elle en mourut de chagrin quelque temps plus tard. Nous ignorons quelle était exactement la nature de son chagrin car, pour le cas où elle aurait été mariée au futur Edouard II, niveau des relations sentimentales, elle ne risquait absolument rien. Fort logiquement, cette situation irrita considérablement Guy de Dampierre qui, ivre de rage, déclara la guerre à son suzerain le roi de France. Ce qui, à l'époque féodale, était considéré comme le méfait le plus grave pouvant être commis. Une véritable félonie.

Philippe passa en Flandres, à la tête de soixante mille hommes. Robert II, comte d'Artois, commandait l'armée lors de la bataille de Furnes, durant laquelle il perdit son fils Philippe. Cette situation donnera par la suite, à Mahaut, sœur de feu Philippe, l'occasion d'évincer son neveu Robert III de l'héritage d'Artois, non sans ferme et logique opposition de celui-ci. Cela se soldera par un procès retentissant, durant le règne de Philippe VI de Valois, dont l'issue défavorable pour le comte, sera la cause de bien des malheurs pour la France. Mais une aubaine pour les historiens, conteurs et cinéastes.

En véritable chef d'Etat connaissant la finance, Philippe le Bel était un très grand spécialiste des caisses vides. Les guerres et l'entretien des maîtresses royales, ont toujours coûté extrêmement cher au peuple. On a dit également qu'il était cupide.

Ce qui est certain, est qu'après des premiers pas, plutôt mal assurés, Philippe se mit en tête de coiffer les couronnes de l'empire d'Allemagne et du royaume d'Espagne. Deux pays se trouvant sous l'emprise totale de l'Eglise. De fait, son rêve intime, était de constituer un empire européen et, bien entendu, d'en ceindre la couronne. Il se prenait pour Charlemagne et ne sera pas le dernier dans ce cas. Encore que depuis la fin de la Seconde Guerre mondiale, la tendance est de se prendre pour Napoléon, mais jusqu'à présent, sans absolument aucun résultat probant. Bien au contraire.

Le roi de France se lança donc sur le sentier des réformes. Déjà ! C'est ainsi qu'il inventa l'impôt sur le travail, hypocritement appelé de nos jours, impôt sur le revenu. Plus l'on travaille, plus l'on doit reverser d'argent à l'Etat ; ce n'est en fait qu'une certaine forme de proxénétisme déguisé. Mais, beaucoup plus grave pour le bon suivi de ses relations professionnelles, il décida de taxer le clergé. Incroyable ! Faire payer le maximum d'impôts par les plus pauvres, c'était la coutume. C'est d'ailleurs toujours la coutume. Mais imposer les nantis, cela ne s'était encore jamais vu. Ce procédé inacceptable, déplut au plus haut degré au pape Boniface VIII, qui défendit aux ecclésiastiques de payer les deniers, sous peine d'excommunication. Le choix était vite fait. Mais Philippe n'en n'eut cure et persista dans sa volonté de lever des taxes sur l'Eglise. Il s'ensuivit une relation plus que tendue entre le monarque et le pape. D'autant plus qu'Edouard d'Angleterre se rangea, c'est une évidence, du côté de Rome, mais sournoisement offrit ses bons et loyaux services au roi de France, afin de trouver une solution acceptable pour tous. Philippe, peu avisé sur ce coup là, accepta la médiation, pensant tout simplement pouvoir gagner du temps. Le temps, c'est de l'argent, dit le proverbe mais il ne précise pas si c'est de l'agent gagné ou perdu...

En la circonstance, quelle ne fut pas la déconvenue pour Philippe, de voir arriver à Paris, l'évêque de Durham, ministre d'Edouard, afin de lui remettre la bulle du pape, confirmant expressément son refus de céder aux injonctions financières du roi de France ! Pour toute réponse, Philippe fit condamner cette bulle par le Parlement, ainsi que le principe de l'autorité papale sur les affaires intérieures du royaume.

Ce en quoi il n'avait pas tout faux. Malheureusement, huit siècles plus tard, le risque existe véritablement, de connaître une sacrée déconvenue, quant à la possibilité de voir une nouvelle religion continentale s'installer dans les affaires intérieures du pays... !

Fort dépité, le Bel se prépara à de nouveaux affrontements avec les Anglais. Par chance provisoire, Edouard se trouvait déjà en guerre dans son île. Au nord, contre les Ecossais et à l'ouest contre les Gallois. Il ne connaissait donc d'autre possibilité que voir s'établir une période de répit du côté de la France.

On ne peut être partout à la fois.

Cherry sur le pudding ; le roi anglais se décida subitement à épouser, en secondes noces, Marguerite, sœur du roi de France. Quelle idée ! Devenues belles-sœurs, les deux reines tentèrent d'entreprendre des négociations, dans l'espoir de réconcilier leurs époux. Un accord fut conclu mais, Philippe refusa d'abord de le ratifier. Ce qui lui permit, le temps de continuer les palabres, de s'approprier l'Aquitaine. Finalement, en 1303, un traité fut signé entre les deux rois, qui prévoyait, entre autres bizarreries, que Philippe donnait l'Aquitaine à sa fille Isabelle et qu'Edouard donnait cette même province à son fils, le jeune Edouard. Afin d'apporter un minimum de cohérence à l'affaire, il fut convenu qu'Edouard et Isabelle seraient mariés. Le pire venait d'être évité, dans les relations franco-anglaises du moment, mais ce n'était que de façon provisoire.

Il n'entre pas dans nos intentions d'utiliser cet ouvrage, afin d'en faire un agenda de dates historiques. D'autant que la connaissance de celles-ci n'est pas systématiquement essentielle. (Par exemple : qui se souvient de la date de ma naissance ? NDLA.) Si la date de cette année 1303 a été rapportée, c'est dans l'intention de trouver un prétexte pour rappeler qu'à cette époque, le calendrier julien était encore d'usage. Et que l'année officielle commençait le jour de Pâques, fête mobile se situant entre le 22 mars et le 25 avril. Ce qui nous permet d'émettre quelques réserves, quant aux certitudes enseignées sous l'égide du ministère de l'Education nationale. Les dates historiques officiellement reconnues, ayant pu être victimes d'erreurs d'interprétation. Ce n'est qu'en l'an 1582, que le calendrier grégorien sera officiellement adopté.

Ce qui reviendrait à constater que, lors d'un examen, en répondant correctement à une question fausse, il n'est pas impossible d'être victime d'une mauvaise notation.

Bénéficiant d'un répit passager du côté de l'Angleterre, le roi de France, qui n'appréciait pas particulièrement les périodes de tranquillité, se tourna de nouveau vers la Flandre et son comte Guy, qu'Edouard avait abandonné. Un projet d'invasion fut préparé et les armées françaises furent placées sous les ordres du Charles de Valois. Après une série de défaites, le Flamand s'en tint aux conseils de Charles et vint se prosterner aux pieds de Philippe, assuré qu'il était, d'une paix honorable. Hélas, le roi de France renia la parole de son frère et fit enfermer Guy, ses deux fils, ainsi que les seigneurs qui les accompagnaient lors de cet hommage, sous prétexte de félonie. Sitôt, il s'empressa de rattacher la Flandre à la couronne de France.

C'était toujours ça de pris.

Fort contrarié que sa parole n'ait pas été respectée, Charles se retira quelques années en Italie, où il possédait toujours des domaines et des prétentions sur la couronne de Naples. Il en acquit de nouveaux, en se mariant avec Catherine, fille de Baudouin de Courtenay, empereur de Constantinople.

A l'occasion, il tenta de calmer quelque peu les ardeurs des Guelfes, les noirs partisans du pape, qui s'affrontaient aux blancs Gibelins, qui soutenaient l'empereur romain germanique. Il profita de la circonstance pour faire s'exiler à Ravenne le Florentin Dante, qui avait pris le parti des blancs modérés. Le poète se vengera plus tard en noircissant la mémoire de Charles de Valois dans son poème *l'Enfer*.

Pendant ce temps en France, histoire de se changer quelque peu les idées, Philippe décida de s'en aller visiter sa nouvelle province flamande, en compagnie de son épouse. La reine Jeanne fut fort étonnée, en arrivant à Bruges, de voir que les dames de la ville étaient parées des plus beaux atours. Elle perçut cette situation comme une offense et s'en plaignit au roi son époux qui, avant de s'en retourner vers Paris, laissa sur place une bande de dangereux détrousseurs publics, placée sous le commandement d'un certain Pierre Flotte qui, pour la circonstance, fut pompeusement élevé au grade d'administrateur fiscal. Face à tant de richesses exposées, Philippe était persuadé ainsi de pouvoir remédier à ses ennuis financiers, en dépouillant les populations locales. Le problème est que les Flamands étaient habitués à être traités avec beaucoup d'égards de la part de leurs seigneurs. Aussi, la révolte ne tarda-t-elle pas à gronder.

En ce temps, se trouvaient beaucoup d'hommes, de vrais, au sein des populations. Il est vrai qu'ils n'étaient pas muselés par les crédits à rembourser, d'où une certaine liberté d'action.

Les luttes furent terriblement sanglantes. La plupart des Français présents en Flandre, furent massacrés. Ce qui, pour la plupart, ne représentait pas une grosse perte. Informé de la situation, Philippe se préparait à se rendre en Flandre, pour punir sévèrement les coupables de ces soulèvements. C'est alors que sa sœur Marguerite, reine d'Angleterre, le fit informer de ne pas s'éloigner de Paris, car en France également, la colère du peuple montait et une insurrection d'ampleur se préparait. Les causes principales en étaient les impôts nouveaux qui ne cessaient de s'abattre sur le peuple, ainsi que l'altération des monnaies, décidée par le roi. Ce qui fit surnommer Philippe IV le *roi Faux Monnayeur*.

La technique mise au point par le roi, consistait à faire gratter les monnaies, récupérer ainsi du métal précieux, puis en faire de nouvelles pièces. Cette escroquerie étatisée fut bien rapidement découverte, ce qui entraîna une dévaluation des monnaies de l'ordre de 70%, qui retrouvèrent sensiblement le cours qu'elles avaient durant le règne de Saint Louis.

Une dévaluation ne fait que résoudre superficiellement et temporairement les problèmes budgétaires d'un Etat. Elle reporte à l'échéance suivante, les difficultés du jour. Et, comme toujours en la circonstance, ce sont les citoyens contribuables, qui font les frais de l'opération. Par exemple, lorsque le trio infernal Mitterrand/Mauroy/Delors dirigea les affaires de la France, une première dévaluation du franc de 3% fut décidée en 1981, une seconde de 5,75% en 1982 et une troisième en 1983 fit perdre à la monnaie nationale d'alors, 8% par rapport au marc allemand. Résultat : c'est à partir de ce gouvernement socialiste, que la dette de l'Etat se mit à exploser.

Qui s'en souvient ?

Mais revenons vers le Paris féodal. Effectivement, dans la capitale, mais également les plus importantes villes du royaume, des émeutes se produisirent. Pour se protéger, Philippe se réfugia quelques temps au Temple. En la circonstance, il semblerait que les Templiers n'aient pas fait preuve d'un accueil particulièrement chaleureux envers le roi. Particulièrement au niveau de la trésorerie royale. Ils n'auront pas affaire à un ingrat.

Dans ces conditions, ne pouvant prendre lui-même le commandement de ses armées, il les plaça sous les ordres de son cousin, Robert II d'Artois, dit le Noble. Le même qui, quatre années auparavant, avait déjà battu les Flamands, lors de la bataille de Furnes, durant laquelle il avait perdu son fils. Robert était un grand chef de guerre, mais impétueux et toujours certain de son fait. Il tomba dans un piège tendu par les Flamands, près de Courtrai. Son armée fut taillée en pièces et il périt lui-même durant le combat, lors de la bataille des *Eperons d'or*. Quatre mille paires d'éperons dorés furent en effet prises par les Flamands, sur les dépouilles des chevaliers français et seigneurs de la haute noblesse.

Immédiatement, les Flamands déclarèrent à nouveau leur indépendance et nommèrent à leur tête Guy, comte de Namur, né du second mariage de Guy de Dampierre.

Ces événements n'empêchaient pas Philippe de se trouver encore en conflit avec le pape. Boniface VIII, décida d'envoyer un nouveau légat à la cour de France, afin de tenter enfin une conciliation, suite à une plainte déposée au Saint-Siège par l'archevêque de Narbonne. La raison en était toujours la même : une sombre histoire de prétentions financières exigées par le roi, sur les biens de l'évêché. En guise de réponse, Philippe fit enfermer l'envoyé de Rome dans le château de Senlis. Ce qui déplut fortement au Saint Père, qui venait de dépasser sa quatre-vingt-cinquième année et commençait à connaître de douloureux problèmes de santé, dus à une sexualité débordante. Il entra dans une colère folle et menaça le roi d'excommunication, puis mettre le royaume en interdit.

Le temps passe, les méthodes persistent.

Persistant dans ses intentions, Philippe convoqua une assemblée, composée des grands seigneurs du pays, ainsi que des évêques, lors de laquelle il fit condamner le pape pour sa conduite. Ce qui ne modifia en rien les projets de ce dernier. A son tour, il organisa un concile à Rome et ordonna aux évêques français de s'y rendre. Bien entendu, le roi de France leur interdit formellement d'effectuer ce déplacement à haut risque pour le royaume.

Ce qui devait arriver arriva. Philippe fut officiellement excommunié et, comme cela ne semblait pas suffisant comme châtiment, le pape offrit la couronne de France à Albert d'Autriche qui, judicieusement, la refusa. Dans la foulée, Philippe organisa une seconde assemblée, durant laquelle fut présenté un acte d'accusation reprochant au pape d'être : « *hérétique, simoniaque, fornicateur, sodomite, incestueux, meurtrier, sorcier, de ne pas croire en la Sainte Eucharistie, de prêcher la haine contre les Français et d'avoir fait assassiner Célestin V, son prédécesseur, afin de lui piquer sa place.* » Rien que cela ! Concernant cette dernière accusation, elle n'était que partiellement véridique. En vérité, sous la pression de Boniface, alors connu sous le nom de Benoît Caetani, Célestin s'était contenté d'abdiquer, car il tenait à la vie. Il ne la conservera pourtant qu'une seule année, après avoir été arrêté puis enfermé au couvent de Fumone, près de Naples. L'Histoire de l'Eglise ne précise pas s'il s'agissait d'une mort naturelle. Concernant les autres accusations, nous savons – qu'à l'époque – les princes de l'Eglise s'adonnaient aux plaisirs charnels en compagnie de jeunes gens et jeunes filles, qu'ils menaçaient de faire accuser de sorcellerie, pour le cas où ils se permettraient de repousser leurs propositions libertines.

Ce n'était déjà pas si mal.

Nous nous trouvons ici, bien loin de l'interdiction des méthodes contraceptives, plus que chaudement recommandée par l'Eglise contemporaine. Il est vrai qu'avec les gardes suisses, les capuchons *made in English* ne trouvent pas leur utilité, au niveau de la reproduction de l'espèce.

En retour, Philippe demanda qu'un nouveau concile soit convoqué, auquel il assisterait personnellement et durant lequel le pape serait condamné. L'intention réelle de Philippe, était de faire enlever le pape durant cette assemblée, qu'il désirait voir se dérouler en la ville de Lyon.

Projet que, comme il fallait s'y attendre, Boniface refusa empressement. Il se retira à Anagni, sa ville natale, où il pensait pouvoir se trouver en sécurité à l'intérieur de son palais forteresse. Car il était persuadé qu'en restant à Rome, il serait prochainement victime d'un enlèvement. Il est vrai qu'en sus du roi de France, Boniface possédait de nombreux ennemis dans la place. De naturel belliqueux, il faisait partie du puissant clan des Caetani, farouche ennemi de celui des Colonna, dont son prédécesseur, Célestin V, était issu. Au sein des deux familles, tous étaient corrompus et assoiffés de pouvoir. A peine parvenu sur le trône de Saint Pierre, la première œuvre humanitaire de Boniface, fut d'offrir la pourpre cardinalice à trois membres de sa famille, dont son frère ainsi que son neveu François pour qui, en la circonstance, il fit annuler le mariage, mais pas les relations sexuelles. Parmi ses parents, vingt deux furent nommés évêques ou archevêques. Deux furent élevés à la dignité de comte.

Fort heureusement, en France, Philippe IV possédait en Guillaume de Nogaret, outre un Premier ministre fidèle, mais également un garde des Sceaux, un légiste de circonstance et un agent secret, administrateur des basses oeuvres. Un peu comme si, de nos jours, Valls le picador cumulait les fonctions de chef du gouvernement, de ministre de l'Injustice, de ministre de l'Intérieur et de big boss de la police politique. Une telle position doit faire rêver plus d'un élu de nos jours. Car ne l'oublions jamais ; en tout politicien, il y a un dictateur qui sommeille.

Nogaret fut envoyé en Italie, pour une mission très spéciale. Durant son séjour, il résida au château de Staggia, près de Sienne, propriété des frères Guidi qui, par le plus grand des hasards, étaient banquiers de Philippe et ses proches. Dans un premier temps, le but officiellement avoué, était d'empêcher le pape de prononcer l'excommunication du roi de France, ainsi que la mise en interdit du royaume.

Il est quelquefois admis que l'intention véritable du roi de France, était de faire assassiner le pape. A priori, il semble plus raisonnable de retenir la théorie selon laquelle il désirait le faire prisonnier, le ramener en France pour le juger, puis instaurer ensuite le siège de la papauté à Avignon, ville proche du Comtat Venaissin, domaine vassal de la papauté. Cette dernière version, semblant plus probable.

Ce qui est acquis est que, lorsque Nogaret se rendit à Anagni, le clan des Colonna s'y trouvait déjà. Et que leur intention était identique à celle de l'envoyé du roi de France. C'est-à-dire se débarrasser de ce pape devenu trop encombrant. Et cela, d'une manière ou d'une autre. Ce qui n'était pas trop catholique. Finalement, après bien des tractations, Boniface accepta d'annuler son projet d'excommunication de Philippe, puis s'engagea à organiser un concile au cours duquel il serait jugé. Bien entendu, point n'était son intention de s'y rendre. Mais le pape était âgé et ces événements l'avaient fatigué énormément. Déjà qu'il n'avait pas besoin de ça, pour garder la chambre. Un mois plus tard, alors qu'il venait de revenir à Rome, il fut pris d'une fièvre violente qui l'emporta dans de très brefs délais. Enfin c'est ce qui fut rapporté. Ce trépas lui évita de se parjurer.

Au fait, il a un confesseur, le pape ?

Avant que trépasser, Boniface VIII eut tout le même le temps de maudire Philippe le Bel, ainsi que sa descendance, jusqu'à la quatrième génération.

Guillaume de Nogaret ne sera informé de ce décès, que lors de son voyage retour, mais recevra pourtant cinq cents livres, prises sur le Trésor, pour *« services rendus en des affaires importantes et difficiles. »*

De là à émettre quelques doutes, quant à la version officielle, il n'y a qu'une fiole de poison à franchir.

Avant de reprendre le cours des affaires courantes, notons que c'est durant le règne de Philippe IV, que Jean de Garancière composa les poèmes commençant par ces mots : *« A la claire fontaine, m'en allant promener... »* Nous nous arrêtons ici, car l'œuvre comporte 41 150 vers. Faire imprimer l'ensemble du texte ne pourrait qu'irriter les mouvements Verts, guère connus ni reconnus pour leur orientation lyrique.

Au fait, elles se situent où, leurs orientations ?

Benoît XI succéda à Boniface, sur le trône de Saint Pierre. Il se présentait comme un souverain pontife plutôt modéré. Concernant les dossiers excommunications, il fit annuler les dispositions prises par son prédécesseur, à l'exception des fauteurs des événements d'Anagni, soit certains membres du clan Colonna, ainsi que Guillaume de Nogaret. Une mort précoce lui évita de devoir prendre des dispositions contraires à celles souhaitées par ses ennemis. Certains affirmèrent qu'il périt empoisonné, d'autres qu'il trépassa, suite à une indigestion de figues, car il adorait se régaler de ce fruit. La vérité est probablement qu'il mourut de la consommation trop importante de figues empoisonnées.

Deux bandes rivales se retrouvèrent confrontées lors du nouveau conclave. D'un côté les Italiens, de l'autre les Français. Après neuf mois de luttes acharnées, Nicolas di Prato, évêque d'Ostie, pensa avoir déniché l'idée du siècle. Il proposa que les Italiens présentent trois candidats qui ne seraient pas de leur pays. Puis, les Français éliraient ensuite, dans un délai de quarante-cinq jours maximum, l'un de ces trois personnages. Il était nécessaire de prendre le temps de bien réfléchir.

Parmi les trois prétendants à la succession, les Italiens retinrent Bertrand de Got, archevêque de Bordeaux. Pour la simple raison que celui-ci avait connu, dans le passé, de nombreux différents avec le roi Philippe. Ils pensaient donc être tranquilles, quant à la possibilité de le voir être élu. Au pis aller, les Italiens étaient persuadés que, pour le cas où le Français coifferait la tiare, il se rangerait à leur côté, de façon à se venger du roi de France.

Pape, c'est comme roi ou Président de la République. C'est un job qui ne se refuse pas. C'est pourquoi le Got, en fin politicien, se plia aux désirs de son ennemi Philippe, dans l'espoir d'être élu. Question religion, on verrait plus tard.

Pour ce faire, Philippe avait émis cinq exigences. La première était de rétablir des relations convenables entre le royaume de France et l'Eglise. La seconde, annuler toutes les condamnations prononcées à son encontre, ainsi que ses ministres, conseillers spéciaux, vassaux et alliés. Jusque là, pas de problèmes particuliers. Ensuite, le futur pape devait s'engager à laisser le roi de France disposer, durant cinq années, des deniers du royaume destinés à l'Eglise. Ici, la situation commençait à se compliquer. Dès que l'on parle argent, il en est toujours ainsi. Surtout lorsqu'il s'agit d'encaisser celui des autres. Puis, enfin, il devait faire condamner officiellement la mémoire de Boniface VIII.

Quant à la cinquième disposition, le roi la communiquerait lorsque le temps serait venu !

Bien entendu, Bertrand de Got promit tout de go. Dès lors, Philippe put faire parvenir un courrier à Rome, informant les cardinaux de sa décision. D'abord surpris, les membres du conclave confirmèrent assez rapidement que le prélat bordelais deviendrait le nouveau pape. Il fut confirmé lors d'une cérémonie grandiose qui se tint à Lyon et prit le nom de Clément V. Sa première décision fut de s'installer à Avignon. Ce qui ne tarda pas à courroucer les cardinaux italiens. Toutefois, étant donné que le réseau routier était très mal entretenu à cette époque, le nouveau pape et sa suite mirent quatre ans avant de parvenir à destination. Il faut préciser ici que le palais des Papes, tel que nous pouvons l'admirer de nos jours, n'était pas encore construit. Le pape Clément résida environ cinq années en Provence ; quelquefois en Avignon, mais également à Carpentras, à Pernes les Fontaines, ou au couvent de Malaucène, situé au pied du mont Ventoux. Ces villes se trouvaient situées en terres pontificales.

Paradoxe pour un pape, Clément V se trouve à l'origine du mot *bordel*. Lorsqu'il se trouvait en voyage d'affaires, en tant que simple évêque, donc presque incognito, il se plaignait régulièrement que les femmes n'étaient pas aussi jolies et conciliantes qu'en sa bonne ville de Bordeaux. Lorsque devenu pape, il s'installa à Avignon, il finit par admettre que les filles de la région étaient aussi belles et avenantes que celles de sa Gascogne natale. De toutes les façons, comment faire pour résister aux avances d'un pape, sans risque de se faire excommunier.

Il se dit dès lors qu'elles étaient de véritables filles de Bordeaux. Et un singulier vint tout naturellement s'ajouter à ce dicton : des filles de Bordeaux, une fille de bordel.

Nous nous trouvons ici, devant un parfait exemple de l'évolution populaire de la langue française.

Pour la circonstance, Avignon devint pour longtemps la capitale de la prostitution. Ce qui nous permet de constater que les dons faits à l'Eglise étaient alors utilisés de façon charitable. La ville conserva d'ailleurs son statut de *ville ouverte*, quelque temps encore après le vote de la loi Marthe Richard, qui exigeait la fermeture en France, de toutes les maisons closes.

Fermer une maison close ; un sacré paradoxe !

Il restait maintenant au pape Clément, à exécuter les ordres du roi de France. Pour le premier commandement, il n'y eut aucun problème. Pour le second, le pape émit une réserve envers Guillaume de Nogaret. Il fut convenu que, dans le but de se faire pardonner ses péchés, il devrait aller combattre en Terre sainte, pour le cas où une neuvième croisade serait organisée. Comme il n'y en eut point, cette mesure ne posa aucun problème. Concernant la troisième prescription, les choses furent plus compliquées, car on abordait ici une question financière. Un compromis fut toutefois trouvé, sous réserve qu'une bulle papale fixe le cours des monnaies. Ce qui fut fait mais, à l'arrivée, il s'avéra que Philippe n'y trouvait pas son compte. Il lui fallait donc trouver rapidement une combine pour trouver des écus d'autre façon. Il se contenta de reprendre la recette déjà utilisée par ses aïeux Philippe-Auguste et Saint Louis : il bannit les Juifs qui étaient revenus en France, hors du pays. Cette formule lui permit de s'approprier l'ensemble de leurs biens. Il est vrai que ceux-ci étaient habitués à ces contraintes. Craignant de se faire assassiner, avant d'avoir eu le temps de fuir, les plus avertis se réfugièrent dans le Comtat Venaissin, qui appartenait à l'Eglise. Pour la simple et évidente raison que le pape tolérait que l'on massacre les Juifs en France, mais pas dans les terres faisant partie du domaine pontifical. On ne peut tout accepter, même d'un roi chrétien !

Enfin arriva le quatrième commandement ; le pape se fit quelque peu tirer l'oreille mais, un concile – un de plus – fut assemblé en la ville de Vienne, dans le Dauphiné, afin de clore définitivement le dossier de feu Boniface VIII. Un accord finit par être trouvé, qui convenait à toutes les parties. Il est vrai que ce pape ne laissait pas que des regrets derrière lui.

Nous ignorons quelle était la teneur de la cinquième exigence royale. Mais, compte tenu des événements qui se produisirent ensuite, tout laisse à supposer qu'il s'agissait de régler définitivement le cas des Templiers. Ce qui ne déplaisait pas forcément à l'Eglise, qui voyait en cet ordre, une puissance de plus en plus incontestable et incontestée, pouvait nuire à son aura. Et à ses recettes. Le but de la manœuvre était toujours le même : faire main basse sur les immenses richesses détenues par les

229

moines soldats, tous issus de la noblesse, pour tenter – toujours en vain – de renflouer le Trésor royal.

Effectivement, deux années après l'avènement de Clément V, la chasse aux Templiers s'organisa. Ils furent arrêtés, condamnés avant d'être jugés, puis passés sur le bûcher, sous les prétextes d'hérésie, sodomie, infanticides, débauche et autres péchés mignons. Certains parvinrent toutefois à s'échapper et furent reçus à bras ouverts par le roi d'Angleterre. D'autres se réfugièrent en Allemagne, en Espagne ou au Portugal. C'est plus vraisemblablement dans l'espoir de voir les richesses des Templiers, tomber dans leurs escarcelles, que par esprit charitable, que ces souverains furent incités à les accueillir. Mais ce qui est certain, est qu'en ces pays, l'ordre continua de survivre encore longtemps. Côté légal, un nouveau concile organisé à Vienne, confirma le bien fondé des dispositions royales et l'affaire partit – si l'on peut dire – en fumée. L'honneur de Philippe IV et de l'Eglise était sauf. Ce n'était pas l'essentiel, mais c'était toujours ça.

Quant au fameu *Trésor des Templiers,* non seulement Philippe le Bel ne parvint jamais à mettre le grappin dessus, mais huit siècles plus tard, on court toujours après. A moins que des petits cachottiers ne nous aient escamoté quelque information ?

Tant a été écrit sur les Templiers, de façon plus ou moins sérieuse, plus ou moins informée, que nous éviterons de rajouter quelques pages inutiles, de toutes les façons sujettes à caution. Nous rappellerons simplement que, sur le bûcher, le grand maître, Jacques de Molay, qui était également parrain de l'un des fils du roi, ainsi que les plus hauts dignitaires de l'Ordre, appelèrent le pape Clément, le roi Philippe ainsi que Guillaume de Nogaret, a comparaître dans l'année suivante, devant le tribunal de Dieu.

Après la malédiction jetée sur le roi de France et sa descendance par le pape Boniface VIII, cela commençait à faire beaucoup.

Le problème est que ces prophéties se réalisèrent. Probablement un effet du hasard, mais quand même, ça peut donner à réfléchir ! Car, non seulement Philippe sera frappé lui-même, mais ses trois fils disparaîtront sans laisser de postérité mâle. Quant à sa fille, Isabelle, mariée au roi d'Angleterre, elle donnera naissance à Edouard III et c'est ce propre petit-fils de Philippe le Bel qui déclenchera contre la France, le conflit le plus long que le continent européen n'ait jamais connu : la guerre de Cent ans, qui en réalité dura cent seize ans.

Que l'on en juge un peu :

- Le bûcher sur lequel périrent les principaux dirigeants de l'ordre du Temple, date de mars 1314.

- Le pape Clément V, mourut en avril 1314. Alors qu'il avait décidé de s'en retourner chez lui, à Bordeaux, il s'arrêta un soir à Roquemaure du Gard, excessivement fatigué. Il fut reçu par le seigneur des lieux, un certain Guillaume Ricard dont les terres, paraît-il, produisaient le meilleur vin de France. Cela ne peut s'inventer. Il y mourut treize jours plus tard, au beau milieu des vignes du Seigneur.

- Philippe le Bel trépassa en novembre 1314. Il passa la dernière année de sa vie dans des réflexions profondes, qui le tourmentaient nuit et jour et le menèrent semble-t-il au trépas. Ce qui est certain, est qu'il souffrait de maux d'estomac, qu'il fit une chute de cheval au d'une partie de chasse, qu'il se brisa une jambe et que la plaie s'infecta. Sentant sa fin prochaine, il demanda à être ramené à Fontainebleau, où il était né. Il y mourut trois jours plus tard. Paix à son âme, mais cela n'a pas dû être simple. Sa réputation se trouvait entachée par d'incessantes et excessives augmentations d'impôts. L'altération crapuleuse des monnaies, digne d'un agioteur contemporain. Les horribles massacres de la guerre des Flandres. Et son comportement odieux à l'égard des Juifs et des Templiers. Sans omettre qu'il fut, pour son compte personnel, le roi le plus dépensier que la France n'ait alors jamais connu.

Dans l'espoir de se faire pardonner ses innombrables péchés, avant que décéder, il recommanda à son fils Louis, de réduire les prélèvements obligatoires, afin d'atténuer quelque peu la misère du peuple. Parole de politicien, de sus moribond.

En guise d'oraison funèbre, Bernard de Saisset, évêque de Pamiers, déclara : « *que Philippe n'était qu'un fantôme. Une belle image, qui ne sait rien faire que regarder le monde et se faire regarder.* » Ce qui n'est pas, hélas, sans nous remettre en mémoire quelques individus actuels. Du vivant du roi, ce prélat avait déjà dit : « *Ce n'est ni un homme ni une bête. C'est une statue.* »

- Quant à Guillaume de Nogaret, qui avait organisé l'arrestation des Templiers en 1307, il était mort en octobre de la même année.

Durant le règne de Philippe IV le Bel, les croisades cessèrent. Lyon, une partie de la Flandre, la Champagne et l'Angoumois furent rattachés à la France. Il fut décrété que les apanages royaux retourneraient à la couronne de plein droit, après le décès de leurs détenteurs, qui ne devinrent de fait que des usufruitiers. Alors que depuis le règne de Hughes Capet, ces apanages ne pouvaient revenir à la France, que par alliance ou acquisition. Cette décision n'arrangea pas les affaires de tout le monde, c'est le moins que l'on puisse dire.

Nous nous souviendrons que de cette époque, date la création de la Confédération Helvétique, ce qui permit ensuite à Guillaume Tell, de réaliser bien des exploits, durant la révolte des Suisses, face à l'empereur Albert de Habsbourg. Et que Marco Polo inventa la mondialisation, qui allait favoriser les échanges internationaux. Et non point créer des problèmes intérieurs, comme essaient de nous le faire croire, huit siècles plus tard, nos dirigeants politiques, afin de masquer leurs impérities et leurs incompétences.

Bien entendu, il y a la conjoncture ; mais sauf erreur toujours possible, qui crée la conjoncture si ce ne sont les dirigeants politiques ?

Enfin, pour la petite histoire, c'est durant ce siècle que s'installa dans le Comtat Venaissin, la famille italienne des Ruggieri, créatrice des belles rouges et des belles bleues qui font de chaque 14 juillet, une journée de dur labeur pour quelques travailleurs saisonniers. Nous pourrions même dire des journaliers.

Le fils aîné du roi défunt, Louis dixième du nom, accéda au trône, âgé de vingt trois ans. Trois événements importants, surtout pour les autres, marquèrent son règne, qui ne dura que dix-huit mois. Un meurtre, un assassinat politique et une expédition militaire qui se solda par un échec retentissant.

Pour commencer, il fit étrangler son épouse, Marguerite de Bourgogne, alors retenue prisonnière en la forteresse de Château-Gaillard, pour cause d'adultères à répétition. Peut-être que le roi n'était pas une bonne affaire au plumard ? Car, comme le dit justement le proverbe : « *Il existe moins de femmes frigides, que d'hommes impuissants.* » Ce veuvage lui permit de se remarier avec Clémence de Hongrie, fille de Charles d'Anjou, dit – lui également – Charles Martel, roi de Hongrie. Puis, sitôt aller se faire sacrer à Reims, en compagnie de sa nouvelle épouse. Ce qui, financièrement, ne fut pas une affaire simple pour payer les frais afférents à cette cérémonie, car derrière lui, son père n'avait laissé que des caisses vides.

Cela fit dire au nouveau roi : « *Que sont donc devenues les décimes levées sur le clergé, les richesses qu'ont dû produire les altérations des monnaies, les subsides dont on a surchargé le peuple ?* » L'Histoire contemporaine prouve, sans discussion aucune, que ce n'est pas en faisant crouler la population sous les taxes et impôts divers que l'on établit des finances saines.

Mais tenter de faire comprendre cela à un politicien qui ne paye rien serait peine perdue !

233

Comme l'a si bien dit Winston Churchill : « *L'homme est incapable de retenir les leçons de l'Histoire.* »

Les affaires familiales les plus urgentes étant réglées, il convenait maintenant de trouver un responsable, hors la famille Capet, de l'état lamentable des finances. Sur proposition de Charles de Valois, frère de feu le roi Philippe, c'est Enguerrand de Marigny, ex-surintendant des finances, qui fut désigné comme responsable du désastre budgétaire. Il fut jeté en prison, déclaré coupable, jugé, condamné à mort, puis pendu au gibet de Montfaucon. Châtiment d'autant plus infamant pour un noble, que c'est Marigny lui-même qui avait fait construire ce gibet. Il n'eut pas la possibilité de faire plaider sa cause par son avocat et ami, Raoul de Presle, qui fut, avant de pouvoir intervenir, accusé calomnieusement et emprisonné, après avoir été dépouillé de ses biens. Après que Marigny eut été exécuté, il fut innocenté et libéré, mais ses avoir ne lui furent jamais restitués.

Cette procédure serait impensable de nos jours. Nous ne parlons pas de procès truqués ou de jugements échafaudés à l'avance. Mais de voir juger un ministre coupable d'une catastrophe financière. Sous la V° République, lorsqu'un ministre est doté d'une nullité invraisemblable et que cela se remarque trop, on se contente de le changer de ministère ou de lui dégoter un poste avantageux au sein d'une congrégation bien peinarde et bien rémunérée, telles les institutions européennes.

L'affaire ne fut toutefois pas si simple, car Charles de Valois ne parvenait pas à faire condamner Marigny, pour les crimes qu'il n'avait pas commis. C'est donc le délit de sorcellerie qui finit par être trouvé et retenu. Ainsi disparaissait un témoin fort gênant pour le Valois, qui lui également, avait participé plus que modestement au pillage du trésor royal.

Atteint d'une grave maladie, qui lui procurait d'affreuses douleurs, Charles de Valois décida, avant de rendre son âme au diable, de se repentir, pour le cas ou Dieu existerait. Il est certaines situations où il semble préférable de prendre quelques précautions élémentaires. On ne sait jamais. Avant de mourir, il fit distribuer des aumônes aux pauvres de Paris, avec ordre à ses officiers de demander aux miséreux *« de prier Dieu pour monseigneur Enguerrand de Marigny et pour monseigneur Charles de Valois. »*

Amen !

Pour autant, tous ces petits divertissements n'arrangeaient pas les affaires de l'Etat. Louis X convoqua la noblesse, puis les représentants du peuple, afin de leur demander des subsides extraordinaires, qui devraient être remboursés ultérieurement. Il fut interdit de refuser. Quant aux remboursements, a-t-on déjà vu un Etat, un Gouvernement, de quelque époque soient-ils, tenir ses engagements financiers ? D'ailleurs, à la date de ce jour, les descendants des familles flouées attendent, toujours en vain, la restitution des biens familiaux depuis ces prélèvements transitoires.

Le plus bel exemple (ou le plus odieux, c'est selon) concerne la CSG. Cette maltôte inventée par Rocard, en 1990, d'un montant de 1,10%, *à titre provisoire pour participer au financement de la dette de la Sécurité Sociale,* après avoir vu son taux relevé, successivement par Balladur puis Juppé, est devenue définitive et varie, selon la source où elle est puisée, entre 7, 5% et 10,2%. Bel exemple de fourberie politicarde. Malgré la mise en place de cette odieuse combine, la dette de la Sécu n'a fait que continuellement augmenter depuis.

Encore un grand bravo !

Mais ces premières mesures ne suffisaient toujours pas. Le roi prit donc les décisions qui, pour lui, semblaient s'imposer. Il commença par vendre aux marchands italiens, le droit de commercer de nouveau dans le royaume. Dans un grand moment de mansuétude, Louis rappela les Juifs en France mais, est-il nécessaire de le préciser, leur fit payer, lourdement, leur retour. Puis, il fit payer aux juges, des amendes aux prévarications commises. Une excellente idée restée malheureusement sans suites. Il vendit des offices judiciaires et proposa aux serfs d'acheter des domaines royaux, avec les lettres de cachets qui allaient avec. Enfin, pour ceux qui en avaient les moyens. Car en fonction du budget moyen des ménages, bien peu furent en mesure de bénéficier de l'aubaine.

Mais le meilleur restait à venir. Il persista dans le projet de préparation d'une neuvième croisade. Pour financer l'expédition, une grande collecte fut organisée et les fonds perçus furent déposés à Lyon. Lorsqu'il constata qu'il serait difficile de récolter davantage, il annonça l'abandon du programme de ce voyage d'agrément en Méditerranée, puis s'appropria les fonds.

Pour couvrir les menus frais, il institua des amendes et confiscations de biens, sans aucune raison apparente, à l'encontre de toutes les catégories sociales, noblesse exceptée. Venant de sa part, nul n'attendait autre chose. L'ensemble de toutes ces mesures offrit au roi de France, la possibilité de se refaire une santé financière. Et que croyez-vous qu'il fit de ce trésor ? Contre toute attente, il décida de lever une puissante armée, pour aller guerroyer contre les Flamands, afin de leur faire payer, chèrement, les sommes qu'ils s'étaient engagés à verser, sous la contrainte, à son père Philippe le Bel. De la sorte, il était persuadé de remplir confortablement et pour longtemps, les caisses du royaume de France.

L'armée formée se mit en route et avança jusqu'à Courtrai, où elle mit le siège devant les fortifications de la cité. Hélas, les pluies incessantes de l'automne et les fortes précipitations de neige de l'hiver, avaient transformé les terres en un immense marécage. Les hommes s'enfonçaient dans la boue jusqu'aux genoux. Les chevaux jusqu'aux sangles. Il était pratiquement impossible de trouver un endroit sec, de façon à y planter une tente. Pour l'intendance, impossible de faire suivre vivres et munitions. Finalement, Louis fut contraint de lever le siège, sans avoir bataillé. De nombreux chevaliers et soldats périrent sur place, atteints par la maladie. Ce ne sont que les restes délabrés d'une armée qui, deux mois auparavant semblait redoutable, qui regagna Paris.

Louis X mourut quelques semaines plus tard, après seulement dix-huit mois de règne. Les chroniqueurs du temps prétendirent qu'il fut empoisonné. A défaut d'être certaine, cette hypothèse ne peut être écartée, tant elle correspondait aux mœurs de l'époque. D'autant qu'à l'intérieur du pays, il s'était surtout créé des ennemis intimes. Y compris au sein de sa propre famille.

Il eut tout de même le temps de dicter des règles assurant la liberté des églises et les prérogatives de la noblesse. Puis, donna une certaine stabilité à la monnaie, en fixant la valeur des espèces seigneuriales, en menaçant d'interdire de battre monnaie, à qui ne respecterait pas les ordonnances royales. Il promulgua enfin un édit, interdisant de s'en prendre aux paysans, de s'emparer de leurs biens, leurs outils, leur bétail, ainsi que tout ce qui pouvait servir à l'agriculture et l'élevage.

Il est vrai qu'en fonction du peu de biens qu'ils leur restaient après ses ponctions, il ne se mouillait pas trop le flibustier. Et puis, ce n'est pas en piquant l'outillage des paysans et ouvriers, que l'on fait tourner la machine.

Il fut surnommé le Hutin, ce qui voulait dire mutin, querelleur.

Lorsqu'il décéda, son épouse Clémence de Hongrie, était enceinte de trois mois. Sera-ce une fille ou un garçon ? Il laissait également une fille, Jeanne, née de son premier mariage avec Marguerite de Bourgogne. Enfin, compte tenu des performances sportives de la Marguerite, on peut supposer qu'il était le père de cette fillette, mais rien n'est moins sûr. Et puis une fille illégitime nommée Eudeline, qui termina sa carrière à l'âge de soixante quinze ans, comme abbesse du couvent du Faubourg Saint Marcel.

Il est temps à présent de nous diriger vers l'Artois. Cette province était passée à la couronne de France, suite au mariage de Philippe II Auguste avec Isabelle de Hainaut. Saint Louis la donna plus tard en apanage, à son frère Robert, qui fut tué en Egypte, lors de la bataille de Mansourah. Son fils, Robert II, en hérita. Il eut deux enfants ; Philippe et Mahaut qui épousa Othon, comte de Bourgogne. Philippe mourut quatre ans avant son père,

Robert II, laissant derrière lui un fils en bas âge, Robert III. Lorsque Robert II trépassa, sa fille Mahaut s'empara du comté, en tant que seule héritière directe et en vertu des coutumes de l'Artois, qui précisaient que le petit-fils d'un défunt ne pouvait succéder à son père décédé.

Disposition que, en grandissant, Robert III n'apprécia guère. Un procès s'ouvrit devant la cour des pairs de France, qui attesta que le comté appartenait bien à Mahaut, conformément aux traditions de l'Artois. Pour tenter de le calmer quelque peu, Louis le Hutin donna à Robert, le comté de Beaumont-le-Roger, en Normandie. Cette dotation sembla calmer Robert, mais cela ne fut que temporaire. De fait, l'affaire ne faisait que commencer.

Dès la mort de Louis X annoncée, son frère, Philippe de Poitiers, second fils de Philippe le Bel, s'attribua immédiatement la régence, en l'attente que la reine Clémence donne naissance à l'enfant qu'elle attendait du défunt roi. Le Parlement fut convoqué au Louvre et il fut décidé que, si la reine accouchait d'un fils, Philippe conserverait la régence pendant dix-huit années, c'est-à-dire jusqu'à la majorité du futur roi. Et que dans le cas contraire, s'il naissait une fille, il ceindrait la couronne de France.

Sitôt le régent installé, Robert III revint à la charge, pour faire valoir ses prétentions sur le comté d'Artois. Dès lors, les hostilités reprirent entre la tante et le neveu. Philippe demanda à Robert de se considérer comme prisonnier, le temps qu'un nouveau procès s'instruise devant le Parlement. Après deux années, le tribunal décida que le jugement rendu en première instance par les pairs, était seul valable et débouta le jeune comte. Il fut toutefois décidé, afin de dédommager Robert, que sa tante Mahaut devrait lui verser des pensions sur le comté d'Artois, ainsi qu'à sa mère et sa sœur. Puis, l'on érigea le comté de Beaumont en pairie. Enfin, dans l'espoir de le consoler définitivement de ses peines, on lui fit épouser la princesse Jeanne, fille de Charles de Valois, frère de Philippe le Bel.

Nous remarquerons simplement au passage qu'en ce temps, les papes – lorsqu'il s'en trouvait un de disponible – étaient bien trop occupés par les affaires temporelles, pour prononcer des excommunications à la suite de mariages entre cousins et cousines.

En vérité, le dossier, que l'on pensait alors définitivement clos, ne se trouvait qu'en souffrance. C'est bien ici le terme qu'il convient d'utiliser.

La reine Clémence accoucha d'un fils. Il fut nommé Jean, dit très rapidement le posthume, car il ne vécut que cinq jours. De toute évidence, il périt empoisonné, car il venait compliquer la vie de Philippe V et de Mahaut d'Artois, dont il avait épousé la fille Jeanne. Celle-ci ne risquait pas de concourir pour un grand prix de vertu. Compromise dans le scandale de la tour de Nesle, en compagnie de sa sœur, Marguerite de Bourgogne, elle avait d'abord été répudiée puis récupérée par le nouveau roi, qui voyait dans l'opération l'occasion de remettre dans sa couche, une véritable professionnelle, après les cours de formation qu'elle avait reçus lors de nombreuses soirées galantes. Désormais, on parle de parties fines, mais le résultat est identique.

Puis, face à la noblesse et le clergé, cela semblait plus sérieux. Surtout qu'il paraissait impossible de faire, lui également, assassiner son épouse. Durant sa carrière officielle de reine, Jeanne donna cinq enfants à son roi Charles. Quatre filles et un fils qui mourut, alors qu'il se trouvait encore au berceau.

La malédiction des Templiers ? La condamnation du pape Boniface VIII ? Allons donc savoir ! Ce qui est certain, est que la dynastie des Capétiens directs commençait à véritablement récolter les pots cassés.

Il existe une seconde version, concernant la mort du petit Jean. Prévoyant que Mahaut, Philippe et leur proche entourage ne rateraient pas l'occasion de le faire disparaître le plus rapidement possible, une substitution aurait été organisée par des légalistes de la couronne. Le jeune héritier du trône aurait été échangé contre le fruit d'un amour défendu entre une jeune fille de petite noblesse et le neveu d'un banquier italien. Et donc que c'est cet enfant qui aurait périt. Quant au tout jeune prince, il aurait été enlevé, afin d'être préservé, puis emmené en Italie, où il aurait été élevé dans la clandestinité. Quelque version que l'on retienne, cela ne changea rien quant à l'évolution de la situation. Débarrassé de son neveu, Philippe put dès lors emplir les formalités nécessaires pour parvenir sur le trône. Pour cela, il dut écarter de la succession sa nièce Jeanne, fille aînée de son frère Louis X. Ce qui provoqua l'ire de nombreux seigneurs et non des moindres, dont Charles, son frère cadet.

Le sacre se déroula bien à Reims mais, peu rassuré, Philippe avait auparavant fait cerner la ville par ses troupes. Quant à la cathédrale, où devait se tenir la cérémonie, ses portes étaient fermées à double tour, de façon à éviter tout débordement possible. Philippe tout court devint Philippe V, dit le Long, à cause de sa grande taille. Dès son retour à Paris, il se fit prêter serment de fidélité par les prélats, les nobles et la bourgeoisie de la capitale. Puis, pour se justifier, imposa une loi, la fameuse *loi salique,* qui excluait définitivement les femmes de la succession au trône de France. Il fut ainsi prononcé *« qu'au royaume de France, femme ne saurait succéder. »* Point final.

En riposte immédiate, s'organisa une faction anti-Charles V. Fallait-il s'attendre à une autre réaction ? Elle était menée par Eudes IV, duc de Bourgogne, pourtant frère de feue Marguerite, épouse infidèle de feu Louis X, mais également frère de Jeanne, épouse du nouveau roi. Eudes réclamait, officiellement pour le compte de sa nièce Jeanne, fille que le Hutin avait reconnu, en dépit de la conduite plus que controversée de son épouse, la couronne de Navarre ainsi que le comté de Champagne, que son père avait hérité de Jeanne de Navarre, épouse de Philippe le Bel. Il faut préciser qu'Eudes était tuteur légal de la petite Jeanne. Ceci expliquant cela. Finalement, après moult négociations, Eudes accepta de recevoir une imposante somme d'argent, ainsi que des rentes à prendre sur les comtés d'Angoulême et de Mortain. Bien entendu, toujours officiellement au nom de sa nièce. Ainsi, les hostilités cessèrent et, à partir de cet instant, le roi de France devint légalement roi de Navarre.

C'était toujours ça de récupéré pour Charles.

Le temps que duraient ces conciliabules, Robert qui continuait de se faire appeler Robert III comte d'Artois, malgré l'arrêt qui le destituait, continuait de conspirer. Rien de bien original. Pourtant, ses tentatives paraissaient vaines, d'autant qu'elles étaient à présent dirigées contre le roi de France. Charles n'éprouvait nulle envie, c'est évident, de contrarier les intérêts de sa belle-mère, l'infâme Mahaut. Pour autant, Robert était persuadé qu'il parviendrait, tôt au tard, à atteindre son objectif.

En 1320, Philippe V, qui n'était pas animé par un naturel franchement belliqueux, à force de négociations, parvint à trouver un accord avec les Flamands. Un traité de paix fut signé avec le comte de Flandre, après vingt années d'hostilités. Pour ce faire, les Flamands acceptèrent de reconnaître et payer les arriérés de contributions qu'ils devaient légalement à la France, depuis Philippe le Bel. Ce qui opportunément, mais momentanément en fonction des traditions établies, arrangea les problèmes financiers du royaume de France.

C'est alors qu'il lui vint à l'idée, personne ne comprit pourquoi, de se croiser en compagnie de Jeanne son épouse. Peut-être dans l'intention de lui faire pardonner ses nombreux péchés ? Plusieurs prélats et seigneurs du pays, le suivirent dans cette démarche. C'est le nouveau pape, Jean XXII, qui parvint à le dissuader de déserter le royaume de France, pour partir vers le Proche-Orient, au moment où le trône de France était plus que vacillant. Car son frère Charles, allié à la famille des Valois, se tenait en embuscade.

Jean XXII, de son vrai nom Jacques Duise, était le fils d'un riche bourgeois de Cahors. Il avait été élu après deux années d'un conclave souvent violent, quelquefois sanglant, uniquement parce qu'il était le doyen du Sacré Collège et que les cardinaux ne parvenaient pas à se mettre d'accord quant au nom de leur collègue de business à sélectionner, pour monter sur le trône de Saint-Pierre. Auparavant, il avait été évêque de Fréjus, puis d'Avignon, avant d'être élevé au rang de cardinal de Porto, par

Clément V. Comme il était âgé de soixante-douze ans, l'on pensait qu'il ne serait qu'un pape de transition, juste le temps nécessaire à l'organisation d'un prochain conclave. On se trompa lourdement quant à son état de santé, car il assura son pontificat durant dix-huit années, ce qui le fit disparaître à l'âge canonique pour l'époque, de quatre vingt dix ans. Ce qui faisait rudement sérieux pour un pape de ce temps. Un véritable miracle. Jean XXII inaugura la série des papes avignonnais.

Le hic est qu'au sein de la population, de nombreux sujets de Sa Majesté, qui voyaient dans l'organisation de cette neuvième croisade, la possibilité de se lancer dans des opérations de rapines, de viols et de pillages, quittèrent leurs terres et prirent la route, direction Jérusalem, avant même que l'expédition ne fut confirmée. Tels leurs devanciers, qui avaient ravagé la France durant le règne de Saint Louis, ils furent nommés *Pastoureaux*. Dignes émules de leurs ancêtres, ils avaient mis à leur tête, un curé proscrit par le clergé, ainsi qu'un moine apostat.

C'est pour dire si les opérations se présentaient sous les meilleurs auspices divins.

Pour subsister, ces mécréants volèrent et détruisirent tout sur leur passage. Puis, comme cela ne leur semblait pas suffisant et que Charles n'avait pas encore eu le temps de s'occuper de leurs cas, ils s'en prirent aux Juifs. A tel point, que le roi se retrouva dans l'obligation de les mettre sous sa protection. Du jamais vu. Cette décision rendit furieux ces hordes de sauvages, qui trouvaient impensables que l'on puisse maltraiter des chrétiens, pour défendre des infidèles. Dans l'intention de se venger, les Pastoureaux décidèrent de bouleverser leur programme initial, puis se diriger vers Paris, dans la ferme intention de saccager la cité. Ils parvinrent à s'emparer du Petit-Châtelet, puis se rendirent vers le Pré-aux-Clercs. Mais, se retrouvant soudainement face aux troupes royales, ils se dissipèrent comme par miracle, sans qu'une véritable intervention armée ne fut vraiment nécessaire. Le même phénomène se produit à Avignon. Puis, l'affaire s'arrêta d'elle-même, à l'image des événements qui s'étaient produits durant le règne de Louis IX.

Philippe V fit promulguer des lois propres à rendre le domaine royal inaliénable. Il perfectionna l'administration, puis entreprit de grandes réformes, destinées à réduire les dépenses de l'Etat, sans pour autant ternir l'éclat de la maison royale. Incroyable ! Il tenta également d'imposer une monnaie unique (déjà) et d'uniformiser les poids et les mesures dans l'ensemble du pays, mais sans y parvenir. Les seigneurs locaux étaient trop puissants pour accepter une telle évolution, qui de sus aurait, sans nul possible, porté atteinte à leurs innombrables privilèges. Il aimait à fréquenter les érudits, les savants, qu'il recevait en son palais avec grand plaisir.

Il mourut à peine âgé de trente ans, après six mois de maladie et six années de règne. La reine Jeanne lui survécut huit années, estimée et considérée de tous. Une façon comme une autre d'essayer de se faire pardonner ses péchés devant l'Eternel.

Comme exécuteur testamentaire, il désigna le pape Jean XXII, qui était fin politicien et en qui il avait une totale confiance.

Il fut dit de Philippe le Long *« qu'il était un prince d'un grand mérite, dévot sans faiblesse, religieux observateur de sa parole, vigilant, habile, prudent, hardi, de mœurs douces, sans aigreur, sans caprices, d'un esprit orné, délicat et solide. »* Rien que cela !

Des responsables politiques, ornés de tels qualificatifs avantageux, ne risquent pas de se trouver de nos jours.

Le troisième fils de Philippe le Bel, Charles, comte de la Marche, monta sur le trône, sans perdre de temps. Comme son frère, son règne ne dura que six années. Comme ses frères, il ne laissera pas d'héritier mâle derrière lui. Il avait été mêlé à la faction qui s'était opposée à Philippe le Long, dans l'intention de porter sur le trône, la petite Jeanne de Navarre, après le décès de Louis le Hutin. Il fut, à l'instant d'être sacré, bien satisfait que la conspiration n'ait alors pas connu de succès.

Immédiatement en place, il eut un important problème à résoudre. Son épouse, Blanche de Bourgogne, était toujours enfermée en la forteresse de Château-Gaillard. La même ou son frère Louis, avait fait assassiner sa femme Marguerite. Moins impitoyable que le Hutin, il parvint à faire annuler son mariage. Pour cela, on découvrit des liens de parenté qui n'avaient pas été remarqués auparavant. Ainsi on considéra que l'union n'avait jamais été prononcée. Blanche, pour qui le péché d'adultère n'existait plus, fut sortie de son emprisonnement, puis sommée de prendre le voile en l'abbaye de Maubuisson, où elle finira ses jours.

Dès lors, Charles put épouser Marie de Luxembourg, fille de l'empereur Henri VII. Malheureusement, elle mourut à Montargis, dès la première année de son mariage, lors d'une fausse-couche.

La série continuait.

Le roi se maria une nouvelle fois. C'est Jeanne, fille de son grand-oncle, Louis comte d'Evreux et fils de Philippe III le Hardi, qui fut sélectionnée. En cette occasion, nul ne s'aperçut des liens de parenté étroits qui étaient établis entre les deux tourtereaux.

Le premier véritable job du nouveau roi, fut te tenter renflouer des coffres toujours aussi désespérément vides. Encore ! Pour cela, il utilisa les mêmes procédés peu glorieux que ses prédécesseurs. Mais y ajouta toutefois une touche personnelle. Cette fois ci, il s'en prit aux banquiers et usuriers. Puisqu'ils étaient pratiquement tous d'origine lombarde, ils furent renvoyés chez eux, après confiscation de l'ensemble de leurs biens.

Hormis les sempiternels tracas financiers du Trésor, Charles IV, dit le Bel, comme son père, connut un règne plutôt paisible pour l'époque. Toutefois, le problème anglais recommençait à poindre à l'horizon. Les premières escarmouches se produisirent, ce n'était pas original, en Guyenne. Depuis cent soixante dix années que cette province était tombée dans l'escarcelle anglaise, la paix n'avait jamais véritablement existé dans la région. Charles n'eut pas d'autre solution que réprimer les incursions *ennemies* en territoire français. Puis, il demanda à Edouard II et son épouse Isabelle, donc sa sœur, de venir lui rendre hommage pour les provinces que le trône d'Angleterre possédait en France ; la Guyenne mais également le Ponthieu.

Edouard avait fort à faire dans son île, où il devait continuer de faire face à la rébellion écossaise. Dans ces conditions, comme il ne souhaitait pas quitter son royaume, il fit don de ces provinces à son fils aîné, alors âgé de treize ans. Il s'agissait du futur Edouard III, célèbre pour avoir institué l'ordre de la Jarretière. Ce qui n'était pas rien. Celui-ci s'en vint en France, en compagnie de sa mère, afin de rendre hommage au roi Charles, leur oncle et frère.

Connu principalement pour son homosexualité notoire, Edouard II, dont les talents de reproducteur ne peuvent être clairement établis, sera un peu plus tard destitué par son épouse, emprisonné puis exécuté dans des conditions abominables, sur ordre de l'effroyable Roger Mortimer, amant de la reine.

Charles IV mourut de maladie, âgé de trente quatre ans, après avoir créé, par l'ordonnance de Vivier en Brie, la Chambres des comptes, qui deviendra beaucoup plus tard notre actuelle Cour des comptes. Cette vénérable institution publie chaque année, un rapport dont tout le monde se moque éperdument. Ce qui permet de continuer les mêmes inepties et les mêmes gaspillages de fonds publics durant l'exercice suivant.

Philippe le Bel eut trois fils. Les plus beaux hommes de l'époque disait-on à la cour. Alors que la lignée royale semblait assurée, tous trois disparurent en moins de quinze années, sans laisser le moindre héritier mâle derrière eux, puisque Jeanne d'Evreux, enceinte de Charles le Bel, lorsque celui-ci s'en alla rejoindre les membres de sa famille, accoucha pour la troisième fois d'une fille.

Avant de mourir, Charles déclara aux seigneurs qui se trouvaient à ses côtés : « *Si la reine accouche d'un fils, je ne doute pas que vous ne le reconnaissiez pour votre roi. Si elle n'a qu'une fille, ce sera aux Grands de France à adjuger la couronne à qui lui appartiendra. En attendant, je déclare Philippe de Valois régent du royaume.* »

Ainsi s'éteignit la branche des Capétiens directs, réalisant ainsi la terrible malédiction jetée d'abord par le pape Boniface VIII, puis par Jacques de Molay, Grand Maître de l'ordre du Temple, sur Philippe le Bel et sa descendance. Un véritable cataclysme allait alors s'abattre sur le royaume de France, durant pratiquement un siècle et demi.

L'on peut supputer que si les épouses des trois fils de Philippe IV le Bel, n'avaient pas été de fieffées salopes, où plutôt, si elles n'avaient pas été découvertes, le cours de l'Histoire eut été totalement différent. Sous réserve, bien entendu, qu'au moins Marguerite de Bourgogne n'enfante un mâle héritier. Ce qui fit dire en ce temps *« qu'en s'occupant du cul des filles de France, plutôt que fermer les yeux »* Philippe le Bel a fort probablement modifié le cours du destin de l'Europe.

C'est Charles IV qui érigea en duché-pairie, la baronnie de Bourbon. Louis I°, fils aîné de Robert de Clermont, sixième fils de Saint-Louis, en fut le premier duc.

Charles IV écrivit : *« J'espère que les descendants du nouveau duc contribueront, par leur valeur, à maintenir la dignité de la couronne. »*

C'était prémonitoire.

Le siècle le plus long

Les règnes des cinq premiers souverains valoisiens sont, dans leur ensemble, plutôt particuliers, dans le sens où il semble assez délicat d'établir une ligne directrice, tant leurs personnalités et leurs comportements sont disparates. Les mariages consanguins n'offrent pas que des avantages.

Même que les papes l'ont dit. Il est vrai qu'officiellement, ils ne sont pas directement concernés par ces chroniques.

En l'attente de la naissance de l'enfant posthume de Charles IV, Philippe, fils de Charles de Valois, frère de Philippe IV le Bel, assura la régence du royaume, comme le lui avait demandé feu son cousin. Quant à la reine Jeanne, elle assura que sa position de femme ne devait pas la priver de la régence, puisque les exemples de princesses s'étant acquittées de cette prérogative ne manquaient pas. Toutefois, les dernières dispositions prisent par Charles IV, avant de mourir, prévalurent. Et Philippe de Valois fut reconnu officiellement régent, par une assemblée des plus hauts seigneurs du pays.

Bien entendu, Robert – plus ou moins d'Artois – exploita immédiatement les circonstances pour réclamer de nouveau ce qu'il considérait être son comté. Ne se sentant pas véritablement roi de France, Philippe tenta de négocier entre les parties, un arrangement qui laissait tous les espoirs au comte, contre sa tante Mahaut. Il est vrai que le soutien et l'amitié de Robert, avaient été très utiles à Philippe, qui de sus savait pertinemment qu'il aurait encore besoin de ses services prochainement.

Le régent qui, jusqu'à présent et compte tenu de sa position précaire, avait pesé ses décisions avec grande modération, se vit dans l'obligation de réviser sa ligne de conduite, lorsque la reine Jeanne mit au monde une fille.

Encore un sale coup des Templiers ?

Dès la naissance de l'enfant annoncée, le roi d'Angleterre envoya ses ambassadeurs à Paris, pour réclamer la couronne de France. Ils furent reçus par une assemblée que l'on dénomma *Etats Généraux*. Les Anglais reconnurent qu'en vertu de la loi salique, la reine Isabelle ne pouvait prétendre au trône de France, mais soutinrent que cette loi ne pouvait s'appliquer à sa descendance. Et que, par conséquent, Edouard III, son fils, se trouvait être le véritable héritier de la couronne, en tant qu'unique petit-fils de Philippe le Bel et neveu des trois derniers rois, alors que Philippe de Valois n'en était que cousin.

Ils présentaient des arguments de poids : « *Faites élection d'un prince qui vous sera obligé de la dignité que vous lui conférez et prenez bien garde de le choisir généreux, libéral, qui se souvienne que vous l'avez fait et non reçu et qui partage avec vous, sans ingratitude et sans orgueil, la puissance que vous lui donnerez.* »

Evidemment, vu sous cet angle-là !

Parmi les seigneurs présents lors de cette entrevue, quelques-uns, impressionnés par ces courtisaneries très britishs, penchèrent pour donner la couronne à Edouard. Mais, Robert d'Artois s'imposa de nouveau et repoussa catégoriquement cette alternative. Il fit constater qu'Edouard ne représentait qu'une femme et ne pouvait tenir de sa mère aucun droit qu'elle ne possédait elle-même. Finalement, tous finirent par se ranger derrière lui et Philippe fut proclamé roi à l'unanimité. Quelques jours plus tard, il se fit sacrer roi à Reims, dans de grandes solennités. Il avait trente quatre ans. Bien qu'invité au couronnement, Edouard ne s'y rendit point. Les véritables ennuis d'importance se pointaient déjà à l'horizon du nouveau souverain français.

Philippe VI fut nommé par les Anglais, le *roi trouvé*. Dans l'île, dès qu'il s'agit de dire du mal des Français, ils trouvent toujours une formule adéquate.

Les Français racontent des histoires belges, les Anglais racontent des histoires françaises, les deux des histoires juives, sans que quiconque ne se formalise. Seules, les histoires arabes sont interdites car c'est faire preuve de racisme.

Dès le début de son règne, l'agitation recommença en Flandre. Le peuple se révolta, à cause des impôts qu'il prétendait excessifs et levés avec beaucoup trop de rigidité. Rien de bien original ; pour gaver les fainéants, les bons à rien et les parasites, à ce jour, aucune autre dispositif n'a encore été inventé. Le comte de Flandre demanda le secours du roi de France. Les chevaliers et nobles français étaient, dans leur ensemble, plutôt réticents à s'en aller batailler contre « *un ramassis constitué de la populace des villes et des vagabonds des campagnes.* » D'autant que ces fiers guerriers étaient loin d'être persuadés, que cette expédition serait financièrement avantageuse. A force de négociations, Philippe parvint à lever une armée, pour aller porter secours à son cousin. Longtemps, le sort des combats faillit tourner à l'avantage des insoumis. Mais finalement, la roture flamande fut défaite lors de la bataille de Cassel, durant laquelle treize mille agitateurs périrent. La ville fur totalement rasée, puis incendiée, de façon à être bien certain qu'il n'en resterait strictement rien. Immédiatement, les autres cités alentour se rendirent, ce qui n'empêcha pas le plat pays qui était le leur, d'être mis à sac de fond en comble. Dix mille mutins furent de plus capturés par le comte de Flandre, puis condamnés à mort et exécutés dans d'affreuses conditions.

Edouard, qui n'avait pas assisté au sacre de Philippe, se devait de venir rendre désormais hommage à son suzerain, le roi de France, pour la Guyenne et le Ponthieu. Il différait sans cesse ce déplacement, qu'il jugeait inconvenant. Lassé, Philippe menaça de saisir les terres que l'Anglais possédait en France, s'il ne se décidait pas à remplir son devoir en temps et lieu fixés par lui. En l'occurrence, il décida que la ville d'Amiens serait retenue pour l'organisation de la cérémonie.

Lorsque le roi d'Angleterre se présenta en la cathédrale de la cité, le roi de France l'attendait, assis sur le trône. On conseilla à Edouard de se débarrasser de sa couronne, son épée, ses éperons, puis de se mettre à genoux devant son suzerain, avant de prêter serment. Pour Edouard, l'humiliation fut extrême, d'autant qu'il considérait le trône de France comme sien. A dater de cet instant, une haine indestructible à l'égard du Français, s'empara de lui. Ce n'est pas la promesse d'un mariage futur entre le prince de Galles, qui se trouvait encore au berceau et une princesse de France, encore à naître, qui risquait de faire évoluer favorablement la situation.

Robert, qui avait plus que fortement contribué à ce que Philippe soit couronné roi de France, non sans quelques arrières-pensées malicieuses, n'avait toujours pas abandonné ses prétentions sur le comté d'Artois. Bien au contraire. Non seulement il était cousin du nouveau souverain, mais également son beau-frère, puisqu'il avait épousé sa sœur. A ce titre, il était persuadé que le double lien de parenté qui l'unissait au roi de France, le rendait dorénavant pratiquement intouchable. Sûr de son bon droit et toujours habité d'une exécration sans borne envers sa tante Mahaut – qui le lui rendait bien – il présenta, lors du dernier procès concernant cette affaire, des documents qui, par malheur, se trouvaient être des faux ! Etait-il l'instigateur de ce délit ou s'était-il laisser abuser ? Le mystère reste entier.

Toujours est-il que Philippe n'eut d'autre solution que se ranger derrière le jugement des pairs, qui condamnèrent Robert à voir l'ensemble de ses biens confisqué par la couronne, puis devoir être arrêté et mis à mort.

Il n'est pas impossible non plus que Philippe ait trouvé cette solution fort avantageuse, pour le bien de sa personne. Cette affaire lui permettait de se débarrasser d'un parent et allié à qui il devait tant et dont la puissance commençait à lui faire de l'ombre. Sans omettre qu'ainsi, il pouvait entrevoir le comté d'Artois bientôt venir garnir l'escarcelle royale. C'était donc tout bénéfice.

Ce procédé n'était pas nouveau, certes, mais huit siècles plus tard, il est toujours de mode. Rien n'est pire, pour un malade du pouvoir, qu'être redevable envers autrui, de la position acquise.

Pour l'instant, Robert, qui s'était réfugié à Bruxelles chez le duc de Brabant, fut banni du royaume de France. Cette mesure n'était particulièrement compliquée à mettre en place, puisqu'il s'était déjà expatrié. Quant à vouloir rentrer au pays, pour y être décapité ou pendu, là ne se trouvait pas son programme. Il s'embarqua ensuite, destination l'Angleterre, où Edouard s'empressa de l'accueillir chaleureusement et lui offrit le comté de Richmond, en compensation des pertes subies en France. Le roi d'Angleterre savait fort bien ce que valait Robert, dont l'éloquence lui avait fait perdre la couronne de France. Il appréciait également sa bravoure, ainsi que sa grande valeur militaire. Il était souverain trop avisé, pour ne pas savoir profiter de l'aubaine qui se présentait à lui.

Le pape Jean XXII, pensa avoir trouvé l'idée lumineuse qui convenait en la circonstance, afin d'éviter le déclenchement d'une guerre qui, de toute évidence se préparait entre la France et l'Angleterre. Il proposa aux deux souverains, d'organiser une nouvelle croisade en Palestine. Et là ; surprise ! Philippe et Edouard acceptèrent la proposition, puis se mirent immédiatement, chacun de leur côté, c'est une évidence, à lever les décimes indispensables à la préparation de l'expédition. Comme il fallait s'y attendre, des que les montants des dons obligatoires furent conséquents, ils abandonnèrent le projet et utilisèrent les fonds ainsi récoltés, au financement du conflit qui s'avérait inévitable entre eux.

En sus de ces manigances comptables, il paraissait très délicat pour Philippe, de quitter la France, alors que les partisans de Robert d'Artois, financés par l'Angleterre, semaient le trouble et le désordre dans le pays. Dans le même temps, en Flandre, Edouard soutenait une nouvelle rébellion menée par Artevelle, puissant brasseur en la ville de Gand, chassant le comte qui se retrouva dans l'obligation de se réfugier en France. En échange, l'Anglais se vit offrir la possibilité de pouvoir débarquer avec ses troupes, lorsqu'il déciderait de venir batailler contre le roi de France.

Pressé d'en découdre, Robert déclara à Edouard : « *Demandez tout d'un coup la couronne. C'est le moyen d'engager les princes dont vous vous êtes procuré l'alliance à ne pas s'épargner dans les efforts que vous leur prescrivez. La cause qu'ils auront embrassée si ouvertement, il faudra qu'ils la soutiennent. Et moi qui ai donné la couronne à Philippe, j'en serai bien plus propre, en vous saluant roi de France, à la faire tomber de sa tête pour la placer sur la vôtre.* »

Enfin, Edouard se décida à dépêcher l'évêque de Lincoln devant Philippe, afin de lui demander restitution de la couronne de France, puis par la même occasion, lui déclarer la guerre. Sans prendre la peine d'attendre la réponse qui, de toute façon était connue d'avance, des soldats anglais attaquèrent et se rendirent maîtres de plusieurs places fortes en Saintonge. Edouard lui-même débarqua en Flandre, traversa le Hainaut, puis assiégea Cambrai qui lui résista.

Son armée, déjà imposante, fut bientôt rejointe par de nombreuses troupes alliées, notamment des Allemands. L'on dit qu'elle se composait d'un total d'environ cent vingt mille hommes.

Douze mille selon l'administration française.

Compte tenu des moyens techniques de l'époque, cela devait représenter une organisation imposante, au niveau intendance et logistique. Dans tous les cas, certainement pas dans le style des armées françaises en juin 1940.

Robert, qui avait débarqué avec Edouard, entra en Picardie, qu'il ravagea totalement, avant de poursuivre ses exactions jusqu'aux frontières de la Champagne. A l'occasion, il espérait pouvoir attirer son beau-frère Philippe dans une bataille, durant laquelle il aurait l'occasion de le combattre corps à corps, puis l'occire. Ce qui lui permettrait de régler définitivement le contentieux qui existait entre eux, puis pouvoir s'approprier – enfin – l'Artois. Et puis la possibilité de s'emparer de la ville de Reims, de préférence à Paris, était intimement souhaitée par Edouard, qui aurait eu dès lors, la possibilité de se faire sacrer roi de France.

La cité de Cambrai était très bien défendue et le siège s'éternisait. Face à cette situation, Edouard décida de se porter au devant de Philippe. Les deux armées se retrouvèrent face à face, près de La Capelle. Comme la tradition le voulait, le roi d'Angleterre envoya un émissaire pour demander la bataille. Philippe en fixa le jour au vendredi suivant. Pourtant, au dernier moment, le programme des festivités fut annulé. Quelles en étaient les raisons ? Il semblerait que, pour une fois, le roi de France se soit rangé derrière l'avais de ses proches conseillers, qui lui firent comprendre qu'en cas de défaite, le royaume de France tomberait entre les mains de l'ennemi. Alors que dans le cas contraire, l'Anglais pourrait tout simplement embarquer en Flandre, pour rejoindre son île, sans pour autant connaître de dommages irréparables, puis prendre de nouvelles dispositions pour préparer une nouvelle invasion.

Quant à Edouard, il possédait des troupes deux fois plus nombreuses que celles de son rival, mais elles provenaient de nombreux pays et il n'était pas totalement assuré de leur fidélité.

C'est bien connu, les mercenaires ne se vendent qu'aux plus offrants. Même que c'est leur unique idéologie pour s'en aller batailler. Quelque part, les organisateurs officiels de guerres et conflits armés, sont animés par des raisons fondamentalement identiques : la richesse et le pouvoir, c'est-à-dire leurs seuls intérêts privés. Seuls les soldats du peuple se battent pour défendre leur pays. Enfin c'est ce qu'ils pensent.

La différence est de taille entre les couches sociales.

Edouard partit le premier. Il se retira en Brabant où il congédia son armée, dont l'entretien commençait à peser lourdement sur son budget. Puis, il s'allia véritablement avec les hordes de brigands d'Artevelle, qui contrôlaient toujours la Flandre et éprouvaient un ressentiment intense à l'égard du roi de France, qui continuait d'occuper les villes de Lille, Douai et Béthune. Cela, en l'attente de recevoir le montant des dommages de guerre que les Flamands s'étaient engagés à payer, suite à la défaite de Cassel.

Il fut aisé pour Artevelle de convaincre les Flamands de se concilier avec le roi d'Angleterre.

« *Cette somme, vous ne la devez qu'au seul roi Philippe. Reconnaissez Edouard comme roi de France. Non seulement il vous en donnera quittance, mais il s'engagera à vous remettre les villes tenues par les Français.* »

Un traité fut signé et les Flamands prêtèrent serment de fidélité à Edouard, qu'ils reconnurent comme leur seul et unique souverain.

Cet accord n'arrangea guère les affaires de Philippe, car cela renforçait les troupes terrestres de son ennemi et surtout le privait d'une importante marine qui aurait pu lui permettre d'empêcher, ou tout au moins gêner considérablement, les futurs débarquements anglais sur le continent.

Le roi de France s'activa donc à constituer une flotte puissante, pour contrer son ennemi sur mer. Pour cela, il acheta de nombreux navires, en divers points de l'Europe, mais particulièrement aux Génois. Enfin, les deux armadas se rencontrèrent, lors de la bataille navale de l'Ecluse. Dans un premier temps, la victoire semblait acquise pour Philippe, mais les Flamands se décidèrent à apporter leur soutien à Edouard et la victoire fut totale pour les Anglais. Un véritable désastre pour Philippe.

Environ trente mille Français furent rués durant les combats. Et une centaine de navires fut coulée ou brûlée. Ce qui, sur le plan des statistiques, revenait au même, car un bateau en flammes n'a d'autre destin que finir au fond de l'eau. Ce qui, par la même occasion, éteint l'incendie.

La flotte anglaise entra victorieuse dans le port de l'Ecluse, puis les troupes mirent immédiatement le siège devant la ville de Tournai. Quant à Robert, qui ne désirait pas perdre un seul instant pour en découdre avec ses ennemis français, il en fit de même devant Saint-Omer. Les deux cités, bien défendues, résistèrent et Edouard ainsi que Robert décidèrent de lever les sièges, afin de ne pas perdre inutilement de temps, non sans avoir préalablement oublié de ravager atrocement le pays, histoire de laisser un souvenir de leur passage dans la région.

Comme le plus souvent en la circonstance, c'est un légat du pape, aidé en sa noble tâche par des princesses, épouses ou proches parentes des deux rois, qui parvint à obtenir une trêve d'une année, entre les deux belligérants. Et puis, une année, c'est vite passé. De fait, bien que signée dédaigneusement par les protagonistes, cette paix provisoire arrangeait fortement les deux souverains. Edouard, car il se devait de retourner en son île, où les Ecossais lui causaient toujours autant de problèmes. Philippe, pour s'occuper des affaires intérieures de son royaume, où l'augmentation continuelle des impôts provoquait çà et là des révoltes.

Il ne semble pas inutile de préciser ici qu'au Moyen Âge, en dépit de tout ce qui peut être raconté, les populations n'acceptaient pas d'être rançonnées sans cesse outrageusement, sans réagir. A cette époque, les hommes n'étaient pas des couards, des dégonflés.

Philippe VI mit également à profit cette période, pour s'entendre avec l'empereur d'Allemagne, où les Anglais recrutaient régulièrement des troupes de mercenaires. Il s'allia ensuite avec le comte de Hainaut qui, jusqu'à présent, soutenait Edouard d'Angleterre. Puis, il parvint à semer la pagaille en Flandre, ce qui progressivement, commença à faire perdre le crédit qu'Artevelle possédait toujours sur les populations locales.

Mais surtout, idée super géniale, il rétablit et surtaxa la *Gabelle*, mot d'origine saxonne qui signifiait *tribut*. Cet impôt sur le sel avait déjà été institué à différentes époques, dans le passé. Mais le roi de France le rendit permanent. Ensuite, il obligea les populations à s'approvisionner en sel, en des endroits précis qu'il décida de faire siens. Puis, pour clore l'opération dans d'excellentes conditions financières, c'est lui-même qui fixa les prix de cette denrée indispensable, entre autres, à la conservation des aliments.

Ce procédé indécent a traversé les siècles et perdure de nos jours. Taxer à outrance un ou des produits essentiels aux rouages de l'économie, c'est facile et ça rapporte gros. L'exemple est en permanence devant nous, avec les extorsions pratiquées sur le commerce du pétrole et de ses produits dérivés. Sans les escroqueries étatisées, le prix du super se situerait entre quarante et cinquante centimes – au maximum – le litre.

A l'occasion, nous pouvons constater qu'en huit siècles de recherches en tous genres, pour ponctionner l'argent du peuple, les procédés n'ont guère évolué. Il n'y a que les politiciens qui puissent se permettre d'inventer des impôts et taxes, dans l'espoir de couvrir des dépenses déjà engagées. Sur le plan strictement comptable, cette méthode est, non seulement irresponsable, mais également répréhensible. Tout commerçant ou chef d'entreprise qui agirait ainsi, se retrouverait devant les tribunaux.

Revenu dans son île, Edouard n'en préparait pas moins l'avenir. Début de l'année 1334, il organisa au château de Windsor, une super bamboula durant cinq jours, où il convia tout ce que l'on pouvait compter de nobles en Angleterre, mais également sur le continent. Philippe fut particulièrement bien inspiré d'interdire à ses barons, comtes et vicomtes, de répondre à l'invitation puis de participer à ces agapes. Car, bien entendu, le but de la manœuvre n'était pas de récolter des fonds au profit d'une œuvre caritative, mais de tenter réunir sous une même bannière, la sienne, tous les ennemis de la France, puis convertir ceux qui ne l'étaient pas encore. Alors qu'un accord venait d'être conclu entre les participants, la reine Philippa fit son apparition dans la grande salle du palais. En gage de sa loyauté – qui en aurait douté ? – elle défit sa jarretière qu'elle remit à son époux de roi. De mains en mains, le ruban de soie fit ensuite le tour de la pièce. *« Honni soit qui mal y pense ! »* s'écria Edouard.

Cette phrase, d'une grande pureté poétique, scella entre les seigneurs présents, le serment d'exterminer tous les Français.

En remerciement de cette allégeance, Edouard créa sur l'heure l'ordre de la Jarretière, qui reste à ce jour, la plus haute distinction accordée par la Couronne d'Angleterre et dont la devise a été conservée. Heureusement, à l'époque la capote *made in England* n'avait pas encore été inventée, car il aurait fallu s'attendre au pire.

Au moment même où cette interruption momentanée des hostilités s'était instaurée entre les ennemis franco-anglais, le duc de Bretagne, Jean le Bon, prit l'initiative de mourir.

Ici, il convient une fois de plus de bien s'accrocher, car les suites de cette affaire ne furent pas simples.

Jean le Bon mourut sans héritiers. Mais, il avait un frère, Guy de Penthièvre, décédé avant lui, qui avait eu une fille, appelée Jeanne la Boiteuse. Celle-ci avait été mariée à Charles de Blois, neveu par sa mère du roi Philippe VI. Avant de partir pour son dernier voyage, Jean le Bon avait fait reconnaître par les seigneurs de Bretagne, cette nièce comme héritière de son duché. Ce qui déplut fortement à Jean, comte de Montfort, également frère de Jean le Bon, mais né d'un second mariage. Ce n'est pas terminé ; Jean de Montfort avait épousé Jeanne de Flandre, fille du comte de Nevers. Le problème est que sa mère, Yolande de Dreux, avait apporté le comté de Montfort à la Bretagne et qu'il entendait bien le récupérer.

Dès le décès de Jean le Bon et après en avoir terminé avec les cérémonies officielles, Jean de Montfort fit main basse sur les trésors de Bretagne, puis se déclara duc, sans passer par les formalités coutumières. Puis, dans le même temps où il faisait le maximum pour se faire reconnaître comme tel par le roi de France, il rendit discrètement hommage à Edouard d'Angleterre, dont il se déclara vassal.

Cette pratique politicienne s'appelle ménager la chèvre et le chou, mais les résultats obtenus sont généralement empoisonnés. Et c'est tant mieux.

Comme il fallait s'y attendre, Jeanne et son époux Charles de Blois, n'acceptèrent pas cette situation et refusèrent de reconnaître Jean de Montfort comme duc de Bretagne. Ils demandèrent à

Philippe de convoquer la cour des pairs, qui somma Montfort à comparaître. Celui-ci se présenta, accompagné de quatre cents gentilshommes, mais tous s'enfuirent avant le prononcé du jugement, qui attribuait la Bretagne à Jeanne.

Durant ces négociations, les combats entre factions, qui avaient commencé dès la mort annoncée de Jean le Bon (de Bretagne), se poursuivaient. Face à cette situation, le roi de France envoya une armée, commandée par son fils Jean, duc de Normandie et futur Jean II le Bon (de France), soutenir la cause de son neveu Charles de Blois et son épouse Jeanne. En toute logique, Edouard d'Angleterre prit fait et cause pour Jean de Montfort. Et les combats s'intensifièrent. C'est Robert d'Artois qui commandait l'armée anglaise, toujours animé par autant de haine envers les Français. Il fut blessé durant une bataille devant la ville de Vannes et se fit transporter en Angleterre, où il mourut.

Il problème de succession de l'Artois semblait enfin réglé.

Pour autant, la guerre ne cessa point. Bien au contraire. Edouard se fit même un point d'honneur d'envoyer de nouvelles troupes combattre en Bretagne.

C'est pour ne pas déroger aux habitudes, qu'un légat du pape – un de plus – parvint à faire accepter une trêve entre les deux camps. Trêve qui, comme toujours en la circonstance, fut acceptée mais non-respectée.

Pendant que se déroulaient ces festivités, Humbert II de Dauphiné, n'avait eu qu'un fils qui décéda accidentellement. Face aux événements épouvantables qui se déroulaient en Bretagne, pour la succession du duché, il pensa que le meilleur moyen de préserver son peuple de telles atrocités, était de réunir son Etat au royaume de France. En compensation de ce rattachement, en sus de quelques rentes et pensions versées sur son compte personnel, car il fallait bien vivre, il exigea que le fils du roi, héritier de la couronne de France, portât désormais le titre de dauphin.

Pour Philippe VI, ce n'était pas cher payé.

Dans la foulée, il acquit aussi, par achat, le comté de Montpellier, ce qui acheva l'annexion du Languedoc avec la France.

Tandis qu'en Flandre, on continuait de trahir, comploter et s'entretuer, tantôt au bénéfice du roi de France, tantôt pour le compte du roi d'Angleterre, en Bretagne les hostilités s'intensifiaient entre les factions. Comme cela était prévisible, la situation dégénéra bientôt en conflit total entre les deux royaumes. Une fois encore et afin de se justifier, Edouard réclama la couronne de France à celui qu'il n'appelait que Philippe de Valois et lui déclara officiellement la guerre.

Cela, comme si une paix avait été instaurée un seul jour, entre les deux royaumes, depuis la déclaration de guerre précédente.

Les hostilités se multiplièrent en Guyenne, où Jean de Normandie, fils de Philippe, combattit vaillamment et victorieusement les Anglais. Ce qui contraria fortement Edouard, qui n'eut d'autre ressource que de lever une nouvelle armée, afin d'aller porter secours à cette province, qui lui appartenait toujours. Il comptait débarquer dans le port de Bayonne mais, suivant les conseils de Geoffroi d'Harcourt qui redoutait de violents vents contraires, il mit les voiles vers la Normandie, qu'il ravagea. Il pilla toutes les richesses qu'il pouvait y trouver et les fit transporter vers Londres.

Sans conteste, la guerre, sous toutes ses formes et quelle que soit l'époque, reste le moyen de plus sûr de s'enrichir. Les vols et rapines qui s'ensuivent, permettent quant à elles, de dédommager les mercenaires, sans bourse délier. C'est tout bénéfice, sous réserve s'entend, de se trouver dans le camp des vainqueurs.

Prenons un exemple fort simple : vers la fin du X° siècle, une politique de défrichement fut mise en place, en plusieurs pays d'Europe. Il s'ensuivit, fort logiquement, une augmentation de la production agricole, puisque les surfaces cultivées augmentaient régulièrement. Et par corollaire, un accroissement de la population. Jusqu'ici, tout va bien. Toutefois, à partir du XIII° siècle, les populations se développèrent plus rapidement que les ressources agricoles. Ce qui fit que certaines populations connurent la famine et que la révolte gronda. Cela n'arrangea pas les affaires de la noblesse, qui tirait la majorité de ses revenus des domaines fonciers.

Afin de compenser les manques à gagner, une seule solution s'imposait : la guerre. Elle permettait au roi et aux grands seigneurs, de pouvoir lever des impôts *exceptionnels*, puis conquérir de nouveaux territoires permettant d'accroître les rentrées fiscales. Ainsi, le roi voyait le Trésor se garnir de nouveau, puis à la noblesse de s'autoriser des pillages et capturer des ennemis, dont les libérations étaient ensuite négociées contre rançons.

Le procédé était basique, fort simple à mettre en place et sans besoin de passer par de grandes écoles où l'on apprend même pas à mettre en place des divisions.

Mais revenons à nos ennemis préférés. Après bien des vicissitudes, Edouard parvint à établir son camp à Crécy, cité située entre Abbeville et la baie de Somme. La bataille qui se déroula dans la plaine qui porte le nom de ce village, fut – comme bien souvent – effroyable.

Deux raisons essentielles permirent aux Anglais de l'emporter. Tout d'abord, l'indiscipline qui régnait au sein des troupes françaises, comme à leur habitude certaines de la victoire et où chaque seigneur prenait des initiatives désordonnées, dans l'espoir de se couvrir personnellement d'honneurs et de gloriole.

Puis, ensuite l'apparition de l'artillerie. Pour la première fois dans l'Histoire, les positions anglaises étaient défendues par quelques canons. Les explosions et le feu déclenchés par ces nouvelles armes, semèrent la panique et contribuèrent pour beaucoup à la déroute française. Bien plus par peur et étonnement, que cause à l'efficacité plus que modeste de ces nouvelles machines infernales.

Les boulets de canons du 23 août 1346, marquent pour la première fois, l'apparition des OVNIs dans le ciel de France. Ainsi qu'une date anniversaire essentielle pour tous les politiciens, fabricants et trafiquants d'armes de la planète. Ce sont d'ailleurs souvent les mêmes.

Environ trente mille Français périrent lors de la bataille de Crécy. Parmi ceux-ci, les plus grands noms de la noblesse, à commencer par le comte d'Alençon, frère du roi, le duc de Lorraine, le roi aveugle Jean de Bohême qui ne vit rien venir et le roi de Majorque. Philippe VI lui-même fut blessé à la gorge et à la cuisse et vit par deux fois son cheval s'écrouler sous lui. Il ne réussit à sauver sa peau que dans la fuite.

C'était le bon temps, où les grands chefs de guerre ne se cachaient pas lâchement dans des abris spacieux et confortables pour faire joujou à la bataille navale.

En grand seigneur, Edouard accorda trois jours aux Français, pour reconnaître et ensevelir leurs morts. Puis, assista en grand deuil, en compagnie de son jeune fils, à l'office solennel qu'il fit donner en la mémoire des nobles disparus. Il est vrai que plusieurs se trouvaient être des parents. Quant aux hommes de troupes, ils durent se contenter d'aller se faire recevoir chez Lucifer.

Durant ce temps, le comte de Flandre était toujours réfugié en France. Afin d'asseoir davantage sa position dominante en le comté, Edouard décida de nommer son fils aîné, le prince de Galles et futur Prince Noir, nouveau comte de la province. Artevelle se rangea, bien entendu, immédiatement aux côtés du roi d'Angleterre. Mais finalement, les Flamands en décidèrent autrement. Ils arrêtèrent Artevelle et l'exécutèrent, avant même d'avoir pris le temps de rédiger les formalités nécessaires, dont l'envoi de faire-part de décès à la famille et aux proches. Pour autant, ils ne rompirent point avec Edouard, mais demandèrent que le fils de leur comte, déchu par le brasseur, soit rétabli dans ses droits et qu'il épouse une princesse d'Angleterre.

Après son éclatante victoire à Crécy, Edouard III, plutôt que poursuivre les débris de l'armée française, préféra jeter son dévolu sur la ville de Calais. Il désirait ainsi se préparer une place forte en un lieu où la distance entre son île et le continent, était la plus courte. En ce temps là, les syndicats n'entravaient pas la libre navigation dans le détroit et par là-même, n'amenaient pas les compagnies de navigation à la faillite. Comme la ville était fort bien défendue, afin d'éviter le risque d'une nouvelle bataille qui pourrait lui coûter cher en hommes et matériels, pour un succès incertain, il assiégea la cité, avec le ferme espoir de la réduire bien vite par la famine.

Le roi d'Angleterre pensa qu'afin de renforcer son armée en lambeaux et en prévision de futures batailles, Philippe ferait revenir son fils Jean, qui combattait avec succès en Guyenne. Ce fut effectivement le cas. Ce qui permit aux Anglais, sitôt le départ des troupes françaises, de reprendre l'ensemble des villes et forteresses qu'ils avaient perdues dans cette province.

En Bretagne, la guerre continuait de plus belle. Pour autant qu'une guerre puisse être qualifiée de ce mot. Lors d'un combat, Charles de Blois fut blessé puis mené captif en Angleterre. C'est son épouse, Jeanne la Boiteuse, qui avait déjà réalisé plusieurs exploits militaires auparavant, qui seule, prit le commandement de l'armée. Face à elle, se trouvait une autre femme pour diriger les troupes ennemies ; il s'agissait de Jeanne la Flamande.

En Angleterre, durant l'absence de son époux Edouard, c'est Philippa de Hainaut qui menait les combats face aux Ecossais. Elle parvint même à faire prisonnier David Bruce, roi d'Ecosse, lors d'une bataille victorieuse.

Qui osera encore dire que les femmes n'ont toujours tenu que des rôles secondaires dans l'Histoire, alors que l'on ne peut que constater le contraire. Assez régulièrement sous les alcôves, il est vrai, mais avec quelles influences !!!

La reine Philippa venait d'arriver devant Calais, pour remettre à son époux de roi, son non moins noble prisonnier écossais, lorsque les habitants de la ville, affamés, décidèrent de se rendre. Au début du siège, Edouard avait fait preuve de mansuétude, en laissant sortir de la cité, femmes, vieillards et enfants. En se rendant à l'ennemi, les Calaisiens étaient persuadés en conséquence, qu'un traitement de faveur leur serait accordé. Mais la durée du siège avait passablement énervé le roi. Suite à moult négociations, il accepta de ne pas s'en prendre aux habitants de la cité, sous réserve *« que de la ville partent six des plus notables bourgeois, les chiefs nus, tous déchaux, la hart au col, les clefs du château et de la ville en leurs mains. D'iceux je ferai à ma volonté et le remanent je prendrai à merci. C'est toute la grâce que je peux faire. »*

Lorsque les six volontaires se présentèrent devant Edouard, il s'écria : *« Faites venir le coupe-tête ! »* Question programme des réjouissances, il en connaissait un rayon le roi anglais. Les supplications de ses officiers et même de son fils, pour épargner la vie de ces pauvres bougres, demeuraient infructueuses. C'est alors qu'alertée, la reine Philippa se précipita aux pieds de son époux, pour lui demander leur grâce. *« Ah ! Madame, j'aimasse mieux que vous fussiez autre part que cy. Vous me priez si acortes, que je ne puis vous éconduire. Si les vous donne à votre plaisir. »*

Nous n'oublions pas qu'en ce temps, la langue française était d'usage officiel à la cour d'Angleterre.

Ainsi, les habitants de Calais eurent la vie sauve, de par le dévouement de leurs six compatriotes, dont les vies furent également épargnées. Mais Edouard les chassa tous de la ville, qu'il fut repeupler par des Anglais.

De nos jours, nous ne risquons pas de voir des responsables politiques agir avec tant de courage et d'abnégation. Tous, autant qu'ils sont, ne pensent qu'à leur gueule.

Quelques mois après cet épisode romanesque, historiquement bien connu, l'épouse de Philippe, Jeanne de Bourgogne, mourut de la peste, qu'elle contracta en portant secours aux pauvres frappés par cette terrible maladie, qui sévissait alors en France. Ce qui était nettement plus courageux que récolter des piécettes jaunes ou jouer de la guitare. Pour la seule ville de Paris, une moyenne de cinq cents morts chaque jour vint garnir les rues, durant de nombreux mois. A cela, s'ajouta la famine, étant donné que la guerre dépeuplait les campagnes. Pas de paysans, pas de récoltes, pas de pêcheurs, pas de poissons.

Il ne serait peut-être pas si stupide de tenter faire comprendre cela aux scribouillards bruxellois.

Puisqu'il était nécessaire de trouver des responsables à tous ces malheurs, on accusa une nouvelle fois les Juifs d'avoir empoisonné sources et fontaines, de façon à faire périr les chrétiens. Ils furent donc massacrés en grand nombre. Preuve irréfutable qu'ils étaient encore revenus, ou pas tous partis voir ce qui se passait sous d'autres cieux.

C'est en étudiant sérieusement l'Histoire, que l'on s'aperçoit qu'en réalité, Hitler n'a, sur le fond, rien inventé. Il n'a fait que reprendre une idée mise concrétisée par les Français, au cours du Moyen Âge, se contentant de l'adapter à son époque.

La belle-fille de Philippe, Bonne de Luxembourg, duchesse de Normandie, mourut également de la peste. Le roi de France voulut remarier son fils Jean immédiatement et pour cela, lui choisit Blanche de Navarre, jeune princesse âgée de dix-huit ans. Mais un nouveau problème survint. Dès qu'il vit la jeune femme, Philippe en tomba subitement amoureux. Comme quoi le coup de foudre, ça existe, même chez les têtes couronnées. Sitôt, il décida de l'épouser, alors qu'il avait cinquante six ans. Mais il lui fallut dès lors trouver une remplaçante pour son fils. Il lui fit épouser Jeanne, comtesse de Boulogne et d'Auvergne, qui se trouvait disponible sur le marché de l'occasion, suite à son veuvage d'avec Philippe de Bourgogne, alors qu'elle n'avait que vingt-quatre ans.

Quant au dauphin, son petit-fils Charles, âgé de douze ans, il le maria avec Jeanne de Bourbon.

Philippe VI de Valois décéda de maladie, dans l'année même de son remariage, laissant sa jeune veuve Blanche enceinte. Avant de disparaître, il ordonna à ses deux fils, Jean et Philippe duc d'Orléans, de ne jamais rien céder devant le roi d'Angleterre, qui n'avait toujours pas renoncé à ses prétentions sur la couronne de France.

Philippe était persuadé que le royaume s'affirmerait après lui. Son fils Jean avait quarante ans, possédait l'expérience des affaires de l'Etat et était reconnu pour sa grande valeur militaire.

Malheureusement, le règne de Jean II le Bon, sera un véritable désastre. Certainement plus par circonstances négatives cumulées, que cause à son comportement, qui en fit l'un des rois de France, les plus honorables. A moins que ce n'en soit tout simplement la cause.

Entre l'honnêteté et la politique, il est indispensable de savoir faire son choix. Ce qui est généralement vite fait.

Il est également réaliste de constater qu'il monta sur le trône, alors que le pays était exsangue, décimé par les épidémies, ravagé par la guerre. Le peuple croulait sous les impôts, alors que les dettes de l'Etat s'accumulaient. Ce qui n'empêchait pas la cour de vivre fastueusement.

Les siècles passent, mais les traditions subsistent ! Seul le vocabulaire a évolué ; on a remplacé les privilèges royaux par les privilèges républicains.

Citons l'historien Mézeray : « *Les malheurs de la nation ne la corrigèrent pas ; les pompes, les jeux et les tournois continuaient toujours. Les Français dansaient, pour ainsi dire, sur les corps de leurs parents. Ils semblaient se réjouir de l'embrasement de leurs châteaux et maisons et de la mort de leurs amis. Durant que les uns étaient égorgés à la campagne, les autres jouaient dans les villes. Le son des violons n'était point interrompu par celui des trompettes et l'on entendait en même temps les voix de ceux qui chantaient dans le bal et les pitoyables cris de ceux qui tombaient dans les feux ou sous le tranchant du glaive.* »

Est-il nécessaire de préciser qu'Edouard ne se rendit pas à Reims, pour assister au couronnement de Jean II. Dommage pour lui, car l'organisation était parfaite. En cette ville, ainsi qu'à Paris, les fêtes durèrent huit jours. Le nouveau roi profita de la circonstance pour armer chevalier ses deux premiers fils.

Durant la trêve, les combats continuaient.

En Bretagne, les deux partis résolument hostiles, s'obstinaient à s'entre massacrer. Nous remarquerons au passage, que c'est à dater de la guerre de Cent Ans, que l'esprit chevaleresque disparut des champs de batailles. Jusqu'alors, les femmes, les enfants, les vieillards et tous gens sans défense se voyaient généralement épargnés. A partir de la rivalité exacerbée qui s'était instaurée entre Philippe de Valois et Edouard d'Angleterre, les méthodes évoluèrent. Il n'y eut plus rien de sacré, aucune pitié ne fut accordée. La France devint un pitoyable territoire ravagé par les saccages et incendies, les tueries et exécutions en tous genres devinrent monnaie courante, sans que quiconque ne fût préservé.

Comme tout cela n'était pas suffisant, un nouveau fléau s'abattit sur le royaume, ce qui ne s'imposait véritablement pas. Il était français et se nommait Charles d'Evreux, fils de Philippe d'Evreux, cousin germain de Philippe VI et de son épouse Jeanne de France, fille de Louis X le Hutin. A ce titre, il était également roi de Navarre.

L'on a écrit de lui *« qu'il avait toutes les bonnes qualités qu'une méchante âme rend pernicieuse : l'esprit, l'éloquence, l'adresse, la hardiesse et la libéralité. Il était encore fourbe, perfide, crue et vindicatif. »* Ce qui lui mérita de porter le nom de Charles le Mauvais.

Pour inscrire son nom dans l'Histoire, on avait connu mieux auparavant. Le problème est que depuis, l'on ne cessé de faire pire. Mais pour certains individus, imbus avant tout d'eux-mêmes, l'essentiel semble être d'avoir son nom dans un dictionnaire. Peu importe la rubrique.

Feuilletez-donc le Petit Larousse ou le Petit Robert. Vous y découvrirez Landru et l'abbé Pierre, Hitler et Mère Teresa, Attila et Gandhi, Marie Curie et Edith Cresson. Pas encore Hollande et Valls, mais nous avons Laurel et Hardy ; c'est plutôt rassurant.

Peu inspiré, Jean le Bon donna sa fille aînée en mariage, à Charles le Mauvais. Il le combla d'honneurs et de présents. Mais cela ne lui suffisait pas, à son gré. Il souhaitait recevoir la charge de connétable, alors dévolue à Charles de la Cerda, envers qui le Mauvais Charles nourrissait une haine et une antipathie sans limite.

Jean avait fait épouser auparavant, à Charles de la Cerda, Marguerite de Blois, dame de l'Aigle. Comme cadeau de mariage, il offrit au jeune couple le comté d'Angoulême qui avait appartenu à Jeanne de Navarre, mère de Charles le Mauvais. Cette situation ne permettait pas de faire évoluer favorablement les relations entre les deux hommes.

Une guerre larvée s'instaura dès lors entre les deux Charles. Et le Mauvais finit par faire assassiner la Cerda, alors qu'il était allé retrouver sa mie en son château de l'Aigle.

Ce n'était ici que le premier d'une longue série de crimes.

Le roi de France fut fort contrit, lorsqu'il apprit la mort de son ami et premier officier de la couronne. Par prudence, le Navarrais se mit immédiatement sous la protection des Anglais, qui n'en demandaient pas tant. Comme il possédait nombre de villes et forteresses sur les côtes de Normandie, Jean II n'eut d'autre solution qu'accorder son pardon au commanditaire du meurtre, de peur qu'il ne laisse les troupes d'Edouard s'infiltrer en France, après avoir débarqué en Normandie.

Charles le Mauvais demanda pardon au roi de France et promit qu'il ne recommencerait plus. Pour une fois, il tint parole, puisqu'il lui était impossible de faire assassiner deux fois de suite, la même personne.

En Bretagne, les Anglais continuaient de remporter de nouvelles victoires. Quant à Charles le Mauvais, il s'agitait, se démenait dans tous les sens, sans que l'on ne puisse découvrir réellement quel but il recherchait. Par précaution, le roi Jean fit saisir l'ensemble de ses fiefs sis en Normandie. Ce qui faillit déclencher de réelles hostilités entre le beau-père et son gendre.

Revenu finalement une seconde fois en faveur, il revint à la cour de France, où il recommença immédiatement à comploter. Mais s'était-il seulement arrêté quelques instants ? Le futur Charles V, fils aîné du roi, n'avait alors qu'à peine dix sept ans. Charles le Mauvais, donc son beau-frère, mit alors en place un véritable travail de sape et réussit à faire admettre au jeune prince, que son père lui préférait ses jeunes frères. Et qu'en conséquence, jamais il n'accéderait au trône, si dans l'instant, il ne prenait pas toutes les réserves qui s'imposaient. Le Mauvais conseilla même au dauphin, de se retirer chez son oncle, l'empereur d'Allemagne Charles IV.

Pas évident de s'y retrouver dans ce micmac, car il s'y trouve beaucoup de Charles.

Pour effectuer le voyage, il mit à la disposition du jeune Charles, une escorte de cent hommes d'armes. Puis, dans le même temps, il envoya une autre troupe se tenir en embuscade en Normandie, où le roi Jean devait se rendre, afin de tenir sur les Fonts baptismaux, en l'abbaye de Grand-Pré, le dernier-né du comte d'Eu.

En fait, le véritable but de la manœuvre était de capturer le roi et son fils aîné.

Fort heureusement, le complot fut découvert à temps. Le roi Jean fit remontrance à son fils de s'être ainsi laissé influencer. Pour l'assurer de son soutien et son estime, il lui donna la Normandie et lui permit de se fixer à Rouen, capitale du duché.

Pour la troisième fois, Jean accorda le pardon à son gendre. Il arrive un instant on l'on prend bien vite de mauvaises habitudes. Il faut dire que le temps n'était pas précisément au beau fixe, du côté de la perfide Albion. La trêve – officielle – avec l'Angleterre devait prochainement expirer. Et l'on savait que de l'autre côté de la Manche, Edouard mettait tout en œuvre pour préparer une opération d'envergure, afin d'en terminer avec les Valois, une fois pour toutes.

A Paris, Jean le Bon convoqua les Etats Généraux. Il fut décidé de lever une armée de trente mille hommes d'armes, ce qui, dans la réalité, représentait pour le moins quatre-vingt-dix mille combattants. Les communes devraient, en outre, fournir des corps d'infanterie.

Pour l'entretien de ces troupes, la gabelle, impôt sur le sel, fut confirmée. Mais qui avait une seule seconde envisagé qu'elle puisse être supprimée ? Puis, il fut créé une nouvelle taxe totalement injuste et scandaleuse, sur le commerce des produits vendus. C'est de ce jour que naquit l'impôt indirect. L'ancêtre de la TVA.

Il ne saurait être imaginé un seul instant, que l'ensemble de toutes les maltôtes que nous subissons, ne relèvent qu'uniquement des cervelles délictueuses des élus de la V° République. Nos caciques n'ont fait qu'améliorer, dans un mauvais sens s'entend, un système infâme mis en place depuis des siècles.

Un historien a écrit : *« Pour être heureux avec le peuple, il ne faut toucher à sa bourse que pour la remplir. »* Le problème est que les dirigeants ne savent remplir que les leurs.

Le roi savait pertinemment que ces rentrées financières, ne seraient pas suffisantes pour couvrir l'ensemble des charges générées par la guerre et le train de vie de la cour. C'est pourquoi l'impôt fut étendu aux princes de sang, au clergé et à la noblesse. Il fallait oser ; il le fit ! Faire payer l'impôt aux nantis, cela ne s'était encore jamais vu. Toutefois, il s'engagea à supprimer les prélèvements nouvellement créés, lorsque la paix serait revenue et à terminer la guerre au plus tôt qu'il le pourrait.

J'en vois un qui rigole !

Déjà, pour terminer une guerre, il faut être deux à accepter de signer un traité. Ce qui est fort loin d'être évident à mettre en place. Généralement, les deux camps préfèrent combattre le plus longtemps possible, jusqu'à la victoire finale, de façon à rançonner au maximum l'ennemi vaincu. Toute guerre engendre d'importants débours qu'il convient de combler ensuite.

Avant de repartir en campagne, le roi Jean se devait de résoudre au plus vite le cas de son parent, gendre, comploteur et assassin, Charles le Mauvais. Celui-ci s'était fixé à Evreux, cité choisie comme par hasard, non loin du dauphin et duc de Normandie, qui résidait à Rouen. Charles tenait grande cour, où il attirait tous les seigneurs de la région et leur professait la haine de la couronne de France. Ce qui ne le contraignait point, bien évidemment, à inviter le futur Charles V, lors des fastueuses fêtes qu'il organisait en son palais. Et lui évitait de devoir se rendre aux invitations que le duc de Normandie se serait retrouvé dans l'obligation de lui adresser en retour.

Au cours de l'un des festins donnés à Rouen par le dauphin, le roi Jean s'invita, accompagné de son second fils, son frère, les principaux seigneurs de sa cour et une troupe imposante. Par le plus grand des hasards, ce jour ci, Charles le Mauvais était présent. Le roi le fit arrêter, ainsi que le comte d'Harcourt et les autres seigneurs ralliés à sa cause. Après avoir tranquillement et copieusement dîné, en guise de dessert, il fit conduire ses prisonniers hors les murs de la ville et leur fit trancher la tête en sa présence. Seul Charles de Navarre fut épargné, qui fut conduit et enfermé dans une forteresse de Picardie. L'avenir prouvera que ce ne fut pas une idée géniale que préserver, encore une fois, la vie de son gendre. D'autant qu'entre membres de familles nobles, les affaires se règlent généralement dans la discrétion.

La trêve était maintenant terminée. Comme tous s'y attendaient, Edouard III avait débarqué à Calais, pendant que son fils, le Prince Noir, en avait fait de même à Bordeaux. Les Anglais ravagèrent le Boulonnais puis l'Artois. Ils étaient sur le point de poursuivre leurs activités humanitaires en Picardie, lorsque la reprises des hostilités avec les Ecossais, rappelèrent Edouard sans son île. C'est son cousin, le duc de Lancaster, qui prit la direction des opérations. Est-il besoin de préciser qu'en l'occasion, les Anglais épousèrent la cause de Charles le Mauvais. De son côté, le prince de Galles, après avoir dévasté le Languedoc, le Limousin, l'Auvergne et le Berry, faisait maintenant route vers la Normandie, où il espérait opérer la jonction avec les troupes anglaises venues du nord.

Pour tenter de s'opposer à ce regroupement des armées anglaises, Jean prit la tête d'une armée conséquente et marcha vers le prince de Galles, que l'on appelait plus que le Prince Noir, à cause de la couleur de ses armes. Les ennemis se retrouvèrent face à face à Maupertuis, à quelques lieues de Poitiers.

Avant même que commencer les combats, l'avantage semblait évident pour le roi de France, tant les troupes anglaises étaient fatiguées. De sus, les vivres commençaient à manquer. Ravager les terres agricoles pose d'importants problèmes aux habitants des secteurs ravagés, certes, mais prive également les troupes conquérantes de nourriture. Ce qui n'est pas toujours évident à faire comprendre à des militaires. Face à cette situation, le Prince Noir délégua le cardinal Périgord, à l'époque spécialiste en négociations. L'Anglais proposait de rendre les villes et châteaux qu'il avait conquis, enfin ce qu'il en restait, de libérer les prisonniers qui n'avaient pas encore été massacrés après leur capture, puis enfin de ne plus prendre les armes contre la France, durant une période de sept années. Jean le Bon accepta la proposition, sous conditions que le Prince de Galles, accompagné de cent de ses principaux officiers, se constitue prisonnier. Ce que, of course, l'Anglais refusa. *« L'on ne me prendra que sur le champ de bataille ! »* fit-il répondre à son ennemi.

Après deux journées de palabres inutiles, Jean s'élança à la tête de ses hommes, dans des chemins bordés de vignes et de haies. Les archers anglais, postés derrière en embuscade, n'eurent aucune difficulté à ajuster leurs tirs. Ce fut un véritable jeu de massacre. Puis, les combats se poursuivirent à la hache et à l'épée. Le roi de France combattait avec son troisième fils, encore bien jeune, à ses côtés. Il était aussi vaillant que son père, ce qui le fit surnommé Philippe le Hardi. Ils furent tous deux blessés à différentes reprises. C'est pourquoi Philippe, duc d'Orléans et frère du roi, jugea opportun de faire fuir Charles et Louis, les deux fils aînés de Jean, pour les mener jusqu'à Paris. Finalement Jean II et son fils Philippe n'eurent d'autre solution que se rendre au Prince Noir. Ils furent emmenés captifs à Bordeaux. Cette situation pour le moins tragique, jeta une grande consternation dans le royaume. Fort heureusement, le pape parvint à obtenir une trêve de deux années de la part des Anglais, ce qui évita au pays d'être totalement ravagé, comme de coutume en pareil cas.

Ainsi, le jeune prince Charles se retrouva, à tout juste dix neuf ans, à la tête du royaume de France, alors qu'il n'avait pas été préparé à occuper cette position et ne possédait aucune expérience des affaires de l'Etat. Il se trouvait, de sus, dans l'impossibilité totale d'accorder la moindre confiance, d'obtenir la moindre aide de ses proches parents, conseillers ou grands seigneurs, car la trahison rodait partout. Face à cette situation, il pensa bien faire en convoquant les Etats Généraux. Car à présent, il convenait de réunir une somme importante, de façon à pouvoir payer la rançon que les Anglais ne tarderaient pas à réclamer, pour libérer son père. Les Etats Généraux étaient constitués de deux clans bien distincts.

Pour la partie sud de la France, nommée Langue d'Oc, parce que *oui* se prononçait *oc,* l'assemblée eut lieu à Toulouse, sous la présidence du comte d'Armagnac. La levée d'une armée et les deniers indispensables pour l'entretenir furent votés.

Restait à convaincre les représentants de la région septentrionale du pays, appelée Langue d'Oil, parce que *oui* se disait *oil.* Ils vinrent à Paris. Etienne Marcel, prévôt des marchands, y tenait une place prépondérante. En la circonstance, il s'était allié avec Robert Le Coq, évêque de Laon. Il s'agissait d'un homme de grande culture, mais qui se prosternait nettement plus facilement devant les écus, que devant Dieu.

Malgré cela, tous deux travaillèrent fort habilement et démontrèrent au dauphin qu'en une assemblée aussi nombreuse, il était pratiquement impossible de traiter des grandes affaires du royaume, puis obtenir un vote régulier à la majorité. Et que, par conséquent, il était indispensable de préparer les dossiers en commissions spéciales. Ce qui revenait à dire et constater que les décisions adoptées ne ressortiraient plus de délibérations générales, mais ne seraient désormais que le prolongement d'arrangements sournoisement négociés entre les factions, selon les intérêts particuliers de chacun.

Depuis cette époque et bien entendu aujourd'hui encore – surtout aujourd'hui – nous pouvons remarquer les innombrables absences de parlementaires, lors d'inutiles débats à l'Assemblée Nationale ou au Sénat. Qu'ils soient présents ou non, de toutes les façons cela ne change rien à l'affaire, puisque tout a été préparé et adopté auparavant.

Les questions au gouvernement, le mercredi après-midi, ne servent qu'à remplir durant quelques heures les écrans de télévision, afin d'amuser la galerie, puis faire saliver les reporters. L'essentiel pour un élu, restant d'être interviewé lors du journal télévisé de vingt heures, pour assurer sa promotion et se vendre au plus grand nombre possible, tel un paquet de lessive ou un plat surgelé indigeste. A l'exception bien évidemment, des virements de fin de mois, le reste pour cette caste est sans importance.

Face à l'empressement d'Etienne Marcel – comme on le comprend – le dauphin consentit à ce que des commissions soient nommées, sous réserve que des gens de son conseil soient présents lors des débats privés. Mais, véritable surprise, il s'avéra aussitôt qu'à l'intérieur de chaque commission, les membres se trouvaient être, pour grande majorité, des hommes à la solde du prévôt de Paris !

Les Etats Généraux avaient été convoqués, de façon à trouver de l'argent pour reconstituer une armée, puis payer la rançon du roi et de son fils, prisonniers du Prince Noir. Mais, contre toute attente, Marcel fit en sorte de dévier les débats, pour s'occuper en priorité des réformes intérieures du royaume. Pour parvenir à ses fins dans les plus brefs délais, il fit exclure des délibérations, les gens du conseil de la couronne, ainsi que les quelques opposants qui avaient l'outrecuidance de continuer à se manifester. Il leur fut signifié que pour le cas où ils insisteraient lourdement, leurs biens seraient confisqués avant qu'ils ne soient condamnés à l'exil. Voire à être mis à mort pour les plus virulents.

Ces mesures étant adoptées, un véritable débat démocratique put enfin s'instaurer.

Le prince Charles, qui ne possédait encore aucun titre officiel pour gouverner le pays, se nomma lieutenant général du royaume et se rendit près de son oncle, l'empereur Charles IV, demander conseil. Durant son absence, il demanda à son jeune frère Louis, d'assurer le gouvernement de la France ou de ce qu'il en restait.

Etienne Marcel, quant à lui, demeura bien évidemment à Paris, où il continua de haranguer les bourgeois, en les assurant qu'il était le seul rempart existant, pour les prémunir contre les nouveaux impôts qui ne manqueraient pas de s'abattre prochainement sur eux.

La routine, quoi... !

Lorsque Charles revint en France, c'est sans surprise qu'il constata qu'une véritable pagaille régnait pas la capitale. Etienne Marcel était parvenu à lever une véritable armée de quatre mille hommes. Et pour ce faire, encaissait directement les deniers qu'il refusait au roi. C'était une évidence, pour entretenir sa garde prétorienne destinée à garantir son action destinée à préserver le peuple des surplus d'impôts, il lui était indispensable de lever directement un impôt. C'est mathématique.

Visionnaire mais réaliste, le Marcel !

Désormais, une nouvelle réunion des Etats Généraux s'imposait.

Prévoyant, le Prince Noir décida de conduire personnellement son prisonnier, Jean le Bon, à Londres. Cette nouvelle disposition priva dès lors le dauphin, de recevoir le courrier que son père lui adressait chaque jour, à partir de Bordeaux, afin de lui communiquer ses ordres.

Enfin, pour que la fête soit complète, Etienne Marcel demanda que Charles le Mauvais, toujours enfermé depuis des mois dans un château de Picardie, soit libéré.

Il n'eut pas même le temps de mettre son plan à exécution ; profitant de l'immense désordre qui régnait en France, quelques seigneurs normands, parents ou amis de ceux qui avaient été massacrés à Rouen sur ordre du roi Jean, attaquèrent la forteresse où le roi de Navarre était retenu prisonnier, puis le libérèrent.

S'ensuivit une association de circonstance entre Charles le Mauvais et Etienne Marcel. Ce qui, pour l'époque, représentait ce que l'on pouvait faire de mieux dans le genre. Un peu comme si, de nos jours, Manuel Valls s'associait avec Pierre Gattaz, dans l'espoir de détrôner le roi Flanby. Encore que...

La situation ne cessant de se dégrader, Charles abandonna son titre de lieutenant général, pour revêtir celui de régent du royaume. Ce qui faisait nettement plus sérieux, certes, mais ne changeait en rien les données du problème. Son premier job, sous cette appellation officielle, fut d'entendre son Mauvais beau-frère, après que, sur insistance d'Etienne Marcel et Robert Le Coq, il eut accepté de lui accorder un sauf-conduit.

Charles de Navarre arriva à Paris, protégé par une escorte de très haute qualité. Dans chaque ville qu'il traversait, il faisait libérer les prisonniers qui pour la plupart, tout heureux de leur élargissement, s'engageaient immédiatement sous la bannière de leur inespéré libérateur. Dans la capitale même, il parvint à renforcer sa troupe de bras cassés, en recrutant de nouveaux partisans directement à la Cour des Miracles. Que du beau monde.

Il commença par tenir une assemblée de haute tenue au Pré aux Clercs, où une foule immense était venue l'entendre. Pour les discours ça fonctionne toujours. C'est pour la concrétisation des projets annoncés que, généralement, les affaires se gâtent. Il décrivit les atrocités dont il avait été victime, lors de son internement, uniquement *« parce qu'il avait été le seul prince à avoir osé résister à la mauvaise administration du pays par le roi Jean et ses conseillers. »* Ensuite, il déclara ouvertement que, compte tenu de sa position de petit-fils du roi Louis X le Hutin, *« il était le seul en mesure de prouver que ses droits étaient plus incontestables que ceux de qui que ce fût, pour réclamer la couronne de France. »* Il termina sa diatribe en assurant qu'il se rangeait aux côtés des pauvres et sans dents, des veuves et orphelins et qu'il prendrait également la défense des bourgeois contre les maltôtes qui s'abattaient et continueraient de s'abattre toujours davantage sur tous. Rien que du classique, quoi !

Il va de soi que son discours fut reçu cinq sur cinq à l'applaudimètre, par une populace béate d'admiration. L'avenir semblait alors radieux ; pas pour les pauvres hères qui étaient certains de se faire rouler dans la farine et ne le savaient pas. Mais pour l'auteur de ces tartines indigestes, qui ne doutait pas un seul instant de pouvoir prochainement coiffer la couronne de France. De toutes les façons, pour les gens du peuple, se faire baiser par un parti ou un autre, à l'arrivée cela revient strictement au même. Fort de ce soutien, Charles se présenta devant le régent et lui demanda la restitution de ses villes et fiefs de Normandie, qu'on lui rembourse ses frais de campagnes et que les seigneurs décapités à Rouen, soient réhabilités. Cette dernière requête ne présentant pas le plus de difficultés. Dans un premier temps, Charles refusa. C'est alors qu'intervint Etienne Marcel, pour déclarer au régent : « *Monseigneur, contentez-le d'amitié, car il le faut ainsi.* » Et l'affaire fut entendue. Non seulement toutes les demandes présentées par le Mauvais furent accordées, mais de sus il parvint encore à faire libérer « *tous les larrons, voleurs de grands chemins, faux monnayeurs, faussaires, ravisseurs de femmes, perturbateurs du repos public, assassins, sorciers et sorcières, empoisonneurs et autres coupables de crimes semblables.* » De façon à ce que nul ne pût être oublié, le Mauvais avait dressé la liste lui-même. C'est pour dire s'il possédait des relations de haut niveau. Ainsi paré, il pouvait sereinement envisager la composition d'un gouvernement.

Il se rendit ensuite en Normandie où, contre toute attente, il y fut mal accueilli. Il décida de revenir vers Paris, où l'attendait avec impatience Etienne Marcel. Avant d'entrer dans la capitale, il avait disposé ses troupes dans les villes et villages voisins, afin de l'encercler. La finalité était désormais de s'emparer du trône au plus vite.

Il existait deux camps dans Paris. Celui des partisans du régent, composé pour majorité de gens plutôt calmes et pondérés. Nous savons toutefois, depuis Einstein, que tout est relatif. Puis, celui des Navarrais et son associé de mauvais aloi, le plus redoutable en nombre et en coups tordus. Etienne Marcel se résolut à faire régner la terreur dans la capitale, puis occire les légalistes. Pour commencer les opérations, afin que ses partisans puissent se reconnaître entre eux, il leur fit porter une coiffe de couleurs blanche et rouge. Le blanc pour la France, le rouge pour la Navarre. Ceux qui ne portaient pas ce chaperon, furent bien vite humiliés, avant que les assassinats ne commencent à se mettre en place. La première victime fut Jean Baillet, trésorier de France, qui avait été déclaré coupable d'être l'inventeur des impôts.

Tu parles, Charles ! Depuis que le monde existe, les plus puissants on toujours détroussé les plus faibles. C'est même pour cette raison qu'ils sont riches. Et puis, comment feraient-ils pour vivre sans pouvoir bénéficier des produits de leurs rapines ?

Passé ce premier meurtre, ce fut au tour de Pierre d'Arcy, avocat général, qui tentait de calmer la révolte. Dans la foulée, Marcel accompagné de sa bande de truands, força la demeure du régent, allant jusqu'à pénétrer dans sa chambre. Au passage, il fit enlever Jean de Conflans, maréchal de Champagne, puis fit assassiner sur place Robert de Clermont, maréchal de Normandie. Alors que le sang du maréchal jaillissait sur lui, Charles demanda à Marcel : « *En voulez-vous donc à ma vie ?* » Pour toute réponse, le chef des insurgés se contenta de mettre la coiffe de son parti sur la tête du régent, puis lui faire admettre que tout ce qu'il avait entrepris jusqu'à présent ou entreprendrait par la suite n'était que dans l'intérêt ru royaume.

Charles quitta Paris pour se réfugier à Compiègne, où il tenta de rassembler ses partisans. Mais peu le suivirent dans cette démarche. Quant au Mauvais, il avait planté sa tente à Mantes, de façon à ne pas paraître complice des innombrables massacres qui continuaient de se perpétrer dans la capitale. Le régent tenta de revenir à Paris, mais Etienne Marcel contrôlait trop bien la place, pour qu'il puisse parvenir à ses fins. Il dut s'exiler de nouveau, se promettant de revenir bien vite dans la capitale du royaume et y être enfin le maître.

Profitant de la conjoncture, Charles le Mauvais qui, entre temps, avait négocié avec le roi d'Angleterre, s'empara de la ville laissée vacante. Edouard savait pertinemment que Charles continuait d'émettre des prétentions sur le trône de France, ce qui le contrariait fortement. Mais pour l'immédiat, il était trop heureux de pouvoir alimenter le désordre qui s'était instauré en France. Ce qui, reconnaissons-le, n'était guère compliqué. Comme preuve de sa bonne volonté, il envoya des troupes en renfort, qui prirent leurs quartiers dans Paris.

Face à cette situation, qui ne cessait de se détériorer, le régent décida de bloquer Charenton-le-Pont, là où la majorité des denrées alimentaires destinées à la capitale, arrivaient pas la Seine. Bientôt, les Parisiens commencèrent à connaître la famine. Le Mauvais tenta bien quelques sorties, mais chaque fois, il fut battu et n'eut d'autre solution que se réfugier bien vite derrière les remparts de la cité. Puis, il établit son camp de base à Saint-Denis, d'où il promit aux habitants de Paris de bientôt revenir pour les soutenir, avec des troupes venues en renfort de province. Il leur fit également craindre les pillages et proposa aux plus fortunés, de venir déposer leur argent et leurs biens les plus précieux, sous sa protection, en s'engageant sur l'honneur de tout leur restituer, lorsque les dangers seraient écartés.

Le Mauvais n'était véritablement pas bon. Quant à l'honneur, en cette période il commençait progressivement à s'éloigner du paysage politique. Désormais, il a totalement disparu. Hélas !

Dans le même temps, il négociait avec le régent, la levée du siège de Paris. Celui-ci finit par accepter, sous réserve d'un versement de trois cent mille écus qui seraient utilisés au paiement de la rançon du roi Jean.

Le temps de toutes ces querelles incessantes, les Parisiens commençaient à trouver le temps long. Face au mécontentement général qui se manifestait de plus en plus, Charles le Mauvais regretta publiquement que l'on ne lui marque pas plus de reconnaissance, pour toutes les œuvres charitables qu'il mettait en place. Il lui fallait bien trouver un prétexte pour retirer les troupes, y compris anglaises, qui occupaient la ville.

Alors qu'ils quittaient la cité, de nombreux soldats furent massacrés par les habitants de la capitale. Pour se venger, les survivants se mirent à ravager les campagnes environnantes et massacrer les populations. Face à de telles atrocités, les Parisiens se décidèrent à porter secours aux paysans, mais ils furent trahis par Etienne Marcel, qui contrôlait toujours le gouvernement de Paris. Un véritable carnage s'ensuivit, qui permit au prévôt de se débarrasser, entre autres, de la majorité des opposants qu'il lui restait.

Marcel pensa qu'il était maintenant temps d'ouvrir les portes de Paris à Charles le Mauvais et ses hordes de sauvages en tous genres, puis prendre officiellement le pouvoir.

C'est alors qu'intervint un dénommé Maillard, propre parent d'Etienne Marcel. Alors que ce dernier s'apprêtait à ouvrir la porte Saint-Antoine au Navarrais, ainsi qu'aux troupes anglaises, Maillard lui fendit la tête avec une hache de fabrication française, gage de sécurité. Un immense tumulte se déclencha qui réveilla les habitants de la cité. Les partisans de Marcel furent immédiatement arrêtés, jugés par un tribunal d'exception mis en place pour l'occasion, puis exécutés sur-le-champ. Sitôt, la bannière royale fut déployée sur les remparts et une délégation se rendit à Charenton-le-Pont, où le régent se trouvait toujours, afin de le prier de rentrer dans la ville.

Le soir même, l'ordre régnait dans Paris et quelques jours plus tard, la cour était établie paisiblement au Louvre.

Etienne Marcel ! Le plus curieux dans cette affaire, est qu'une rue de Paris, ainsi qu'une station de métro, portent le nom de cette fripouille. C'est aussi cela Paris ! Ils n'ont probablement pas étudié de trop près l'Histoire de la capitale, les édiles qui ont pris cette initiative. Pour couronner le tout – s'il est possible en la circonstance de s'exprimer ainsi – une statue équestre de ce voyou, sise à côté de l'hôtel de ville de Paris, a été inaugurée le 14 juillet 1888 !

A quand le boulevard Jean Tibéri, la place Bertrand Delanoë, l'avenue Louise-Yvonne Casetta ?

Pour autant, le calme n'était pas totalement rétabli dans le royaume. C'est maintenant dans les campagnes que la révolte grondait. Il était reproché aux seigneurs et chevaliers, de ne pas avoir défendu le roi Jean, de l'avoir laissé tomber entre les mains des Anglais, plutôt que combattre jusqu'à la mort. Puis, n'avoir rien fait depuis sa capture, pour tenter de le délivrer.

Les paysans se donnèrent un chef, qui prit le nom de Jacques Bonhomme. D'où l'origine du mot *Jacquerie*. Quant à bonhomme, c'est le plus souvent le mot qui était utilisé par la noblesse du Moyen Âge, pour désigner les terriens.

Un ordre du jour fut créé par les révoltés : « *Tout ce qui nous arrive est la faute des grands seigneurs, des nobles, des chevaliers, qui auraient dû défendre notre roi jusqu'à la mort et que l'on a laissé prendre. Quels efforts font-ils pour le délivrer ? A quoi sont-ils bons ? Qu'à tourmenter les pauvres paysans, accabler leurs vassaux de corvées, les ruiner, abuser insolemment de leurs femmes et leurs filles. Pourquoi souffririons-nous davantage de ces excès ? Armons-nous. Nous sommes plus nombreux qu'eux. Tuons, massacrons, anéantissons cette race maudite !* »

Voilà qui était bien dit. Il ne restait qu'à joindre le geste à la parole. Ce qui fut fait bien rapidement. Le peuple avait des couilles dans ce temps-là.

Ils s'attaquèrent aux châteaux de l'Ile-de-France, de Champagne et de Picardie. Pour fêter dignement leur première conquête, ils embrochèrent encore vif, puis firent rôtir le seigneur des lieux, avant d'obliger son épouse et sa fille à en déguster un morceau. En ces trois provinces, plus de cent châteaux tombèrent. Les seigneurs et leurs familles qui parvenaient à fuir, étaient pourchassés sans relâche et pendus dans les forêts, dès qu'ils étaient capturés.

Puisque la situation ne cessait de se détériorer, les grands barons accoururent de tout le royaume et se rangèrent tous derrière la bannière du régent. Et la chasse s'organisa ; ce fut une véritable boucherie, au cours de laquelle des milliers d'insurgés périrent égorgés, transpercés, décapités.

Dès lors, Charles eut le temps de s'occuper des affaires de l'Etat. Seul Le Coq, perfide évêque de Laon, fut disgracié et reçut l'ordre de se retirer dans son diocèse. Ce qui ne représentait pas un châtiment insupportable, loin s'en faut. Mais en l'occurrence, il convenait également de ménager la susceptibilité du pape. Puis, c'est bien connu, la justice est toujours clémente avec les puissants, puisque ce sont les puissants qui créent et rendent la justice.

Maintenant, la menace anglaise se précisait de nouveau. Le régent Charles envoya, officieusement car il ne fallait rien exagérer, une délégation près du Mauvais Charles, afin de tenter un rapprochement entre les partis. Toutefois, celui-ci préféra conclure une alliance avec Edouard qui, une nouvelle fois, mit des troupes à sa disposition. Telles de véritables hordes sauvages, les alliés de circonstance se mirent à piller, saccager les territoires limitrophes des provinces appartenant à Charles de Navarre. Les paysans et citadins, ou ce qu'il en restait, furent de nouveau massacrés en grand nombre. Chez les femmes, les moins malchanceuses étaient violées avant d'être égorgées.

La France ne fut plus qu'un immense champ de désolation. Les guerres et les révoltes avaient décimé les populations. La famine et les épidémies poursuivirent l'œuvre accomplie.

Une chronique de l'époque, décrit la détresse du clergé, la classe pourtant la plus opulente et la plus puissante du royaume : « *On ne voyait plus dans Paris et dans les autres grandes villes, qu'abbés et abbesses, clercs et religieuses, occupés à chercher les moyens de subsister. Les prélats et autres grands dignitaires religieux, qui auraient rougi de marcher en public sans un fastueux cortège d'écuyers, de chevaux et de domestiques, étaient alors dans l'humiliante nécessité d'aller à pied, suivis seulement d'un moine ou d'un valet et de se contenter de la nourriture la plus frugale.* »

Mais prenons le chemin de l'Angleterre. Le roi de France, transféré à Londres, fut d'abord reçu avec les honneurs dus à son rang. Mais l'ambiance ne tarda pas à se dégrader. Pourtant, le football et le rugby n'avaient pas encore été inventés. Il s'agissait désormais de parler affaires. Comme première condition à sa libération, Edouard demanda à son prisonnier, qu'il lui fasse hommage de son royaume. Indigné, Jean répondit qu'il préférait mourir, plutôt que rentrer en France déshonoré. Les négociations se poursuivirent, mais durant des mois, aucune avancée notoire ne fut enregistrée.

Jean II constata de sus, qu'Edouard mettait de nouveau en place, un imposant dispositif militaire pour envahir la France. Il se résolut alors à proposer à l'Anglais de lui céder, par traité, la Normandie, le Maine, l'Anjou, la Touraine, le Poitou, la Guyenne et la Saintonge. Des provinces qui avaient appartenues dans le passé, aux premiers Plantagenêt. Pour faire joli, il y ajouta les comtés de Boulogne, de Montreuil, de Ponthieu, ainsi que la ville de Calais et les territoires qui en dépendaient. Dans ce traité, qui fut expédié au régent, Edouard appelait Jean *rex francus,* roi français, alors qu'il se nommait lui-même *rex francorum,* roi des Français. Ce qui ne laissait pas auguler d'une ambiance positive, dans le dossier du rapprochement franco-anglais.

Charles convoqua une nouvelle fois les Etats Généraux. Le traité proposé fut étudié, puis rejeté à l'unanimité. Même la voix de Charles le Mauvais ne manquait pas à l'appel, qui proposa de renvoyer le document à Edouard, en y ajoutant des marques d'indignation. Puis, il demanda au clergé, à la noblesse, aux cités, de se cotiser en fonction de leurs possibilités, de façon à se préparer dans les meilleures conditions possibles aux combats futurs qui s'annonçaient.

En réalité, l'intention du Mauvais, qui s'était superficiellement réconcilié avec son beau-frère, était de profiter de la guerre qui reprenait, pour s'emparer de la couronne de France. Voire, dans le pire des cas, s'approprier de nouveaux territoires.

Dès qu'il prit connaissance de la réponse négative venue de France, Edouard fit enfermer Jean en la Tour de Londres, de peur qu'il ne puisse être délivré. Puis, prit toutes dispositions pour débarquer ne France, à la tête de cent mille hommes.

C'est alors que le régent Charles inventa la guérilla. Il fallait y penser, principalement à cette époque.

Plutôt qu'affronter son ennemi de face, il renforça les garnisons dans les villes et les principales places-fortes. Ordonna que les paysans se réfugient dans les forteresses, puis fit stocker les provisions en abondance. Enfin, il interdit à ses officiers d'engager la moindre bataille directement. Le but de la manœuvre était de harceler sans cesse l'adversaire, puis disparaître aussitôt.

De la sorte, il ne laissait aux Anglais, que des campagnes désertées.

Edouard réussit à prendre quelques petites villes en Artois, puis mit le siège devant Reims, sans rencontrer d'obstacles majeurs dans sa progression. Et pour cause. Son idée fixe était toujours de se faire couronne roi de France dans la cité. Mais l'hiver arriva et la politique mise en place par Charles commença à porter ses fruits. Enfin, ce n'est qu'une façon de décrire la situation car, justement, des fruits il n'y en avait pas. Pas plus que de légumes ou autres aliments, compris le fourrage pour les chevaux. Face à cette situation dramatique pour son armée, le roi d'Angleterre fut donc contraint de lever le siège et prit la direction de la capitale, non sans prendre le temps de tout ravager sur son passage. Enfin, ce qui pouvait encore l'être.

Il installa son armée à Bourg-la-Reine, puis délégua un émissaire devant Charles, afin de lui demander la bataille. Fidèle à son plan, celui-ci répondit qu'il n'était là que pour défendre Paris et qu'il prenne la cité s'il le pouvait.

En cette période, des marins normands avaient débarqué en Angleterre et semaient panique et consternation dans le sud du pays. Ce qui était toujours ça comme supplément, pour ennuyer les Anglais.

Bien que normalement constitué, le futur Charles V mourut à l'âgé de quarante deux ans. Mais des suites de quelle maladie ? L'on a dit qu'il était de santé plutôt fragile, mais de nombreux historiens affirment qu'il périt des suites d'une tentative d'empoisonnement. Au cours d'un repas prix en compagnie de Charles le Mauvais (quelle erreur), alors que le roi d'Angleterre se trouvait devant la capitale, son beau-frère lui aurait fait absorber un poison, mais en quantité insuffisante pour le tuer sur le coup. Ce qui est avéré, est qu'il s'écroula avant la fin du repas partagé avec le Mauvais et que dans les jours qui suivirent, ses ongles et cheveux tombèrent. Dès lors, sa santé resta précaire, ce qui l'aurait fait disparaître prématurément.

Il est certain que Charles de Navarre n'était pas à un assassinat près. Et que quelque temps plus tard, suite à cette tentative manquée, il tenta de faire occire le régent par les armes. Les meurtriers en puissance furent arrêtés avant de commettre leur crime. Avant de trépasser, ils avouèrent être à la solde du Navarrais qui, lui-même, avoua son forfait. Mais, dès que les trois larrons impliqués dans cette affaire furent exécutés, n'ayant plus aucun témoin gênant face à lui, il revint sur ses déclarations et défia le régent, à qui il reprocha de lui avoir imputé un crime dont il était innocent. Il alla même jusqu'à lui déclarer la guerre.

Immédiatement Charles le Mauvais se remit à ravager les terres de France, sous l'œil plus que compatissant d'Edouard, qui ne parvenait toujours pas à batailler contre les troupes françaises. Comme il lui était impossible de s'éterniser plus longtemps dans un pays ruiné, il décida de passer en Bretagne, dans l'intention de reconstituer son armée, puis revenir ensuite devant Paris.

Il pensait également que les plans de Charles allaient se retourner contre lui. Les grandes villes, les forteresses ne pouvaient tenir sans être défendues par d'importantes garnisons. Et le régent n'avait plus d'argent pour entretenir ses troupes. L'idée de l'Anglais était de payer les soldes arriérées et même effectuer des avances sur soldes, de façon à pouvoir s'attirer vers lui les soldats français.

Et là, Edouard avait vu juste, car la France se trouvait à l'agonie.

C'est alors que se produisit un événement incroyable, comme seul il soit possible d'en trouver description dans les pages d'un mauvais roman.

Alors qu'Edouard et son armée, revenant vers Paris, se trouvait devant Chartres, un orage d'une violence inouïe s'abattit sur la région. Une pluie torrentielle dévasta tout sur son passage ; des grêlons de tailles démesurées broyèrent hommes et chevaux, qui périrent par milliers. Les tentes du campement furent arrachées par des tourbillons de vent, d'une force prodigieuse, jamais vue jusqu'à présent.

Certains groupuscules ont dit que cette situation était due aux changements climatiques, consécutifs à la pollution générée par les armées en mouvement. Mais bien entendu, cette hypothèse est totalement farfelue.

Le déluge enfin terminé, l'armée anglaise n'était plus que débris.

Au sujet de ce phénomène météorologique, Voltaire écrira plus tard : *« que rarement la pluie n'a autant décidé de la volonté des vainqueurs et du sort des Etats. »*

L'on dit qu'Edouard se tourna vers la cathédrale de Chartres et persuadé qu'il s'agissait de la volonté divine, fit vœu à la Vierge d'accorder la paix. Amen !

A la suite de ce cataclysme, les émissaires du roi d'Angleterre se rendirent à Brétigny, où ils rencontrèrent ceux du régent de France. Une – enfin – bonne volonté mutuelle aidant, un traité de paix fut conclu en huit jours. Juste pour l'anecdote, il fut signé un huit mai.

Il est inutile d'insister sur les clauses du traité, dont la lecture des quarante articles finirait par décourager le lecteur le plus passionné par les relations franco-anglaises. L'étude de l'article quatre suffira à notre bonheur. Il y était stipulé que la France verserait au roi d'Angleterre, la somme de trois millions d'écus (quand-même !) contre la libération du roi Jean II le Bon. Savoir, six cent mille à Calais, dans un délai de quatre mois, le temps de faire la collecte des fonds. Puis, le solde par règlements toujours de six cent mille écus rendus à Londres chaque année, jusqu'à paiement intégral de la dette ainsi contractée.

Preuve supplémentaire, s'il en fallait, que les guerres et les prises d'otages libérables contre rançons, sont les activités les plus rentables qui puissent exister pour les organisateurs. Et ça continue encore et encore.

Après que le premier versement eut été effectué et quatre années de captivité, le roi de France fut mené à Calais, où il resta quatre mois, le temps que les accords entre les deux parties soient officiellement ratifiés. Il fut également procédé à un échange d'otages, car il est toujours indispensable de s'entourer d'un maximum de garanties, lorsqu'il s'agit d'argent. Puis, enfin, une entrevue entre les deux rois fut organisée. Ils se congratulèrent, se promirent amitié éternelle, puis pour clore la cérémonie, jurèrent d'instaurer la paix dans leurs royaumes sur les Saints Evangiles et une hostie consacrée. C'est pour dire ! Enfin ils s'embrassèrent avant de se séparer.

C'était émouvant. De quoi construire un scénario super bien ficelé pour Hollywood et ses séries affligeantes.

De retour à Paris, Jean le Bon fut accueilli en grandes liesses. Pour lui, c'était maintenant que les choses sérieuses commençaient. Car il convenait de respecter les clauses du traité, c'est-à-dire principalement trouver les fonds nécessaires pour payer les échéances, alors que les caisses étaient totalement vides. Puis, ensuite restituer à l'Anglais, les provinces promises.

Côté recettes, le peuple y compris la bourgeoisie, le clergé et la noblesse, participèrent à la collecte. Mais comme cela n'était pas suffisant, il convenait de trouver des idées lucratives. Moyennant finances, il fut décidé de laisser rentrer les Juifs dans le royaume. Cela présentait un double avantage : en cas de besoins impératifs, il serait toujours possible de rançonner de nouveau ceux qui ne désireraient pas être expulsés de France. Comme cela n'était toujours pas suffisant, le roi Jean maria sa dernière fille, Isabelle, avec Jean Galéas, qui s'était autoproclamé premier duc de Milan. De fait, ce Galéas n'était qu'un *condottiere*, mais dans l'urgence, on ne choisit que rarement ses relations. Voire les nouveaux venus au sein du clan familial. Pour épouser la fille du roi de France, Galéas accepta de régler une dot considérable, car cela officialisait sa position parmi les grands d'Europe. De toutes les façons, à titre personnel cet accord ne lui coûta que bien peu cher, puisque pour parvenir à réunir la somme demandée pour s'allier à la maison de France, il pilla plusieurs régions d'Italie.

Restait à régler le problème des provinces, villes et châteaux qu'il convenait de restituer à Edouard. C'est ici que la situation commença à se compliquer. Car les seigneurs possesseurs de ces fiefs, ainsi que les gouverneurs et bourgeois des cités, refusèrent, dans un premier temps, d'accueillir les Anglais.

L'on cite, par exemple, le texte d'un message adressé à Jean, par les Rochelais : « *Eh bien donc, sire, puisque, pour témoigner que nous sommes tous bons Français, vous voulez nous contraindre à ne le plus être. Nous reconnaîtrons l'Anglais, mais des lèvres seulement. Mais soyez assuré que nos cœurs demeureront fermes en votre obéissance.* »

Le roi, qui tenait absolument à respecter sa parole donnée, répondit : « *Si la justice et la bonne foi étaient bannies du reste du monde, elles devraient se retrouver dans la bouche et le cœur des rois.* »

Eh bien là, vive le roi, honte au Président, vive la monarchie, honte à la république !

Alors que la paix pouvait commencer à s'instaurer dans le royaume, les soldats français et mercenaires, généralement d'origine allemande, furent chassés des places fortes par les Anglais. Ils se constituèrent alors en *Grandes compagnies et* se mirent à ravager le pays. Crise ou pas crise, c'est en de telles circonstances que l'on s'aperçoit que la France est un pays riche.

Car cela faisait maintenant des décennies que les saccages succédaient aux pillages et pourtant, il restait toujours de quoi dévaster les provinces.

Le roi envoya des troupes pour combattre ces hordes de pillards. Elles affrontèrent les insurgés près de Lyon ; la déroute fut complète pour les soldats français. Jacques de Bourbon, connétable de France, qui commandait l'armée fut lui-même gravement blessé. Il se réfugia dans la ville où il mourut très peu de temps après.

Suite à ces combats victorieux, les hordes de brigands décidèrent de se rendre en Avignon, où le pape Innocent VI, résidait toujours. Ils étaient certains d'y trouver grandes richesses. Le souverain pontife prêcha une croisade contre eux mais, malheureusement, le pape n'avait que des prières, des messes et des promesses de paradis éternel à sa disposition, pour payer son armée. Aussi, confrontés à cette situation, les soldats de Sa Sainteté se jetèrent dans les bras des capitaines de Grandes compagnies et s'unirent à eux. Cette bande de brigands fut finalement défaite en Italie, où le marquis de Montferrat était parvenu à les attirer, en leur faisant miroiter la possibilité de mettre le grappin sur les richesses fabuleuses.

Un autre groupe se dirigea vers la Bretagne, où la guerre n'avait jamais cessé véritablement. Les spadassins qui la composaient se firent massacrer devant Pontorson, par un gentilhomme breton, dont la bravoure et la réputation commençaient à être reconnues de tous. Il se nommait Bertrand Du Guesclin et finira sa carrière comme connétable de France.

On disait de lui : *« qu'il était le plus laid qu'il y eut de Rennes à Dinan. »* Dès son enfance, il fut célèbre dans sa région pour sa brutalité et son comportement belliqueux. A l'âge de quinze ans, il s'engagea dans un tournoi, où il avait interdiction de participer. Il défit tous ses adversaires, avant de baisser sa lance devant son père et refuser le combat.

Les Anglais le surnommaient *le Dogue noir de Brocéliande.*

Lors de la bataille d'Auray, Du Guesclin fut battu et fait prisonnier par John Chandos, qui commandait l'armée anglaise. Charles V paya une rançon de cent mille livres, pour obtenir sa libération. Ce qui lui permit ensuite d'en découdre avec les Grandes compagnies. Puis, il combattit les troupes de Charles le Mauvais et remporta la bataille de Cocherel. Cela lui valut de recevoir de Charles V, le duché de Longueville en Normandie. Duché qui avait appartenu à Philippe, frère de Charles de Navarre. Philippe venait de mourir et, bien entendu, Charles comptait bien en hériter ; cette dotation ne risquait pas d'améliorer les relations entre la maison de France et celle de Navarre. Puis, le roi Charles lui demanda de porter secours à Henri de Trastamare, qui combattait Pierre le Cruel, pour conserver la couronne de Castille. Du Guesclin remporta plusieurs batailles et était sur le point d'anéantir le Cruel et ses troupes, lorsque les Anglais arrivèrent pour lui porter secours. L'armée anglaise était placée sous les ordres de John Chandos – encore lui – et du Prince Noir. Le revoici.

Du Guesclin fut de nouveau capturé, retenu en otage, puis libéré contre versement d'une forte rançon, toujours payée par Charles V. Il prit sa revanche quelque temps plus tard, en remportant la bataille de Montiel, ce qui lui permit de rétablir Henri de Trastamare sur le trône de Castille. En récompense de ses actions victorieuses, il lui fut donné le duché de Molina et reçut le titre de roi de Grenade.

Il pouvait désormais s'occuper du cas des Anglais. C'est ce qu'il fit.

Après sa victoire, lors de la bataille de La Réole, il reçut la seigneurie de Pontorson, toujours en Normandie. Ses propriétés foncières commençaient à s'étoffer !

En 1380, alors qu'il combattait une nouvelle fois contre les Grandes compagnies, il mourut durant le siège de Châteauneuf-de-Randon, dans le Gévaudan. L'on rapporta que c'était d'avoir trop consommé d'eau froide après un long combat, alors que le soleil du mois de juillet frappait très fort sur les heaumes.

Il y a des vignes dans le Gévaudan ?

Ses ossements furent enterrés en la basilique royale de Saint-Denis, ses chairs dans l'église Saint-Laurent du Puy et son cœur sous une dalle du couvent des Jacobins, à Dinan.

Quelle dispersion !

Entre deux batailles, il trouva tout de même le temps de s'occuper de la gente féminine. De ses nombreuses relations (les galons et décorations plaisent généralement aux dames) il eut plusieurs enfants, dont deux avec Dona de Soria. L'aîné, Olivier, est l'ancêtre des marquis de Fuentès, qui donnèrent durant des siècles de nombreux serviteurs de l'Etat à la Castille, l'Aragon, puis à l'Espagne, ainsi que moult ecclésiastiques et militaires célèbres.

Durant ce temps, Jean II ne manifestait plus qu'une envie relative d'activités débordantes. Quant au régent, redevenu dauphin, il conservait une importante puissance, mais l'entente, la complicité entre le père et le fils, étaient parfaites.

C'est alors que Philippe de Rouvres, âgé de seulement seize ans, mourut sans laisser de postérité. Ce qui n'était pas véritablement une surprise. Il était le douzième et dernier duc de la première maison de Bourgogne, issue du roi Robert le Pieux.

Alors que Charles le Mauvais réclamait la succession du duché, en tant que petit-neveu de l'avant dernier duc, Eudes IV, le roi Jean allégua le titre de proximité, comme propre neveu d'Eudes, mais par sa mère, Jeanne. Il s'empara du duché et le remit à son quatrième fils, Philippe, blessé à ses côtés durant la bataille de Poitiers et qui avait partagé son sort, durant sa captivité londonienne.

Louis, second fils du roi, avait reçu le duché d'Anjou. De lui est née la seconde maison des rois de Naples, portant le nom d'Anjou.

Son troisième fils avait été fait duc de Berry.

Quant au dauphin Charles, il conservait son duché de Normandie.

Ces quatre fils étaient nés de son union avec Bonne de Luxembourg, avant qu'il ne soit monté sur le trône.

Mais, car il existe toujours un mais, les ducs de Berry et d'Anjou se trouvaient pour l'instant à Londres où, en compagnie des ducs d'Orléans et de Bourbon, ainsi que quelques nobles et grands bourgeois, ils commençaient à trouver le temps long. Leur position d'otages s'éternisait et tous n'aspiraient qu'à retrouver leur mère patrie. Aussi, Edouard exploitait cette lassitude générale pour arracher, à l'un des terres, à l'autre un château, aux bourgeois des avances à prendre en compte sur le montant de leur rançon.

Fort adroit, le roi d'Angleterre ramena tout ce beau monde à Calais, afin de leur donner un avant-goût de liberté, en espérant ainsi faire accélérer le processus de règlement du traité de Brétigny qui voyait sans cesse, de nouvelles prétentions s'ajouter aux clauses initiales. Prévoyant que le roi son père n'accepterait pas d'apporter de modifications aux accords signés entre les deux souverains, Louis, duc d'Anjou, parvint à s'enfuir et s'en vint retrouver son père et son frère Charles à Paris.

Malgré les demandes pressantes de ceux-ci, il refusa catégoriquement de retourner à Calais, pour se constituer de nouveau prisonnier.

Jean le Bon décida alors de retourner en Angleterre, afin de préserver son honneur et celui de la France, puis négocier avec Edouard.

Mais quel est donc le nom du Président français qui s'est ainsi comporté, dans l'Histoire de nos cinq républiques ?

Il fut reçu par le roi anglais avec de grands honneurs. Mais nous ignorons totalement si les négociations commencèrent véritablement entre les deux souverains car, à peine arrivé sur l'île,

Jean tomba gravement malade. Etait-ce, déjà à l'époque, à cause de la nourriture ? Le roi de France mourut quatre mois plus tard.

Aussi étrange que cela puisse paraître, il fut regretté par les Anglais, qui admiraient certes sa bravoure, mais aussi sa courtoisie, son sens de l'honneur et la patience dont il sut faire preuve, tout au long des malheurs qui accablèrent la France durant son règne.

Edouard lui fit célébrer des obsèques grandioses en la cathédrale de Londres et ordonna qu'on en fît de même dans toutes les églises du royaume. Il accompagna ensuite la dépouille de son rival jusqu'au navire qui devait la ramener en France. Jean II le Bon fut inhumé en l'abbaye de Saint-Denis, après une seconde cérémonie imposante.

C'est durant le règne de Jean le Bon, qu'apparut une nouvelle monnaie : le franc. Source de multiples traces pour de nombreuses générations. Surtout pour ceux qui en manquaient ; en premier lieu l'Etat.

Son fils aîné Charles lui succéda, après avoir occupé la régence durant quatre années, alors que son père était retenu prisonnier à Londres. Il fut le cinquième du nom. Il est également connu sous le nom de Charles le Sage. Dans l'Histoire de la France, être gouverné par un sage est un phénomène suffisamment rare pour être rapporté avec insistance.

Âgé de vingt-sept ans, Charles monta donc officiellement sur le trône de France. Il possédait déjà et pour cause, une expérience affirmée de la gestion des affaires du royaume, puisque ayant été régent plusieurs années, suite à la captivité de son père. Comme de coutume, il fut sacré à Reims, lors de cérémonies solennelles grandioses. C'est ainsi qu'il devint Charles V.

Bien que la trêve n'ait pas été rompue entre Français et Anglais, pour autant, la guerre n'en continuait pas moins. Mais le plus souvent, dans les deux camps, sous la bannière d'armées alliées, de façon à ne pas bousculer le protocole. En dépit des promesses faites au roi de France, Charles II de Navarre continuait d'entretenir des relations plus que douteuses avec Edouard d'Angleterre. C'est ainsi qu'en Normandie, où le Mauvais possédait toujours plusieurs places fortes, son frère Louis fit de nouveau appel aux Anglais, pour combattre les troupes de Charles V.

Lorsque De Guesclin vainquit les anglo-béarnais à Cocherel, la nouvelle arriva à Reims, le lendemain du sacre du nouveau roi de France. Cet événement fut considéré comme un heureux présage. De nombreux seigneurs et officiers anglais furent faits prisonniers. Charles demanda qu'ils soient traités avec honneur mais, au cours d'un voyage qu'il effectua quelque temps plus tard en Normandie, il fit juger les Français qui avaient rallié et combattu aux côtés de l'ennemi, pour trahison. Ils furent tous condamnés à mort puis exécutés à Rouen.

Le territoire ayant retrouvé son calme, tout au moins momentanément, c'est en Bourgogne que les ennuis recommencèrent. Jean le Bon avait donné le duché à son fils Philippe. Mais Charles le Mauvais continuait d'en réclamer l'héritage. L'affaire avait été confiée à l'arbitrage du pape, qui tardait à rendre son jugement. Toutefois, sur place, les échauffourées étaient incessantes.

Quant à la Bretagne, les combats continuaient de s'y dérouler traditionnellement, entre Charles de Blois et Jean V de Montfort. Un légat du pape, encore lui, parvint à faire signer aux deux partis, le *Traité des Landes,* qui prévoyait de séparer le duché en deux. Chacun porterait le titre de duc et aurait sa capitale. Rennes pour l'un, Nantes pour l'autre.

Pour que ce plan fut mis officiellement en place, il ne manquait plus que l'accord de Jeanne la Boiteuse, épouse de Charles de Blois. Mais, lorsqu'elle fut informée de cet accord, elle entra dans une rage infernale et finalement les deux camps se retrouvèrent face à face à Auray. Les combats furent terribles, comme d'ailleurs c'était le plus souvent le cas, autrement il ne servirait à rien de faire la guerre. Charles de Blois y perdit la vie et la Boiteuse son mari et son duché. Elle avait bien deux fils, mais ils étaient toujours retenus prisonniers en Angleterre. Comme unique porte de secours, il ne lui restait que son gendre Louis, duc d'Anjou et frère du nouveau roi.

Louis tenta de plaider la cause de sa belle-mère devant Charles V, mais les finances du pays ne permettaient pas d'envisager une nouvelle aventure en Bretagne. D'autant qu'Edouard se trouvait à Douvres, près à traverser la Manche, de façon à porter immédiatement secours à Jean de Montfort, si une opération guerrière se déclarait.

De plus, pour Charles, la question n'était pas de savoir si la Bretagne devait revenir à un héritier de la maison de Blois, ou de celle de Montfort. L'essentiel était que le nouveau duc lui rende hommage pour son duché et se déclare vassal du roi de France.

C'est dans cette intention que fut conclu le traité de Guérande, dont le texte fut rédigé par les juristes du roi de France. Par cet accord, la veuve du comte de Blois renonçait à ses droits sur la Bretagne, qui était remise à Jean de Montfort et à ses descendants mâles. Jeanne la Boiteuse conservait toutefois le titre de duchesse de Bretagne et se voyait assurée d'une rente viagère d'un montant de dix mille livres par an. Elle recevait également le comté de Limoges ainsi que le duché de Penthièvre, qui serait désormais le nom de sa famille. A défaut d'héritiers de sexe masculin dans la maison de Montfort, la maison de Penthièvre retrouverait ses droits sur le duché de Bretagne.

Ainsi prit fin cette guerre de succession de Bretagne, qui aura duré vingt trois années.

Mais nous nous n'y trompons pas. Cette réconciliation de façade entre le roi de France et le nouveau duc de Bretagne, était prioritairement la conséquence d'une conjoncture particulièrement défavorable en royaume de France, plutôt que preuves d'amour retrouvé entre les factions en présence.

Dans notre série deux pour le prix d'un, Charles le Sage amorça un processus de réconciliation avec son beau-frère,

Charles le Mauvais. Ici également, par nécessité impérieuse. D'autant que le roi de France savait pertinemment que la parole et la signature du Navarrais ne représentaient aucune garantie.

En compensation des cités de Mantes, Meulan et du duché Longueville qu'il rendit à la couronne de France, il lui fut donné la seigneurie de Montpellier et les anciennes villes qu'il avait possédées en Normandie, lui furent rendues. Il renonça également à ses prétentions sur la Champagne et la Brie. Quant à la Bourgogne, le dossier restait en suspens, aussi longtemps que le pape n'aurait pas rendu son arbitrage.

Alors, Charles II de Navarre prêta serment de fidélité, puis rendit hommage solennel au roi de France.

Charles V pouvait dès lors entrevoir la paix s'installer dans son royaume et s'occuper des affaires intérieures, car il se trouvait dans l'absolue nécessité de remettre de l'ordre dans les finances et l'administration.

Pour commencer, le roi prit des mesures propres à revaloriser les monnaies. Ensuite, il diminua les impôts et rendit moins onéreux leur recouvrement. Le jour où nous aurons la chance inouïe de renouer avec ces méthodes ancestrales, nous aurons fait un grand pas vers le bon sens et l'honnêteté. Hélas, face à la situation présente, cela ne semble pas être pour demain. Pas plus que pour après-demain. En tous cas, pour le XXI°, dès à présent, cela semble se présenter fort mal.

Il prit également soin du commerce et de l'agriculture, qui en avait bien besoin, tant les terres avaient été dévastées par les guerres et razzias.

A ce sujet, un historien a écrit : « *Nul autre peuple n'oublie plus aisément les malheurs passés. Il ne faut qu'une année d'abondance pour effacer plusieurs années de stérilité.* »

Ensuite, il fixa l'âge de la majorité à quatorze ans, pour devenir roi. Il sentait sa santé vaciller progressivement, après le repas empoisonné que lui avait fait absorber Charles le Mauvais. Pour bien surveiller que cette disposition serait appliquée après lui, il cela créa un conseil de régence qu'il sépara de la tutelle qui fut confiée à son épouse, Jeanne de Bourbon, qui était reconnue pour sa grande sagesse, elle également. Il régla tous les dossiers de succession, dans l'espoir de laisser après lui un Etat bien organisé. Apanages pour ses fils, dots pour ses filles, charges de la maison royale, tout fut réglé avec intelligence. Il réorganisa également la justice.

Charles le Sage fit commencer la construction de la Bastille, afin de défendre l'est de la capitale. Il fit aussi construire les forteresses de Creil et Montargis, toujours dans le but de défendre Paris. Puis, fit agrandir le Louvre.

Durant cette trêve, le prince de Galles mourut. Il n'avait que quarante-six ans. Cela affecta grandement son père qui dès lors, consacra la majorité de son temps dans les bras d'une jeune maîtresse, bien plus dépensière qu'amoureuse. Il décéda dans l'année qui suivit la disparition de son fils.

Le calme aurait pu s'instaurer, tout au moins momentanément dans le royaume de France, si Charles le Mauvais n'avait pas continué ses agissements coupables. Son épouse, Jeanne de France, mourut subitement, puis se fut au tour de son conseiller Guy d'Auvergne, cardinal de Boulogne. Pour ces deux trépas, il fut soupçonné d'empoisonnement. Dès lors, les intrigues et complots contre le roi de France reprirent de plus belle.

Au même moment où Edouard décédait, la trêve instaurée entre la France et l'Angleterre expirait. Immédiatement, Charles V exploita ces circonstances. A partir des ports normands, il débarqua en Angleterre à la tête de troupes importantes. Les pillages des campagnes et les incendies des villes reprirent leur cours habituel, mais en territoire ennemi, histoire de renverser les rôles.

Puis, son épouse, Jeanne de Bourbon, mourut quelques jours après avoir donné le jour à une princesse. Le roi et tout le pays en furent fort affectés, tant elle était appréciée de tous.

Toujours aussi perfide, le Mauvais tenta, à différentes reprises, de faire empoisonner le roi de France, qu'il détestait de plus en plus. « *Je n'aime pas le roi de France* » disait-il couramment. « *Quelques belles paroles qu'il m'ait dites, j'ai toujours entendu, par toutes les manières que j'ai pu, lui faire grief et dommage ; et si je le pouvois, je mettrois volontiers peine à sa destruction.* » Le but de la manœuvre était, dès le trépas du roi annoncé, de faire prisonnier le dauphin, puis aller se faire sacrer roi à Reims. Mais aucune tentative ne réussit. Les commanditaires furent tous découverts, avant d'accomplir leurs méfaits. Il est vrai qu'à priori, la mort du roi n'aurait fait qu'accélérer un processus déjà bien engagé, car sa santé continuait de se détériorer, depuis la première tentative d'empoisonnement dont il avait été victime et qui n'avait pas fonctionnée comme prévu.

Face à ces sempiternelles conspirations, Charles V et ses alliés fondirent sur les terres du Navarrais, qui en fut progressivement dépouillé. Il chercha alors refuge an Angleterre mais, ses anciens amis, selon les circonstances, l'ignorèrent le plus souvent, car il devenait inutile, voire carrément nuisible. Les Anglais lui promirent bien quelques secours, qui n'arrivèrent jamais, mais en échange, ils s'étaient fait remettre le port de Cherbourg. Comme dans le même temps, le duc de Bretagne avait livré le port de Brest, en échange de secours qu'il sollicitait, le roi d'Angleterre se retrouva maître des quatre principaux ports français de l'époque : Bordeaux, Brest, Cherbourg et Calais.

Cela n'augurait rien de bon pour la suite des événements.

Une autre affaire d'importance survint dans ce même temps. Depuis des décennies, le pape était installé à Avignon. Lassés de cette situation, les Romains se décidèrent à en élire un autre. Pour Urbain V, sixième pape avignonnais, il ne se trouvait d'autre choix que se rendre à Rome. Malgré les pressions de Charles V, il partit pour la ville éternelle, mais eut la surprise désagréable de se retrouver dans une ville où régnait l'anarchie. Après trois années passées, il décida de revenir à Avignon, où il décéda quelques mois plus tard.

Son successeur, Urbain VI, était Italien, ce qui fit le bonheur de la population de la Botte. Mais peu de temps, car il s'avéra rapidement être un pape sévère, à la limite de la cruauté. Et bientôt un schisme se prépara. Afin de se prémunir, le pape leva une armée, mais les cardinaux réfractaires en firent de même. Quelles superbes activités religieuses ! Ils choisirent un second pape, qui prit le nom de Clément VII et, après bien des péripéties, c'est ce dernier qui fut reconnu officiellement comme chef de la chrétienté.

Bien entendu, l'Angleterre prit le parti d'Urbain. Ce qui devint un grief supplémentaire pour reprendre les hostilités contre la France. Une troupe formidable débarqua de nouveau à Calais, elle était placée sous les ordres du duc de Buckingham, oncle du jeune roi Richard II, qui n'avait qu'une dizaine d'années. Après avoir commis d'importants dégâts en Picardie et en Champagne, les Anglais passèrent la Seine et l'Yonne et désolèrent le Gâtinais, la Beauce et le Vendômois. Arrivés sur les bords de la Sarthe, ils se retrouvèrent embourbés dans les marais, lorsqu'un courrier venu de la cour, annonça que la maladie du roi Charles prenait des proportions inquiétantes. Deux semaines plus tard, il mourait au château royal de Beauté, près de Vincennes, où il aimait à se retirer ; il n'avait que quarante-deux ans. S'ensuivit un grand désordre dont les Anglais profitèrent pour se réfugier en Bretagne, alors qu'ils étaient tout près de connaître une défaite désastreuse.

Charles V disait : *« qu'il ne trouvait les rois heureux qu'en ce qu'ils avaient le pouvoir de faire le bien. »* La France perdit un grand roi. Il était fondamentalement bon, fidèle. Aucun seigneur de sa cour n'a jamais proféré la moindre remarque désobligeante à son égard, bien qu'il fut de mœurs sévères et respectueux des us et coutumes qu'imposaient les usages de la cour. Il était également très érudit. Il créa la première véritable bibliothèque de France, en ces temps où les manuscrits étaient forts rares et se vendaient à prix d'or. Celle-ci se trouve à l'origine de l'immense collection de livres précieux dont la France peut s'enorgueillir. Ces acquisitions, ainsi que les débours dus à la guerre de Cent ans et la diminution des impôts, ne l'empêchèrent pas de gérer l'Etat avec circonspection et intelligence. A sa mort, on découvrit que le trésor était fort de dix-sept millions de francs. Somme considérable pour l'époque. Outre le Sage, pour la saine gestion des affaires de l'Etat, il fut également appelé le roi Riche. Un pays est toujours riche, lorsque ses dirigeants sont capables d'économiser et utiliser à bon escient les deniers publics.

Sous la V° République, cela fait quarante ans que la France n'a pas la chance d'être gérée par des hommes honnêtes, intelligents et compétents. Il n'est qu'à constater la situation lamentable du pays pour s'en convaincre.

Sept années plus tard, Charles le Mauvais trépassa à son tour. Depuis longtemps, il ne vivait que continuellement dans la débauche. Un I° janvier, il tomba dans un coma profond, suite à un confortable surplus de consommations et breuvages alcoolisés. Les médecins sur place préconisèrent de l'envelopper dans un drap imbibé d'eau de vie. Malencontreusement, un valet mit le feu au linge, qui s'embrasa sur-le-champ. Il mourut dans d'atroces souffrances.

Son fils, Charles III le Noble, lui succéda sur le trône de Navarre. Il n'émit jamais la moindre prétention sur la couronne de France et fut d'une fidélité indéfectible aux rois de France en se comportant tel un vassal loyal.

Ici se termine la première partie.

Table des matières

Préambule 5
Au début était le commencement 17
L'histoire finit enfin par commencer 31
Les Pépin de la Couronne 53
P'tet ben qu'oui, P'tet ben qu'non, Faut voir 77
Un roman de Capet d'épée 83
J'irai revoir ma Normandie 97
Supplément gratuit 105
(Reprise) 109
Le geste auguste du seigneur 141
Attention : un Louis peut cacher un saint 177
Hardi Petit 205
Maudits Rois 213
Le siècle le plus long 247

www.ingramcontent.com/pod-product-compliance
Lightning Source LLC
Chambersburg PA
CBHW062150080426
42734CB00010B/1630